die 44 wichtigsten Fälle
Strafrecht BT II

- Nichtvermögensdelikte -

Hemmer/Wüst/Berberich

Hemmer/Wüst Verlagsgesellschaft

Hemmer/Wüst/Berberich, die 44 wichtigsten Fälle Strafrecht BT II

Nichtvermögensdelikte

ISBN 978-3-96838-023-0

11. Auflage 2021

gedruckt auf chlorfrei gebleichtem Papier
von Schleunungdruck GmbH, Marktheidenfeld

Inhaltsverzeichnis: Die Zahlen beziehen sich auf die Seiten des Skripts.

Kapitel I: Tötungsdelikte

Kapitel II: Körperverletzungsdelikte

Vorwort

Die vorliegende Fallsammlung ist für **Studierende in den ersten Semestern** gedacht. Gerade in dieser Phase ist es wichtig, bei der Auswahl der Lernmaterialien den richtigen Weg einzuschlagen. **Auch in den späteren Semestern und im Referendariat** sollte man in den grundsätzlichen Problemfeldern sicher sein. Die essentials sollte jeder kennen.

Die Gefahr zu Beginn des Studiums liegt darin, den Stoff zu abstrakt zu erarbeiten. Nur ein **problemorientiertes Lernen**, d.h. ein Lernen am konkreten Fall, führt zum Erfolg. Das gilt für die kleinen Scheine / die Zwischenprüfung genauso wie für das Examen. In juristischen Klausuren wird nicht ein möglichst breites Wissen abgeprüft, vielmehr steht der Umgang mit konkreten Problemen im Vordergrund. Nur wer gelernt hat, sich die Probleme des Falles aus dem Sachverhalt zu erschließen, schreibt die gute Klausur. Es geht darum, Probleme zu erkennen und zu lösen. Abstraktes anwendungsunspezifisches Wissen, sog. „Träges Wissen", täuscht Sicherheit vor, schadet aber letztlich.

Bei der Anwendung dieser Lernmethode sind wir Marktführer. Profitieren Sie von der über 40-jährigen Erfahrung des **Juristischen Repetitoriums hemmer** im Umgang mit Examensklausuren. Diese Erfahrung fließt in sämtliche Skripten des Verlages ein. Das Repetitorium beschäftigt **ausschließlich Spitzenjuristinnen und Spitzenjuristen**, teilweise Landesbeste ihres Examenstermins. Die so erreichte Qualität in Unterricht und Skripten werden Sie anderswo vergeblich suchen. Lernen Sie mit den Profis!

Ihre Aufgabe als Juristin oder Jurist wird es einmal sein, konkrete Fälle zu lösen. Diese Fähigkeit zu erwerben ist das Ziel einer guten juristischen Ausbildung. Nutzen Sie die Chance, diese Fähigkeit bereits zu Beginn Ihres Studiums zu trainieren. Erarbeiten Sie sich das notwendige Handwerkszeug anhand unserer Fälle. Sie werden feststellen: Wer Jura richtig lernt, dem macht es auch Spaß. Je mehr Sie verstehen, desto mehr Freude werden Sie haben, sich neue Probleme durch eigenständiges Denken zu erarbeiten. Wir bieten Ihnen mit unserer **juristischen Kompetenz** die notwendige Hilfestellung.

Fallsammlungen gibt es viele. Die Auswahl des richtigen Lernmaterials ist jedoch der entscheidende Aspekt. Vertrauen Sie auf unsere Erfahrungen im Umgang mit Prüfungsklausuren. Unser Beruf ist es, **alle klausurrelevanten Inhalte** zusammenzutragen und verständlich aufzubereiten. Prüfungsinhalte wiederholen sich. Wir vermitteln Ihnen das, worauf es in der Prüfung ankommt – verständlich – knapp – präzise.

Achten Sie dabei insbesondere auf die richtige Formulierung. Jura ist eine Kunstsprache, die es zu beherrschen gilt. Abstrakte Floskeln, ausgedehnte Meinungsstreitigkeiten sollten vermieden werden. Wir haben die Fälle daher bewusst kurz gehalten. Der Blick für das Wesentliche darf bei der Bearbeitung von Fällen nie verloren gehen.

Wir hoffen, Ihnen den Einstieg in das juristische Denken mit der vorliegenden Fallsammlung zu erleichtern und würden uns freuen, Sie auf Ihrem Weg in der Ausbildung auch weiterhin begleiten zu dürfen.

Karl-Edmund Hemmer & Achim Wüst

Kapitel I: Tötungsdelikte

Fall 1: Die lebensmüde Patientin

Sachverhalt:

Karin leidet an einer hochgradigen Verkalkung der Herzkranzgefäße und seit dem Tod ihres Mannes phasenweise an Depressionen. Eines Nachmittags beschließt sie, sich das Leben zu nehmen und nimmt eine Überdosis eines sehr stark wirkenden Schlafmittels zu sich. Gegen 19 Uhr kommt ihr Hausarzt Dr. Heinz zu einer Routineuntersuchung. Er sieht die kaum noch atmende Karin auf dem Boden liegen. Auf dem Küchentisch entdeckt er die Verpackung des Schlafmittels. In ihren Händen hält Karin einen Zettel auf dem vermerkt ist: „An meinen Arzt – bitte kein Krankenhaus – Erlösung." Dr. Heinz erkennt, dass seine Patientin ihren schon mehrfach geäußerten Selbstmordwillen in die Tat umsetzen will. Er zögert, ob er sie retten oder ihren Wunsch zu sterben respektieren soll. Da er ihr aber jedoch weiteres Leid ersparen will, beschließt er, keine lebensrettenden Maßnahmen einzuleiten und bei ihr auszuharren, bis sie vom Tod erlöst wird. Der Tod tritt nach wenigen Stunden ein. Der Sachverständige stellt später fest, dass Karin selbst bei einem sofortigen Einleiten von Rettungsmaßnahmen möglicherweise gestorben wäre.

Bearbeitervermerk:

Prüfen Sie die Strafbarkeit des Dr. Heinz (H) gem. § 212 StGB!

A. Einordnung

Gegenstand des Falles ist der Totschlag durch Unterlassen, die Abgrenzung der Fremdtötung von der eigenverantwortlichen Selbsttötung und die Reichweite der Rettungspflicht eines Garanten.

B. Gliederung

Strafbarkeit des H

I. Totschlag durch Unterlassen, §§ 212 I, 13 I StGB

1. Objektiver Tatbestand

a) Erfolg (+)

b) Unterlassen (+)

c) Hypothetische Kausalität (-)

2. Ergebnis

II. Versuchter Totschlag durch Unterlassen, §§ 212 I, 13 I, 22, 23 I StGB

1. Vorprüfung (+)

2. Tatentschluss (-)

(P) Abgrenzung Fremdtötung - eigenverantwortliche Selbsttötung

- **Frühere Rspr.:** Tatherrschaftswechsel entscheidend
- **h.L./ Rspr.:** Freiverantwortlich gefasster Selbstmordentschluss lässt Garantenpflicht entfallen

3. Ergebnis:
Nach h.M. §§ 212 I, 13 I, 22, 23 I StGB (-)

C. Lösung

Strafbarkeit des H

I. Totschlag durch Unterlassen, §§ 212 I, 13 I StGB

H könnte sich wegen Totschlags durch Unterlassen gem. §§ 212 I, 13 I StGB strafbar gemacht haben, indem er keine lebensrettenden Maßnahmen einleitete.

hemmer-Methode: Gut vertretbar wäre es, zunächst mit der Prüfung einer Strafbarkeit gem. §§ 216 I, 13 I StGB zu beginnen. Denn aus den Tatumständen könnte ein ernsthaftes und ausdrückliches Verlangen des Suizidenten, Rettungsmaßnahmen zu unterlassen, geschlossen werden.[1] Dem ist jedoch entgegenzuhalten, dass selbst eine Teilnahme am Suizid mangels einer vorsätzlichen rechtswidrigen Haupttat grundsätzlich straflos möglich ist (Ausnahme: § 217 StGB). Dann kann regelmäßig auch keine Unterlassungstäterschaft bei § 216 I StGB konstruiert werden. Denn wenn eine aktive Teilnahme straflos bleibt, kann „erst recht" das bloße Sterbenlassen in Respektierung des Willens des Suizidenten nicht bestraft werden.[2]

1. Objektiver Tatbestand

K ist tot. Wegen Nichtvornahme der lebensrettenden Maßnahmen kommt eine Unterlassungsstrafbarkeit in Betracht.

Unabhängig davon, wie man die Strafbarkeit eines unterlassenden Garanten bei einem Suizid beurteilt, ist die Annahme eines vollendeten Totschlags aber schon aus Gründen der Kausalität fraglich.

Bei Unterlassungsdelikten, bei denen dem Täter gerade vorgeworfen wird, dass er nicht durch Setzen einer hindernden Bedingung in eine laufende Kausalkette eingegriffen hat, kommt es auf eine hypothetische Kausalität an. Eine solche ist zu bejahen, wenn die unterlassene Handlung nicht hinzugedacht werden kann, ohne dass der Erfolg mit an Sicherheit grenzender Wahrscheinlichkeit entfiele.

Laut Gutachten des Sachverständigen ist nicht erwiesen, dass Karin mit an Sicherheit grenzender Wahrscheinlichkeit gerettet worden wäre, wenn H sofort Rettungsmaßnahmen ergriffen hätte.

Die Kausalität des Unterlassens für den Tod der Karin ist daher zu verneinen.

hemmer-Methode: Eine andere Ansicht ist hier allenfalls mit der Risikoerhöhungslehre vertretbar. Diese lässt es für die hypothetische Kausalität genügen, dass die Vornahme der gebotenen Handlung größere Rettungschancen geboten und das Risiko des Erfolgseintritts gemindert hätte. Diese wird jedoch überwiegend abgelehnt, da sonst Erfolgsdelikte wie abstrakte Gefährdungsdelikte behandelt würden.
Vermeiden Sie lange Ausführungen zu einem Problem, wenn auf der Hand liegt, dass die Strafbarkeit jedenfalls an einem später zu prüfenden Tatbestandsmerkmal scheitert. Die Problematik, ob hier überhaupt eine Täterschaft des unterlassenden Garanten in Betracht kommt, kann ebenso gut beim versuchten Delikt dargestellt werden, dort allerdings i.R.d. Tatentschlusses.

---

1 So auch BGHSt 13, 162; 32, 367 (371 f.) = **juris**byhemmer (Wenn dieses Logo hinter einer Fundstelle abgedruckt wird, finden Sie die Entscheidung online unter „juris by hemmer": www.hemmer.de).

2 So die h.L., vgl. Fischer, § 216, Rn. 14.

2. Ergebnis

H hat sich nicht gem. §§ 212 I, 13 I StGB strafbar gemacht.

II. Versuchter Totschlag durch Unterlassen, §§ 212 I, 13 I, 22, 23 I StGB

In Betracht kommt eine Strafbarkeit gem. §§ 212 I, 13 I, 22, 23 I StGB.

1. Vorprüfung

Da es an der Kausalität fehlt, liegt keine Strafbarkeit wegen vollendetem Delikt vor. Der Versuch des Totschlags ist strafbar, §§ 212 I, 23 I Alt. 1, 12 I StGB.

2. Tatentschluss

H müsste vorsätzlich bezüglich aller Merkmale des objektiven Tatbestandes gehandelt haben. Fraglich ist, ob H als Arzt davon ausging, dass er den Tod der K bei sofortigem Eingreifen noch hätte vermeiden können. Vorliegend ergreift H keine Rettungsmaßnahmen, da er den Willen der K respektieren möchte.

Insofern geht H von einer Rettungsmöglichkeit aus, so dass er jedenfalls mit dolus eventualis hinsichtlich des Erfolgseintritts handelt.

Fraglich ist jedoch, ob H auf Grund der ihm bekannten Umstände von einer Erfolgsabwendungspflicht i.S.d. § 13 I StGB ausgehen musste. Die Garantenstellung des H i.S.v. § 13 I StGB besteht zunächst auf Grund der tatsächlichen Übernahme als behandelnder Arzt.

Die Strafbarkeit aus dem versuchten Unterlassungsdelikt könnte aber auf Grund des Suizidwillens der Karin problematisch sein.

Inwieweit bei einer Selbsttötung Raum für eine Strafbarkeit des unterlassenden Garanten ist, ist umstritten. Eine Strafbarkeit des unterlassenden Garanten als Täter würde seine Tatherrschaft voraussetzen. Diese könnte bei einem Suizid aber fraglich sein.

Einigkeit besteht jedenfalls insoweit, als eine Straflosigkeit dann in Betracht kommt, wenn der Suizid auf einem freiverantwortlich gefassten Willensentschluss des Betroffenen beruht.

Beruht der Entschluss, sich das Leben zu nehmen, hingegen beispielsweise auf einer zielgerichteten Täuschung durch den Garanten (z.B. Vorspiegelung einer tödlichen Krankheit oder eines gemeinsamen „Liebestodes"), liegt bereits eine Fremdtötung in mittelbarer Täterschaft vor, indem das Opfer als Werkzeug gegen sich selbst gebraucht wird. Auf die Garantenstellung kommt es in einem solchen Fall gar nicht an, da hier Totschlag bzw. Mord durch aktives Tun in Rede steht.

Von einer freien und eigenverantwortlichen Selbsttötung ist daher nur auszugehen, wenn die ihr zu Grunde liegende Entscheidung frei ist von Zwang, Täuschung und anderen wesentlichen Willensmängeln und wenn der Lebensmüde nach seiner geistigen Reife imstande war, die Tragweite seines Entschlusses sachgerecht zu erfassen und nach dieser Einsicht zu handeln.

Auch wenn Karin phasenweise depressiv war, wird man im vorliegenden Fall mangels weitergehender Anhaltspunkte von einer Freiverantwortlichkeit der Selbsttötung ausgehen können.

Da weder Zwang noch Täuschung noch andere Willensmängel vorliegen, beruht ihr Entschluss, sich das Leben zu nehmen, einzig auf der Verzweiflung über die vorangegangenen Geschehnisse.

a) Die frühere Rechtsprechung[3] bejahte auch bei einem freiverantwortlich in Gang gesetzten Suizid die Rettungspflicht des Garanten ab dem Zeitpunkt der Hilfebedürftigkeit bzw. der Handlungsunfähigkeit des Suizidenten. Der eindeutig geäußerte Suizidwille sei hier grundsätzlich nicht maßgeblich. Vielmehr komme es mit Eintritt der Bewusstlosigkeit regelmäßig zu einem Tatherrschaftswechsel.

b) Die überwiegende Lehre lehnt dagegen bei einem freiverantwortlich gefassten Selbsttötungsentschluss die Tatbestandsverwirklichung einer Tötung durch Unterlassen ab. Sie hält die Strafbarkeit wegen eines täterschaftlichen Unterlassungsdeliktes für unvereinbar mit der Wertentscheidung des Gesetzgebers, die Förderung und Nichtverhinderung einer fremden Selbsttötung aus dem Anwendungsbereich der Tötungsdelikte herauszunehmen. Denn vor Eintritt der Bewusstlosigkeit bleibt der Helfende jedenfalls straflos, da es für eine Teilnahme bereits an der rechtswidrigen Haupttat fehlt.

Zu Recht wirft die Literatur der früheren Rechtsprechung vor, dass sie zu widersprüchlichen Ergebnissen komme. Nach ihr dürfte der Beteiligte dem Suizidkandidaten etwa den Strick reichen oder den Stuhl hinstellen (straflose Beihilfe zur Selbsttötung), wäre aber mit Eintritt der Bewusstlosigkeit gezwungen, den in der Schlinge Hängenden loszuschneiden, um sich nicht wegen Tötung durch Unterlassen strafbar zu machen.

Die Straflosigkeit des unterlassenden Garanten lässt sich dadurch begründen, dass bei einem freiverantwortlichen Suizid auf Grund der Wertentscheidung des Gesetzgebers für die Straflosigkeit der aktiven Beihilfe zur Selbsttötung jedenfalls die Garantenpflicht entfallen muss.

Auch der BGH hat sich mittlerweile von seiner früheren Rechtsprechung distanziert. Zu Recht verweist das Gericht darauf, dass es die Würde des Menschen gebietet, sein in einwilligungsfähigem Zustand ausgeübtes Selbstbestimmungsrecht auch dann noch zu respektieren, wenn er zu eigenverantwortlichem Entscheiden nicht mehr in der Lage ist. Mit der gesetzlichen Regelung der Patientenverfügung in § 1901a BGB hat der Gesetzgeber die Verbindlichkeit des Willens des Patienten für Behandlungsentscheidungen über den Zeitpunkt des Eintritts seiner Einwilligungsunfähigkeit hinaus klarstellend anerkannt. Diese Wertung gilt es auch im Strafrecht entsprechend zu berücksichtigen („Einheit der Rechtsordnung“).[4]

hemmer-Methode: Statt mit diesen Argumenten die Garantenstellung zu verneinen, können Sie die Problematik auch bei der Entsprechungsklausel im Sinne von § 13 I StGB diskutieren.

Da nach alledem die besseren Argumente für eine Verneinung der Garantenstellung des Arztes sprechen, fehlt es bei H bereits an einem strafrechtlich relevanten Tatentschluss diesbezüglich.

3. Ergebnis

H hat sich nicht wegen versuchten Totschlags durch Unterlassen strafbar gemacht, indem er Rettungsmaßnahmen unterließ.

---

3 Vgl. BGHSt 2, 150; 32, 367 = **juris**byhemmer; vgl. aber OLG München, NJW 1987, 2940.

4 Vgl. BGH, Urteil vom 03.07.2019 – 5 StR 393/18 = **juris**byhemmer = **Life&Law 02/2020, 101-106**.

hemmer-Methode: Wenn man eine Garantenpflicht i.S.d. § 13 I StGB ablehnt, muss man konsequenterweise auch von einer Bestrafung aus § 221 I Nr. 2 StGB absehen, da es dort an der identisch zu interpretierenden Fürsorge- und Obhutspflicht fehlt.

Im Rahmen des § 323c I StGB stellt sich die Frage, ob der Suizidversuch überhaupt als Unglücksfall bewertet werden darf.

Der BGH bejaht dies grundsätzlich mit dem Argument, dass ein Suizid häufig Appellcharakter im Sinne eines verzweifelten Schreis nach menschlichem Beistand habe (BGHSt 32, 367, 377). Wenn man dieser Ansicht folgt, muss noch die Zumutbarkeit der Hilfeleistung diskutiert werden. Zumindest dann, wenn klar auf der Hand liegt, dass der Suizident am Selbsttötungswillen festhält, ist nach Ansicht des BGH die Zumutbarkeit von Rettungsbemühungen zu verneinen. Die h.L. hingegen verneint regelmäßig bereits einen „Unglücksfall" i.S.d. § 323c I StGB. Auch insoweit wäre es wertungswidersprüchlich eine Beihilfe als straflos zu erachten, aber ein nachträgliches Unterlassen der Hilfe zu sanktionieren.

Eine Ausnahme vom Grundsatz der Straflosigkeit einer Teilnahme an einem freiverantwortlichen Suizid stellte § 217 I StGB dar. Hiernach sollte sich strafbar machen, wer in der Absicht, die Selbsttötung eines anderen zu fördern, diesem hierzu geschäftsmäßig die Gelegenheit gewährt, verschafft oder vermittelt. Diese Vorschrift erwies sich jedoch nach BVerfG aus folgenden Erwägungen als verfassungswidrig:

- Die Freiheit, sich das Leben zu nehmen, umfasst auch die Freiheit, hierfür bei Dritten Hilfe zu suchen und Hilfe, soweit sie angeboten wird, in Anspruch zu nehmen.
- Das Verbot der geschäftsmäßigen Förderung der Selbsttötung in § 217 I StGB verengt die Möglichkeiten einer assistierten Selbsttötung in einem solchen Umfang, dass dem Einzelnen faktisch kein Raum zur Wahrnehmung seiner verfassungsrechtlich geschützten Freiheit verbleibt. § 217 ist daher verfassungswidrig.[5]

Das BVerfG wird u.a. zu entscheiden haben, ob es in bestimmten Fällen eine Art Grundrecht auf Hilfe zur Selbsttötung gibt. Halten Sie sich bezüglich aktueller Themen etwa anhand der Life&Law auf dem Laufenden.

D. Zusammenfassung

Sound: Eigenverantwortliche Selbsttötung, Fremdtötung durch Unterlassen.

Bei Unterlassungsdelikten muss das Unterlassen für den Erfolg hypothetisch kausal sein, was vorliegend nicht der Fall ist.

Der versuchte Totschlag durch Unterlassen scheitert hier am Tatentschluss hinsichtlich der Garantenpflicht.

Eine Garantenpflicht ist mit der h.L. abzulehnen, wenn eine eigenverantwortliche Selbsttötung vorliegt, d.h. die Entscheidung des Suizidenten frei von Zwang, Täuschung und anderen wesentlichen Willensmängeln ist.

[5] Vgl. BVerfG, Urteil vom 26.02.2020 – 2 BvR 2347/15 u.a. = **Life&Law 05/2020, 313-322** = **juris**byhemmer.

E. Zur Vertiefung

Ausführlich zum Unterlassen

- Hemmer/Wüst, Strafrecht AT I, Rn. 530 ff.
- Hemmer/Wüst, StrafR BT II, Rn. 15 ff.

Zur Strafbarkeit Dritter bei Selbsttötungen

- Hemmer/Wüst, Karteikarten StrafR BT II, Karten 3, 4.
- Sterbehilfe in Deutschland aus Sicht des EGMR, vgl. EGMR, Urteil vom 19.07.2012 – 497/09 = Life&Law 02/2013, 127 ff.

  Unser Service-Angebot an Sie: kostenlos hemmer-club-Mitglied werden (www.hemmer-club.de) und Entscheidungen der Life&Law lesen und downloaden.

Fall 2: Dieter und die Geliebte

Sachverhalt:

Dieter und seine 16-jährige Geliebte Estefania, deren Liebesbeziehung von den Eltern missbilligt wird, beschließen nach längeren Diskussionen, gemeinschaftlich aus dem Leben zu scheiden. Sie fahren mit Dieters Porsche auf einen Parkplatz, wo Dieter dem Vorschlag Estefanias entsprechend einen Schlauch an das Auspuffrohr anschließt und die Abgase in das Wageninnere leitet. Anschließend tritt Dieter bei laufendem Motor das Gaspedal solange durch, bis er besinnungslos wird. Estefania, die neben ihm sitzt, verstirbt, während Dieter gerettet werden kann. Nicht geklärt werden kann, ob Dieter vor, nach oder zeitgleich mit Estefania das Bewusstsein verlor.

Bearbeitervermerk:

Prüfen Sie die Strafbarkeit von Dieter (D) nach den §§ 211 ff. StGB!

A. Einordnung

Der vorliegende Fall setzt sich mit den Voraussetzungen des § 216 StGB, nach h.L. einer Privilegierung gegenüber dem Grundtatbestand des § 212 StGB, auseinander. Abgegrenzt wird die Täterschaft von der straflosen Beihilfe zum Suizid. Im Gegensatz zu Fall 1 liegt ein Handeln durch positives Tun vor.

B. Gliederung

Strafbarkeit des D

I. Tötung auf Verlangen, § 216 I StGB

1. Objektiver Tatbestand (-)

a) Ausdrückliches und ernstliches Verlangen (+)

b) Tötung der E

aa) Erfolg, Handlung, Kausalität (+)

bb) Tatherrschaft (-)

2. Ergebnis: § 216 I StGB (-)

II. Versuchte Tötung auf Verlangen, §§ 216 II, I, 22, 23 I StGB

1. Vorprüfung (+)

2. Tatentschluss
Hinsichtlich der Tatherrschaft
Tatentschluss (-)

3. Ergebnis: §§ 216 II, I, 22, 23 I StGB (-)

C. Lösung

Strafbarkeit des D

I. Tötung auf Verlangen, § 216 I StGB

D könnte sich wegen Tötung auf Verlangen strafbar gemacht haben, indem er bei laufendem Motor auf das Gaspedal drückte.

hemmer-Methode: Wenn im Sachverhalt klare Anhaltspunkte für einen Tötungswunsch des Opfers zu finden sind, sollten Sie grundsätzlich mit § 216 StGB, der als Privilegierung Sperrwirkung entfaltet, beginnen.

1. Objektiver Tatbestand

a) Ausdrückliches und ernstliches Verlangen

hemmer-Methode: Grundsätzlich hat man - auch bei sofortiger Prüfung der Qualifikation oder Privilegierung - zunächst die Tatbestandsmerkmale des Grundtatbestandes zu prüfen, die in der Qualifikation bzw. Privilegierung enthalten sind.
Im vorliegenden Fall sind aber im Sachverhalt Probleme bezüglich der speziellen Voraussetzungen des § 216 StGB angelegt, die man sich bei einem solchen Prüfungsaufbau abschneiden würde.

D müsste durch ausdrückliches und ernstliches Verlangen der Estefania (E) zu deren Tötung bestimmt worden sein.

Ein ausdrückliches Tötungsverlangen erfordert mehr als ein bloßes Einverständnis des Opfers; vielmehr muss der zu Tötende auf den Willen des Täters eingewirkt haben. Hier hat E offensichtlich auf den Willen des D eingewirkt. Dieses Tötungsverlangen ist auch eindeutig und unmissverständlich von E geäußert worden, was auch daran deutlich wird, dass sie den Vorschlag für die Art und Weise des Suizids unterbreitete. Das Verlangen war damit ausdrücklich.

hemmer-Methode: Es ist zu beachten, dass das Verlangen objektiv gegeben sein muss, d.h. die bloß subjektiv irrtümliche Vorstellung des Täters, ein solches würde tatsächlich vorliegen, genügt nach h.M. nicht für die Erfüllung des objektiven Tatbestandes des § 216 I StGB. Jedoch kommt in diesen Fällen gleichwohl eine Strafbarkeit nach § 216 StGB über § 16 II StGB in Betracht. Kommentieren Sie sich deshalb – soweit nach Ihrer Prüfungsordnung zulässig – den § 16 II StGB an den § 216 StGB.

Weiterhin müsste das Tötungsverlangen der E auch ernstlich gewesen sein. Hierbei sind die Maßstäbe anzulegen, die für die Wirksamkeit einer Einwilligung entscheidend sind. Problematisch ist daher der Umstand, dass E erst 16 Jahre alt war, als sie den Todeswunsch äußerte. Es könnte ihr an der erforderlichen Einsichtsfähigkeit gefehlt haben. Allerdings ist davon auszugehen, dass die Volljährigkeit nach allgemeiner Meinung nicht Voraussetzung für eine eigenverantwortliche Handlung ist.

Entscheidend sind vielmehr die Umstände des Einzelfalls.

Da der Entschluss zu sterben vorliegend auf einen längeren Diskussionsprozess zurückzuführen war, kann man auch bei einem 16-jährigen Opfer die nötige Einsichtsfähigkeit in derart elementaren Fragen bejahen. Hierfür spricht außerdem, dass bereits ab dem 14. Lebensjahr gemäß § 19 StGB die Schuldfähigkeit und damit auch eine strafrechtliche Verantwortlichkeit grundsätzlich zu bejahen ist.

Ein ausdrückliches und ernstliches Tötungsverlangen der E war somit gegeben.

b) Tatbestandlicher Erfolg

aa) E ist tot. D hat die Handlung vorgenommen, die unmittelbar den Tod der E bewirkte.

bb) Fraglich ist allerdings, ob im vorliegenden Fall D die Tatherrschaft hatte oder ob lediglich eine straflose Beihilfe zur Selbsttötung vorliegt.

Für die Rechtsprechung ist in diesen Fällen nicht entscheidend, ob der Handelnde Täter- oder Teilnehmerwillen hatte, da § 216 StGB bereits tatbestandlich voraussetze, dass der Dritte sich dem Willen des Sterbenden unterwirft.

Von daher sei entscheidend, wer das zum Tod führende Geschehen tatsächlich beherrscht und damit die Tatherrschaft besitzt. Eine Tatherrschaft des Überlebenden soll demnach vorliegen, wenn sich das Opfer nach dem Gesamtplan in die Hand des anderen begeben hat, um duldend von ihm den Tod entgegenzunehmen. Dies sei in Fallgestaltungen wie der vorliegenden dann zu bejahen, wenn der Überlebende das gesamte Geschehen bis zuletzt in der Hand hat und die auf den beiderseitigen Tod abzielenden Ausführungshandlungen bis zum Eintritt der eigenen Bewusstlosigkeit fortsetzen sollte.[6]

Gegen eine Tatherrschaft des D spricht vorliegend, dass sich E bis zum Eintritt der Bewusstlosigkeit dem zum Tode führenden Handlungsgeschehen noch hätte entziehen können. Eine alleinige Tatherrschaft des D käme nur dann in Betracht, wenn D noch bei Bewusstsein gewesen wäre, als E die Besinnung verlor und in Kenntnis dieser Umstände weiterhin das Gaspedal gedrückt hätte.

Nur dann wäre eine Tatherrschaft auch im entscheidenden todbringenden Zeitpunkt anzunehmen.

Diese Feststellungen können allerdings im hier zu beurteilenden Fall gerade nicht sicher getroffen werden. Zu Gunsten des D ist vorliegend davon auszugehen, dass er vor oder zeitgleich mit E das Bewusstsein verlor. Eine Tatherrschaft des D im todbringenden Moment scheidet damit in dubio pro reo (vgl. Art. 6 II EMRK) aus.

hemmer-Methode: Beachten Sie bei der Bearbeitung von Strafrechtsfällen, dass der Sachverhalt nicht durch eigene Hypothesen „ergänzt“ werden darf. Vielmehr ist der Sachverhalt die feststehende Tatsachengrundlage, wie im Urteil der vom Gericht festgestellte Tatbestand.
Ein bloßes Für-Wahrscheinlich-Halten genügt nicht für eine Bejahung der Strafbarkeit. Erforderlich ist in der Prüfungssituation wie auch in der Praxis, dass Ihnen eine Überzeugung von der entsprechenden Strafbarkeit gelingt, vgl. § 261 StPO. Zweifel gehen also zu Gunsten des Täters (sog. „in dubio pro reo“-Grundsatz, vgl. Art. 6 II MRK).

2. Ergebnis

D hat sich nicht gem. § 216 I StGB strafbar gemacht.

II. Versuchte Tötung auf Verlangen, §§ 216 II, I, 22, 23 I StGB

D könnte sich wegen versuchter Tötung auf Verlangen strafbar gemacht haben.

1. Vorprüfung

Es liegt keine vollendete Tötung auf Verlangen nach § 216 I StGB vor (s.o.). Die Versuchsstrafbarkeit resultiert aus §§ 216 II, 23 I StGB.

2. Tatentschluss

D wusste, dass E ihn ausdrücklich und ernsthaft zu deren Tötung bestimmt hatte.

Allerdings müsste er nach seiner Vorstellung auch die Tatherrschaft innegehabt haben. Vorliegend setzte sich D ans Steuer und drückte das Gaspedal durch.

[6] Vgl. BGHSt 19, 135 = jurisbyhemmer.

In lebensnaher Auslegung der Tatumstände liegt damit dolus eventualis bezüglich einer alleinigen Tatherrschaft des D im todbringenden Moment für E nicht fern, da der Plan einer gemeinsamen Tötung durch die Handlung des D nur dann erfolgreich sein kann, wenn D länger als E bei Bewusstsein bleibt.

Danach kommt vorliegend eine Bestrafung des D wegen Tötung auf Verlangen in Betracht.

Jedoch bleibt bei einer solchen Betrachtungsweise außer Betracht, dass es bei einer Aufspaltung der gemeinschaftlich verwirklichten Selbsttötung in eine Tötung auf Verlangen und eine anschließende Selbsttötung von Zufälligkeiten abhängt, wer das Gaspedal betätigt und für wen damit eine Tötung auf Verlangen in Betracht kommt.

Bei einer gemeinsamen Selbsttötung ist vielmehr von einer Art mittäterschaftlichen Verwirklichung des Todes zweier Personen auszugehen (vgl. Otto, BT, § 6, Rn. 65). Indem die Selbsttötung gemeinsam verwirklicht werden soll, arbeiten beide „arbeitsteilig", so dass auch beide Mitträger der Tatherrschaft über das Geschehen bleiben. Demnach ist es unbeachtlich, dass es D möglicherweise billigend in Kauf nahm, dass er länger als E bei Bewusstsein bleibe. Jedenfalls scheitert eine versuchte Tötung auf Verlangen daran, dass D dem gemeinsamen Tatplan entsprechend das Gaspedal bis zuletzt durchdrücken sollte und damit eine Tatherrschaft der E bis zu diesem Moment vorliegt. E bleibt damit i.R.d. geplanten gemeinsamen Selbsttötung bis zuletzt (Mit-)trägerin der Tatherrschaft über das Geschehen. Damit bleibt es bei einem eigenverantwortlichen Suizid der E.

Eine Strafbarkeit des D wegen versuchter Tötung der E auf Verlangen scheidet damit aus.

hemmer-Methode: Selbstverständlich können Sie vorliegend auch der Auffassung folgen, welche davon ausgeht, dass D einen Tatherrschaftswechsel jedenfalls billigend in Kauf genommen hat. Eine Strafbarkeit wegen versuchter Tötung auf Verlangen der E wäre die Folge.

3. Ergebnis

D hat sich auch nicht gem. §§ 216 II, I, 22, 23 I StGB strafbar gemacht, indem er das Gaspedal durchdrückte.

D. Zusammenfassung

Sound: Tötung auf Verlangen, straflose Beihilfe zum Suizid, Tatherrschaft.

Das ausdrückliche Tötungsverlangen setzt eine eindeutige und unmissverständliche Äußerung seitens des zu Tötenden voraus.

Die Ernstlichkeit erfordert eine entsprechende Einsichtsfähigkeit, die aber nicht von der Volljährigkeit des Betreffenden abhängt.

Die Tatherrschaft des Handelnden ist in den Fällen der gemeinsam geplanten Selbsttötung zu verneinen, solange sich das Opfer dem Handlungsgeschehen noch entziehen kann.

E. Zur Vertiefung

Zu § 216 StGB

- Hemmer/Wüst, StrafR BT II, Rn. 73
- Hemmer/Wüst, Karteikarten StrafR BT II, Karten 12, 13.

Aus der Rechtsprechung zu § 216 StGB

- Eine Strafbarkeit gemäß § 216 StGB scheidet beim „einseitig fehlgeschlagenen Doppelselbstmord“ dann aus, wenn der Getötete bis zuletzt selbst über sein Schicksal verfügen kann, vgl. BGH, Beschluss vom 04.08.2011 – 2 StR 219/11 = Life&Law 02/2012, 110 ff.
- Ein Verlangen in depressiver Augenblicksstimmung genügt jedenfalls dann nicht i.S.v. § 216 StGB, wenn es nicht von innerer Festigkeit und Zielstrebigkeit getragen wird, vgl. BGH, Urteil vom 07.10.2010 – 3 StR 168/10 = Life&Law 08/2011, 569 ff.

Fall 3: Die Erlösung I

Sachverhalt:

Gustav betreut seinen Vater Ernst, der schwer krebskrank ist und an starken Schmerzen leidet. Er kann das Leiden seines Vaters nicht mehr länger mit ansehen und erstickt ihn im Schlaf mit einem Kissen.

Bearbeitervermerk:

Prüfen Sie die Strafbarkeit von Gustav (G) nach den §§ 211 ff. StGB!

A. Einordnung

Der Schwerpunkt des Falles liegt auf der Bestimmung des Mordmerkmals „Heimtücke".

B. Gliederung

Strafbarkeit des G

I. Mord, §§ 211 II Gr. 2 Var. 1, 212 I StGB

1. Objektiver Tatbestand (+)

a) Tötung des E (+)

b) Heimtücke

aa) **Arglosigkeit** (+)

(1) **Rspr.: Arglosigkeit des Schlafenden**, wenn er diese „mit in den Schlaf genommen hat"

(2) **Lit.:** Schlafende grundsätzlich arglos

bb) Wehrlosigkeit (+)

cc) Ausnutzung der Arg- und Wehrlosigkeit (+)

dd) Weitere Eingrenzung des Merkmals:

(1) **Lit.:** Verwerflicher Vertrauensbruch erforderlich

(2) **Rspr.:** Feindliche Willensrichtung maßgeblich

ee) Nach Ansicht der Rspr. Heimtücke hier (-)

c) Zwischenergebnis: Nur objektiver Tatbestand des § 212 I StGB erfüllt

2. Subjektiver Tatbestand (+)

3. Rechtswidrigkeit und Schuld (+)

II. Ergebnis: § 212 I StGB (+)

C. Lösung

Strafbarkeit des Gustav (G)

I. Mord, §§ 211 II Gr. 2 Var. 1, 212 I StGB

G könnte sich wegen Mordes gem. §§ 211 II Gr. 2 Var. 1, 212 I StGB strafbar gemacht haben, indem er seinen Vater mit dem Kissen erstickte.

hemmer-Methode: Sofern sich im Sachverhalt Anhaltspunkte für ein Tötungsverlangen eines an einer schweren Krankheit Leidenden finden, müssen Sie nach h.M. vor § 211 StGB den § 216 StGB prüfen. Insoweit sperrt § 216 StGB allgemein eine Strafbarkeit gem. §§ 212, 211 StGB, wenn der Tötung ein entsprechendes Verlangen des Getöteten zugrunde liegt.

1. Objektiver Tatbestand

a) G hat E durch das Ersticken mit dem Kissen getötet, § 212 I StGB.

b) G könnte darüber hinaus das Mordmerkmal der Heimtücke verwirklicht haben. Dies würde zunächst voraussetzen, dass E arglos und deshalb wehrlos war und G dies zur Tötung ausnutzte.

aa) Arglos ist, wer sich zur Tatzeit keines Angriffs von Seiten des Täters versieht, wer also die positive Vorstellung hat, vor einem Angriff sicher zu sein.[7]

Fraglich ist, ob Schlafende überhaupt arglos sein können, da dies die Fähigkeit zum Argwohn voraussetzen könnte, welche dem Schlafenden im Zeitpunkt des Schlafes jedenfalls fehlt.

(1) Der BGH[8] differenziert hier und stellt darauf ab, ob das Opfer seine Arglosigkeit „mit in den Schlaf" nahm. Dies sei bei Personen, welche sich nichts ahnend schlafen gelegt haben der Fall, nicht hingegen bei Menschen, die vom Schlaf „übermannt" wurden oder bewusstlos sind. Letztere seien gar nicht in der Lage zu Argwohn und Verteidigung, sodass diesen Personen gegenüber nicht heimtückisch gehandelt werden könne.

(2) Dies wird in der Literatur vielfach kritisiert;[9] insbesondere sei die Möglichkeit der Sachverhaltsaufklärung häufig nicht gegeben, da regelmäßig das Opfer einziger Zeuge sei. Vielmehr müssten Schlafende und Bewusstlose gleichbehandelt werden, nämlich als arglos, da bei beiden das Bewusstsein fehle und der Täter somit in der Lage sei, das Opfer in einer wehrlosen Lage zu überraschen und es somit an wirksamer Verteidigung zu hindern, was gerade charakteristisch für die „Heimtücke" sei. Hiernach wird Arglosigkeit als fehlende Verteidigungsbereitschaft definiert, wie sie Kindern, Schlafenden und Bewusstlosen zu eigen ist.

(3) Vorliegend muss dieser Streit aber nicht entschieden werden, da beide Ansichten zum selben Ergebnis kommen. E nahm das Bewusstsein, keiner werde ihm ein Leid antun, mit in den Schlaf, denn es ist nicht ersichtlich, dass E bewusstlos oder vom Schlaf „übermannt" wurde. Damit wäre er nicht nur nach der Literaturansicht, sondern auch nach dem BGH arglos.

hemmer-Methode: Beachten Sie, dass auch der BGH bei bewusstlosen Opfern oder Kindern teilweise einen Heimtückemord bejaht. Dies sei möglich, wenn dabei gerade die Arglosigkeit einer dritten Person vom Täter bewusst ausgenutzt werde. Es müsse sich allerdings um einen sog. „schutzbereiten Dritten" handeln. Dies hat der BGH etwa für beim Opfer wachende Angehörige oder auch Ärzte und Pflegepersonal bejaht. Begründen lässt sich dieser Ansatz damit, dass der Wortlaut der „Heimtücke" zwar ein Ausnutzen der Arglosigkeit voraussetzt, nicht hingegen, dass gerade das Opfer selbst arglos sein muss.
Dies vermag zu überzeugen und tritt nicht mit dem Bestimmtheitsgrundsatz (Art. 103 II GG) in Konflikt, solange der Begriff „schutzbereiter Dritter" hinreichend restriktiv ausgelegt wird.
Somit kann die Arglosigkeit bestimmter Personen dem Opfer zugerechnet werden. Zudem kann es für die Strafwürdigkeit des Täterverhaltens keine Rolle spielen, ob er die Arglosigkeit des Opfers selbst oder die eines schutzbereiten Dritten ausnutzt.[10]

---

[7] Vgl. Fischer, § 211, Rn. 35.
[8] Vgl. BGHSt 23, 119 = **juris**byhemmer.
[9] Vgl. Krey, BT 1, Rn. 44.
[10] Vgl. BGH, Beschluss vom 03.04.2008, 5 StR 525/07 = Life&Law 07/2008, 461 ff. = **juris**byhemmer.

bb) Wehrlosigkeit ist gegeben, wenn dem Opfer die natürliche Abwehrbereitschaft und -fähigkeit fehlt oder stark eingeschränkt ist oder wenn dem Opfer jede Möglichkeit sinnvoller Einwirkung auf den Täter genommen ist. Dies ist bei dem schlafenden E zu bejahen.

Darüber hinaus muss die Wehrlosigkeit auf der Arglosigkeit beruhen. Vorliegend war E gerade infolge seiner Arglosigkeit wehrlos.

cc) G nutzte den Schlaf und die damit verbundene Arg- und Wehrlosigkeit des E aus, um ihn töten zu können.

dd) Fraglich ist, ob dies genügt, um ein heimtückisches Handeln bejahen zu können. Eine Bewertung der Tat als Mord wird gerade in den Fällen, in denen der Täter nur „das Beste" des Opfers wollte, von nahezu allen als unbefriedigend empfunden. Die Stigmatisierung des Täters als „Mörder" wie auch die lebenslange Freiheitsstrafe (§ 211 I StGB) würden bei extensiver Auslegung der Mordmerkmale nicht dem verfassungsrechtlichen Verhältnismäßigkeitsgrundsatz entsprechen.

Das BVerfG[11] erachtet die absolute Strafandrohung des § 211 StGB nur dann für zulässig, wenn der Mordtatbestand verfassungskonform restriktiv ausgelegt werde, sodass keine Fälle erfasst würden, denen nicht das Merkmal der besonderen Verwerflichkeit der Tat anhafte. Dies gebiete gerade der verfassungsrechtliche Grundsatz der Verhältnismäßigkeit.

(1) Teile der Literatur wollen eine Restriktion des Merkmals „Heimtücke" dergestalt vornehmen, dass – in Anlehnung an die Wortsilbe „-tückisch" – zu den bereits oben genannten Merkmalen ein „verwerflicher Vertrauensbruch" zu treten habe.[12] Ein solches Vertrauensverhältnis ist zwischen Vater und Sohn grundsätzlich anzunehmen.

Allerdings wäre weiterhin erforderlich, dass das soweit seitens des Opfers dem Täter entgegengebrachte Vertrauen auch in besonders verwerflicher Art und Weise gebrochen worden ist. Dies ist vorliegend fraglich, denn einerseits ist nicht ersichtlich, dass das Opfer tatsächlich sterben wollte, was für einen Missbrauch des Vertrauens des Opfers spricht; andererseits hat G aus Mitgefühl gehandelt, was einer Bewertung seines Verhaltens als „besonders verwerflich" entgegenstehen könnte.

(2) Letztlich kann dies jedoch hier dahinstehen. Denn grundsätzlich spricht gegen ein solches Erfordernis bereits, dass sich aus dem Gesetz kein hinreichender Anhaltspunkt dafür ergibt.

Außerdem würde § 211 StGB auch zu stark eingeschränkt, wenn ein Heimtückemord nur in engen Vertrauensverhältnissen angenommen werden könnte.

Schließlich finden Fälle wie der vorliegende eine angemessenere Lösung über die von der Rechtsprechung (BGHSt 9, 330) erhobene Forderung, dass der Täter dem Opfer in „feindlicher Willensrichtung" gegenübertreten muss.

Dies ist vorliegend gerade nicht gegeben, da G handelte, um E von dessen Qualen zu erlösen.

ee) G handelte dementsprechend nicht heimtückisch.

hemmer-Methode: Beachten Sie, dass in Fällen, in denen die Heimtücke nach allen Ansichten zu bejahen oder zu verneinen ist, der oben ausgeführte Streit nicht in dieser Länge dargestellt werden muss. Die ausführliche Darstellung erfolgte hier vor allem aus didaktischen Gründen.

11 Vgl. BVerfGE 45, 187 = **juris**byhemmer.

12 Vgl. Fischer, § 211, Rn. 45 ff.

Weitere zur Restriktion des Mordmerkmals der Heimtücke vertretene Auffassungen finden Sie im nachfolgenden Fall.

c) Eine Verwirklichung anderer Mordmerkmale nach § 211 II Gr. 2 StGB ist nicht ersichtlich. G hat lediglich den objektiven Tatbestand des § 212 I StGB erfüllt.

hemmer-Methode: Wie Sie an der gemeinsamen Zitierung von §§ 212, 211 StGB sehen, wird ohne weitere Begründung vorausgesetzt, dass § 211 StGB als Qualifikation zu § 212 StGB zu behandeln ist.
Dies ist zulässig, da Sie den Aufbau der gutachterlichen Lösung nicht zu erklären haben. Vor allem aber spielt es vorliegend für die Lösung im Ergebnis keine Rolle, ob Sie dem BGH oder der h.L. folgen.
Sie können deshalb auch die Prüfung mit § 211 StGB beginnen und nach dessen Ablehnung § 212 StGB prüfen; dies entspräche der Ansicht der Rechtsprechung, die § 211 StGB als eigenständigen Tatbestand versteht.

2. Subjektiver Tatbestand

G handelte mit dem Willen zur Verwirklichung der Tat in Kenntnis aller Tatumstände, also vorsätzlich i.S.v. § 15 StGB.

3. Rechtswidrigkeit und Schuld

G verwirklichte den Tatbestand rechtswidrig und schuldhaft.

II. Ergebnis

Er hat sich gem. § 212 I StGB strafbar gemacht, indem er seinen Vater mit dem Kissen erstickte.

Zu denken ist je nach den konkreten Umständen an einen minder schweren Fall gem. § 213 StGB.

D. Zusammenfassung

Sound: Heimtücke;
Arglosigkeit des Schlafenden.

Ein schlafendes Opfer ist nach einer Literaturansicht stets arglos, nach Meinung des BGH nur dann, wenn es die Arglosigkeit mit in den Schlaf nimmt.

Das Mordmerkmal der Heimtücke bedarf der restriktiven Auslegung. Ein bloßes Ausnutzen der Arg- und Wehrlosigkeit genügt nach allgemeiner Meinung nicht. Ein Teil der Literatur fordert deshalb einen besonders verwerflichen Vertrauensbruch, der BGH ein Handeln in feindlicher Willensrichtung.

E. Zur Vertiefung

Zur Heimtücke

- Hemmer/Wüst, StrafR BT I, Rn. 43 ff.
- Hemmer/Wüst, Karteikarten StrafR BT II, Karte 8.

Aus der Rechtsprechung zur Heimtücke

- Bei Personen, die aufgrund ihrer Bewusstlosigkeit keinen Argwohn bilden können, ist hinsichtlich des Mordmerkmals „heimtückisch“ auf die Schutzbereitschaft Dritter abzustellen.

Vgl. dazu BGH, StV 2009, 524 ff. = Life&Law 07/2008, 461 ff. Ein „schutzbereiter Dritter“ muss sich nicht im selben Raum wie das Opfer aufhalten. Ausreichend ist eine gewisse Nähe, die ihn in die Lage versetzt, das Opfer wirksam vor dem Täter schützen zu können, vgl. BGH, Urteil vom 21.12.2012 – 2 StR 309/12 = Life&Law 04/2013, 280 ff.

- Zum „heimtückischen Töten“ trotz offenem feindseligem Gegenübertreten mit gezückter Waffe vgl. BGH, NStZ 2005, 688 f. (mit Anmerkung von Mosbacher in NStZ 2005, 690 f.) = Life&Law 02/2006, 108 ff.

Aus der Rechtsprechung zur Sterbehilfe

- Sterbehilfe kann durch Unterlassen, Begrenzen oder Beenden einer begonnenen medizinischen Behandlung (sog. „Behandlungsabbruch“) gerechtfertigt sein, wenn dies dem tatsächlichen oder mutmaßlichen Patientenwillen entspricht (§ 1901a BGB) und dazu dient einem ohne Behandlung zum Tode führenden Krankheitsprozess seinen Lauf zu lassen. Entscheidend ist in diesem Zusammenhang nicht mehr, ob sich das Verhalten des Sterbehelfers phänotypisch als Unterlassen (Abstellen des Beatmungsgerätes) oder als aktives Tun (Durchtrennen des Beatmungsschlauchs) darstellt, vgl. BGH, NStZ 2010; 630 ff. = Life&Law 10/2010, 681 ff.

- Die Rechtfertigung eines Behandlungsabbruchs aufgrund rechtfertigender Einwilligung des Patienten (Patientenverfügung) setzt grundsätzlich die Einhaltung der verfahrensrechtlichen Vorgaben der §§ 1901a f. BGB voraus, vgl. BGH, Beschluss vom 10.11.2010 – 2 StR 320/10 = Life&Law 05/2011, 315 ff.; Überblick über die Sterbehilfe unter Berücksichtigung der BGH-Rechtsprechung vgl. Berberich/Gutowski, Life&Law 04/2013, 299 ff.

Fall 4: Die Erlösung II

Sachverhalt:

Antonia wurde von ihrem Ehemann Egon über Jahre hinweg schwer misshandelt. Die schweren Tätlichkeiten ihres Mannes führten unter anderem zu einer Fehlgeburt. Als ihr Ehemann wieder einmal „ausrastete“ und ihr und den gemeinsamen Kindern mit weiteren schweren Misshandlungen drohte, entschloss sie sich, ihn zu töten. Sie sah keinen anderen Ausweg, da Egon Präsident verschiedener Rockergruppen war und ihr für den Fall einer Strafanzeige gedroht hatte, er würde mittels seiner weit verzweigten „Rocker-Beziehungen“ sogar aus dem Gefängnis Rache nehmen können. Als Egon schlief, erschoss ihn Antonia.

Bearbeitervermerk:

Hat sich Antonia (A) nach den §§ 211 ff. StGB strafbar gemacht?

A. Einordnung

Gegenstand des Falles ist die restriktive Auslegung des § 211 StGB und die hierfür existierenden Ansätze in Rechtsprechung und Literatur.

B. Gliederung

Strafbarkeit der A

I. Mord, §§ 212 I, 211 II Gr. 2 Var. 1 StGB

1. Objektiver Tatbestand (+)
   - a) Tötung des E (+)
   - b) **Heimtücke** (+)
     - aa) Ausnutzung der Arg- und Wehrlosigkeit (+)
     - bb) **Restriktive Auslegung**
       - (1) Rspr.: **Feindliche Willensrichtung**
       - (2) Teile der Lit.: **Vertrauensbruch**
       - (3) **Lehre von der negativen Typenkorrektur**
       - (4) **Lehre von der positiven Typenkorrektur**
2. Subjektiver Tatbestand (+)
3. Rechtswidrigkeit (+)
   - a) **Notwehr nach § 32 StGB** (-), da kein gegenwärtiger Angriff
   - b) **Rechtfertigender Notstand nach § 34 StGB** (-), da jedenfalls kein wesentliches Überwiegen des geschützten Rechtsguts
4. Schuld (+)
   Entschuldigender Notstand, § 35 StGB (-)
   Aber: Irrtum gem. § 35 II StGB; dieser war vermeidbar
   Zwingende Milderung gem. § 35 II S. 2 StGB in Verbindung mit § 49 I StGB

II. Ergebnis: §§ 212 I, 211 II Gr. 2 Var. 1, 49 I StGB (+)

C. Lösung

Strafbarkeit der A

I. Mord, §§ 212 I, 211 II Gr. 2 Var. 1 StGB

A könnte sich wegen Mordes strafbar gemacht haben, indem sie E erschoss.

1. Objektiver Tatbestand

a) A hat E getötet.

b) A könnte darüber hinaus heimtückisch i.S.v. § 211 II Gr. 2 Var. 1 StGB gehandelt haben.

aa) Heimtückisch handelt, wer die Arg- und Wehrlosigkeit des Opfers ausnutzt.

Arglos ist, wer sich keines Angriffs von Seiten des Täters versieht.

Der schlafende E war arglos. Auch die Rechtsprechung würde hier hinsichtlich der Arglosigkeit zu keinem anderen Ergebnis kommen, da E die Arglosigkeit „mit in den Schlaf nahm".

E war infolge der Arglosigkeit auch wehrlos, d.h. in seiner Verteidigungsbereitschaft und -fähigkeit stark eingeschränkt.

bb) Fraglich ist jedoch, ob eine Verurteilung wegen Mordes nicht angesichts der vom BVerfG geforderten restriktiven Auslegung der Mordmerkmale abzulehnen ist. Demnach ist die Anwendung des § 211 StGB in Hinblick auf den Verhältnismäßigkeitsgrundsatz und der drohenden lebenslangen Freiheitsstrafe auf die Fälle zu beschränken, denen eine besondere Verwerflichkeit der Tat anhaftet.

(1) Nach Meinung des BGH ist bei der Heimtücke zusätzlich zu der o.g. Definition ein Handeln des Täters in feindlicher Willensrichtung erforderlich. Dies ist hier gegeben.

(2) Die h.L. fordert zur Eingrenzung des Mordmerkmals einen besonders verwerflichen Vertrauensbruch. Hieran ist zu kritisieren, dass der Begriff des verwerflichen Vertrauensbruchs nur schwer bestimmbar ist.

(3) Ein Teil der Literatur vertritt die sog. „Lehre von der negativen Typenkorrektur". Diese geht im Grundsatz davon aus, dass Mord die besonders verwerfliche vorsätzliche Tötung eines Menschen sei: entweder auf Grund besonders zu missbilligender Motive (1. Gruppe), besonders verwerflicher Vorgehensweise (2. Gruppe) oder wegen des besonders verwerflichen Zwecks der Tötungshandlung (3. Gruppe). Die vom Gesetz zum Ausdruck gebrachten Mordmerkmale legten zwar die besondere Verwerflichkeit nahe, jedoch liege diese manchmal nicht vor. Demnach solle Mord ausgeschlossen sein, wenn die Tat ausnahmsweise nicht als besonders verwerflich erscheine.

(4) Zum selben Ziel führt auch die – vereinzelt vertretene – **Lehre von der positiven Typenkorrektur**, die den Mordtatbestand um das zusätzliche (ungeschriebene) Mordmerkmal der besonderen Verwerflichkeit ergänzt sehen möchte.

Nach den Ansätzen der Typenkorrektur würde eine Strafbarkeit der A nach § 211 StGB hier ausscheiden, da ihr Handeln im Hinblick auf den Beweggrund, das ihr und ihren Kindern drohende Martyrium zu beenden, als nicht besonders verwerflich anzusehen ist.

Den beiden Ansätzen ist jedoch entgegenzuhalten, dass sie die Grenzen richterlicher Rechtsfortbildung überschreiten und zu Ergebnissen contra legem führen. Die Lösung der oben erwähnten verfassungsrechtlichen Problematik muss vielmehr durch eine restriktive Auslegung der *einzelnen* Mordmerkmale erreicht werden. Entscheidend ist demnach, dass A in feindlicher Willensrichtung die Arg- und Wehrlosigkeit des E ausnutzte. Sie handelte damit heimtückisch.

2. Subjektiver Tatbestand

A handelte vorsätzlich, d.h. mit dem Willen zur Verwirklichung der Tat in Kenntnis aller Tatumstände, § 15 StGB.

Für das Vorliegen von Mordmerkmalen der 1. und 3. Gruppe ist nichts ersichtlich.

3. Rechtswidrigkeit

a) Fraglich ist, ob A in Notwehr handelte. § 32 StGB setzt eine sog. Notwehrlage, d.h. einen gegenwärtigen rechtswidrigen Angriff voraus. Gegenwärtig ist ein Angriff, wenn er unmittelbar bevorsteht, gerade beginnt oder noch andauert. Vom schlafenden E ging aber kein gegenwärtiger Angriff aus.

b) Zweifelhaft ist, ob ein rechtfertigender Notstand vorlag, § 34 StGB. Zwar kommt auf Grund der geäußerten Drohungen des E eine gegenwärtige Gefahr für Leib und Leben der A und deren Kinder in Betracht (sog. „Dauergefahr“).

Die Berufung auf § 34 StGB scheitert aber jedenfalls daran, dass das geschützte Rechtsgut das beeinträchtigte Rechtsgut wesentlich überwiegen muss, so dass bei der Tötung eines Menschen § 34 StGB von vornherein ausscheidet.

c) A handelte damit rechtswidrig.

4. Schuld

In Betracht kommt aber eine Berufung auf den **entschuldigenden Notstand**, § 35 StGB. Es müsste eine gegenwärtige, nicht anders abwendbare Gefahr für Leib und Leben der A oder einen Angehörigen bestanden haben.

Die Kinder sind Angehörige der A, § 11 I Nr. 1 a Var. 1 StGB.

Da auch mit schweren Tätlichkeiten in nächster Zukunft zu rechnen war, ist von einer gegenwärtigen Gefahr auszugehen. Dabei ist zu beachten, dass eine gegenwärtige Gefahr für ein bedrohtes Rechtsgut von Seiten eines zum Angriff Entschlossenen auch dann ausgehen kann, wenn der Angriff als solcher noch nicht gegenwärtig ist.[13]

Diese Gefahr dürfte jedoch nicht anders abwendbar gewesen sein. Eine Entschuldigung über § 35 I StGB kommt nur in Betracht, wenn sonst keine Möglichkeit bestand, die Gefahr abzuwenden („ultima ratio“). Dafür könnte sprechen, dass A die Drohungen des E ernst nehmen durfte. Es war damit zu rechnen, dass selbst aus dem Gefängnis heraus E aufgrund seiner „Rocker-Beziehungen“ hätte Rache nehmen können. Jedoch wäre es möglich gewesen, dass A mittels staatlicher Hilfe ein neues Leben in einer anderen Stadt unter neuer Identität beginnt. Dies wäre ein milderes Mittel gewesen, um das Leben der A zu retten. Eine Entschuldigung gem. § 35 I StGB scheidet damit aus.

hemmer-Methode: Eine andere Ansicht erscheint an dieser Stelle vertretbar. Jedoch geht insbesondere die Rechtsprechung i.R.d. § 35 I StGB regelmäßig davon aus, dass es eine Möglichkeit gibt, die Gefahr anders abzuwenden. Hintergrund ist, dass § 35 I StGB restriktiv auszulegen ist, da sonst Rechtsmissbrauch droht. Kriminalpolitisch wäre es zudem (wohl) ein falsches Zeichen, A im vorliegenden Fall gar nicht zu bestrafen.

A sah jedoch keinen anderen Ausweg, als ihren Ehemann zu töten.

Insoweit ging sie von einem Sachverhalt aus, bei dessen Vorliegen keine andere Möglichkeit mehr bestand, um ihr Leben zu retten. Ein solcher Irrtum wird von § 35 II StGB erfasst. Da A sich bei der Polizei zunächst über Möglichkeiten, ihr Leben zu retten, hätte informieren können, war dieser Irrtum vermeidbar.

---

13 Vgl. Fischer, § 34, Rn. 4.

Demzufolge ist die Strafe gem. § 35 II S. 2 StGB zwingend nach § 49 I StGB zu mildern.

hemmer-Methode: Die Vorinstanz (LG Hechingen) wollte in diesem Fall über die vom BGH entwickelte sog. Rechtsfolgenlösung vorgehen. Bei Vorliegen außergewöhnlicher Umstände schuldmildernder Natur sei eine Korrektur über eine analoge Anwendung des § 49 I Nr. 1 StGB angezeigt. Der BGH stellte allerdings klar, dass die Anwendung der Rechtsfolgenlösung als „ultima ratio" erst dann geboten sei, wenn alle anderen Möglichkeiten, die Annahme eines Mordes zu vermeiden, ausgeschöpft sind. Zunächst ist somit eine restriktive Auslegung der Mordmerkmale und eine erschöpfende Abhandlung aller in Betracht kommender Rechtfertigungs- und Entschuldigungsgründe vorzunehmen.[14] Vorrangig gegenüber der Rechtsfolgenlösung ist damit auch der hier vorgeschlagene Weg über § 35 II S. 2 StGB.
Ebenfalls abzulehnen ist die Ansicht[15], die in vergleichbaren Fällen über § 213 StGB zu einer niedrigeren Strafe kommen möchte. Denn diese Vorschrift bezieht sich ausweislich des eindeutigen Gesetzeswortlauts ausschließlich auf den Totschlag und nicht auf den Mord.

II. Ergebnis

A hat sich wegen eines Mordes strafbar gemacht. Die Strafe ist allerdings gem. §§ 35 II S. 2, 49 I StGB zu mildern.

hemmer-Methode: Die vorliegende Fallbearbeitung greift die wichtigsten Lösungsansätze bei der Bearbeitung der sog. „Haustyrannen-Fälle" auf.
Für die Klausur von Bedeutung ist, dass Sie die „Dilemma-Situation" bei der Strafbarkeit des Opfers klar zum Ausdruck bringen: § 211 StGB kennt nur eine Rechtsfolge, nämlich lebenslange Freiheitsstrafe. Völlige Straffreiheit, etwa bei Bejahung von § 34 StGB oder § 35 I StGB, erscheint jedoch ebenfalls regelmäßig unsachgerecht.

Anmerkung: In einem abschließenden Überblick werden die Prüfungspunkte zusammengefasst, bei denen die Problematik diskutiert werden kann:
1. „Heimtücke"?
- **e.A.**: Arglosigkeit (-), weil Tyrann als Peiniger mit „Aufbegehren" rechnen muss (in diese Richtung: BGH, NStZ 2003, 425)
- **a.A.**: Arg- und Wehrlosigkeit (+), aber kein entsprechendes „Ausnutzungsbewusstsein" beim Täter, wenn sich dieser – wie häufig – in einem affektiven Zustand befindet (z.B. BGH vom 30.4.2003 – 2 StR 503/02)
- **a.A.**: Heimtücke (+), aber Verneinung des Mordmerkmals im Einzelfall mangels besonderer Verwerflichkeit
  (sog. positive/negative Typenkorrektur)

Falls die Heimtücke bejaht wird, kann weiter problematisiert werden:
2. § 35 StGB?
Problematisch ist insbesondere, ob die bestehende Gefahr wirklich nicht anders abwendbar war. Zu denken ist auch an eine Lösung über einen Irrtum gem. § 35 II StGB.

---
[14] Vgl. BGH, JZ 1983, 967 = **juris**byhemmer; vgl. auch Hemmer/Wüst, StrafR BT II, Rn. 39.
[15] Vgl. Schönke/Schröder, § 213, Rn. 13.

3. § 21 StGB?
Um von einer eingeschränkten Schuldfähigkeit ausgehen zu können, müssen entsprechende Hinweise im Sachverhalt anklingen.
4. § 213 StGB analog?
Teilweise wird die analoge Anwendung von § 213 StGB auf § 211 StGB favorisiert.
Eine Analogie sollte ausführlich begründet werden, da § 213 StGB nach seinem Wortlaut jedenfalls nur an § 212 StGB anknüpft.
5. Sog. Rechtsfolgenlösung?
Der BGH bevorzugte in der Vergangenheit die sog. Rechtsfolgenlösung: Trotz Bejahung des § 211 StGB kann in Ausnahmefällen gem. § 49 I StGB gemildert werden. Wegen der dogmatischen Unklarheit wird dieser Ansatz in der Literatur überwiegend kritisiert.
Sie merken: In der Klausur wird es nicht darauf ankommen, welchem Lösungsansatz Sie letztlich folgen, sondern dass Sie überhaupt verschiedene Ansatzpunkte der juristischen Dogmatik heranziehen, um die Problematik sachgerecht zu lösen.

D. Zusammenfassung

Sound: Restriktive Auslegung der Mordmerkmale; Typenkorrektur; Heimtücke; Arg- und Wehrlosigkeit; Feindliche Willensrichtung; Vertrauensbruch.

Die Lehren von der positiven und negativen Typenkorrektur sind abzulehnen, da sie die zulässigen Grenzen der Rechtsfortbildung überschreiten.

Bevor man die Rechtsfolgenlösung, § 49 I Nr. 1 StGB analog, zur Anwendung bringt, sind insbesondere auch die in Betracht kommenden Rechtfertigungs- und Entschuldigungsgründe umfassend zu überprüfen.

E. Zur Vertiefung

Zu der restriktiven Auslegung der Mordmerkmale

- Hemmer/Wüst, StrafR BT II, Rn. 37 ff.

Zum entschuldigenden Notstand

- Hemmer/Wüst, StrafR AT I, Rn. 262 ff.

Rechtsprechung zur Rechtsfolgenlösung des BGH

- Die vom BGH vertretene sog. „Rechtsfolgenlösung“ zur Einschränkung des Mordtatbestandes eröffnet keinen allgemeinen Sonderstrafrahmen für minder schwere Fälle. Vielmehr müssen Entlastungsfaktoren vorliegen, die den Charakter außergewöhnlicher Umstände haben und zu einem Grenzfall führen, in dem die Verhängung lebenslanger Freiheitsstrafe trotz der Schwere des tatbestandsmäßigen Unrechts wegen erheblich geminderter Schuld unverhältnismäßig wäre, vgl. BGH, Urteil vom 6. April 2016 – 5 StR 504/15 = Life&Law 10/2016, 702 ff.
- Zur Heimtücke gegenüber einem Erpresser: Life&Law 09/2003, 630 ff.

Fall 5: Der Brandstifter

Sachverhalt:

Stefan erschlägt Michael in seiner Wohnung. Die Spuren dieser Tat möchte er durch ein Feuer verwischen. Zu diesem Zweck verteilt er Benzin in der Wohnung. Er weiß, dass sich im Obergeschoss des Hauses der dort wohnende pensionierte Polizist Heinfried befindet, der an den Folgen des Brandes sterben könnte. Obwohl Stefan dies nicht anstrebt, ist es ihm egal. Er entzündet das Benzin, das Feuer breitet sich in der Wohnung aus und Heinfried verstirbt an einer Rauchvergiftung.

Bearbeitervermerk:

Prüfen Sie die Strafbarkeit Stefans (S) nach den §§ 211 ff. StGB im Hinblick auf die Brandlegung!

Auf das Mordmerkmal der Heimtücke ist nicht einzugehen.

A. Einordnung

Gegenstand des Falles ist die Behandlung der Mordmerkmale „gemeingefährliches Mittel" und „Verdeckungsabsicht". Hinsichtlich der Verdeckungsabsicht ist zu problematisieren, inwieweit Absicht i.S.v. dolus directus 1. Grades vorliegen muss bzw. ob dolus eventualis genügt.

B. Gliederung

Strafbarkeit des S

I. Mord, §§ 211 II Gr. 2 Var. 3, Gr. 3 Var. 2, 212 I StGB

1. Objektiver Tatbestand (+)

a) Tötung des Heinfried (+)

b) Gemeingefährliches Mittel (-)

2. Subjektiver Tatbestand (+)

a) Vorsatz bezüglich Tötung (+)

b) Verdeckungsabsicht (+)

(P) Nur bedingter Tötungsvorsatz Anknüpfungspunkt für Absicht ist die Tötungshandlung (nicht der Tötungserfolg), wenn von getöteter Person Entdeckung nicht zu besorgen war

3. Rechtswidrigkeit und Schuld (+)

II. Ergebnis: §§ 212 I, 211 II Gr. 3 Var. 2 StGB (+)

C. Lösung

Strafbarkeit des S

I. Mord, §§ 211 II Gr. 2 Var. 3, Gr. 3 Var. 2, 212 I StGB

S könnte sich durch die Brandlegung wegen Mordes an Heinfried (H) strafbar gemacht haben, §§ 211, 212 I StGB.

1. Objektiver Tatbestand

a) H ist tot. Die Brandlegung durch S war kausal für den Tod des H.

b) S könnte H mit einem **gemeingefährlichen Mittel** getötet haben, § 211 II Gr. 2 Var. 3 StGB.

Ein Mittel ist **gemeingefährlich**, wenn es durch seine Anwendung im konkreten Fall eine Gefahr für eine **unbestimmte Anzahl anderer Personen** mit sich bringt.[16]

Bei einer Brandstiftung handelt es sich in vielen Fällen um ein solches vom Täter nicht kontrollierbares Mittel. Es kommt aber darauf an, dass im konkreten Fall die Gefahr für eine Vielzahl von Personen eintritt. Vorliegend fehlen Anhaltspunkte dafür, dass weitere Personen neben H gefährdet wurden.

War die Wirkung aber nur auf H beschränkt, liegt kein Einsatz eines gemeingefährlichen Mittels vor.

2. Subjektiver Tatbestand

a) S müsste im Hinblick auf die Tötung des H vorsätzlich i.S.v. § 15 StGB gehandelt haben.

Unter Vorsatz versteht man den Willen zur Verwirklichung der Tat in Kenntnis aller Tatumstände.

Vorliegend wusste S, dass sich H in der Wohnung über ihm befindet. Auch wenn S dessen Tod nicht wünschte, so nahm er ihn doch billigend in Kauf. Er erkannte die Gefahr für H, nahm sie ernst und billigte sie im Rechtssinne. Nach der herrschenden Billigungs- bzw. Einwilligungstheorie hatte er bezüglich des drohenden Todeseintritts bedingten Tötungsvorsatz, der i.R.d. § 15 StGB ausreicht.

b) S könnte H getötet haben, **um eine andere Straftat zu verdecken**, § 211 II Gr. 3 Var. 2 StGB.

hemmer-Methode: Beachten Sie i.R.d. Deliktsaufbaus, dass die Mordmerkmale der 2. Gruppe bereits im objektiven Tatbestand zu prüfen sind. Im subjektiven Tatbestand muss dann hinsichtlich dieser tatbezogenen Merkmale lediglich der Vorsatz festgestellt werden. Die täterbezogenen Mordmerkmale der 1. und 3. Gruppe werden nach h.M. im subjektiven Tatbestand erörtert.

S wollte durch die Brandlegung die Tötung des Michael (M) verdecken. Problematisch ist allerdings, dass S hinsichtlich der Tötung des H nur bedingten Vorsatz hatte, die Formulierung des § 211 II Gr. 3 Var. 2 StGB „um...zu" aber das Erfordernis von Absicht nahelegen könnte.

Allerdings ist zu beachten, dass sich dieses „um...zu" nach dem Wortlaut der Vorschrift auf die Verdeckung, nicht aber auf die Tötung bezieht. In der Rechtsprechung ist daher anerkannt, dass der mit bedingtem Tötungsvorsatz Handelnde Verdeckungsabsicht haben kann.

Andererseits ist aber auch entschieden worden, dass das Mittel der Verdeckung gerade der Tod eines anderen sein müsse.

Richtigerweise ist wie folgt zu differenzieren: Richtet sich die Tötungshandlung gegen einen (potentiellen) Entdecker ist maßgeblich, ob sich der Täter bereits durch das Opfer entdeckt glaubt bzw. sicher mit seiner Entdeckung durch das Opfer rechnet. In diesen Fällen genügt bedingter Tötungsvorsatz nicht, da nach der Tätervorstellung der Verdeckungserfolg ausschließlich durch den Tod des Opfers erreicht werden kann.[17]

[16] Vgl. Fischer, § 211, Rn. 59.

[17] Vgl. Fischer, § 211, Rn. 68.

Im vorliegenden Fall geht es aber darum, dass durch die zur Verdeckung vorgenommene Handlung (die Brandstiftung) eine Person gefährdet wird, von der eine Entdeckung nicht zu befürchten ist.

Wie diese Konstellation zu entscheiden ist, richtet sich nach der Auslegung der tatbestandlichen Beschreibung „um eine andere Straftat ... zu verdecken, einen anderen Menschen tötet." Es kommt darauf an, ob „tötet" in diesem Zusammenhang nur den Tötungserfolg meint oder sich allgemein auf die Tötungshandlung dergestalt bezieht, dass auch jeder sonst durch diese Handlung (vorsätzlich) getötete Mensch darunterfallen kann, mag von ihm auch keine Entdeckungsgefahr ausgehen.

Gegen letzteres spricht jedenfalls nicht der Wortlaut des § 211 StGB, denn das Merkmal „Wer einen Menschen tötet" findet sich gleichlautend in § 212 StGB und umfasst hier wie dort die vorsätzliche Herbeiführung des Todes eines beliebigen Menschen. Auch die Motivation des Täters, die § 211 StGB umschreibt, führt zu keinem anderen Ergebnis. Hat der Täter gehandelt, um eine andere Straftat zu verdecken, ist er, unabhängig davon, wer das Opfer war, ein Mörder.

Mittel zur Verdeckung ist der vom Täter absichtlich in Gang gesetzte Ursachenverlauf, der dazu dienen soll, die vorangegangene Straftat nicht offenbar werden zu lassen, und der zugleich vorsätzlich zum Tod eines Menschen führt.[18]

Es kommt in dieser Konstellation also nur darauf an, dass S hinsichtlich seiner Tötungshandlung – hier der Brandlegung – Verdeckungsabsicht hatte; bezüglich des Tötungserfolges genügt dolus eventualis.

hemmer-Methode: Für die Lösung des BGH, bei der Verdeckungsabsicht an die Tötungshandlung anzuknüpfen, spricht auch die parallele Auslegung des Merkmals der Ermöglichungsabsicht seit BGHSt 39, 159.

3. S handelte rechtswidrig und schuldhaft.

II. Ergebnis

S hat sich wegen Mordes gem. der §§ 211 II Gr. 3 Var. 2, 212 I StGB strafbar gemacht, indem er den Brand legte, um seine Tat zu verdecken.

D. Zusammenfassung

Sound: Gemeingefährliches Mittel; Verdeckungsabsicht.

Bei dem Mordmerkmal „gemeingefährliches Mittel" ist erforderlich, dass im *konkreten Fall* die Anwendung des Mittels eine Gefahr für eine Vielzahl von Personen mit sich bringt. Im Rahmen der Verdeckungsabsicht genügt es grundsätzlich, wenn bezüglich der Tötungshandlung Absicht des Täters vorliegt, hinsichtlich des Tötungserfolges genügt dolus eventualis.

Dies ist nur dann anders, wenn sich nach der Vorstellung des Täters der Verdeckungserfolg ausschließlich durch den Tod des Opfers erreichen lässt.

---

18 Vgl. BGHSt 41, 358 = **juris**byhemmer.

E. Zur Vertiefung

Zur Verdeckungsabsicht

- Hemmer/Wüst, StrafR BT II, Rn. 60 ff.
- Hemmer/Wüst, Karteikarten StrafR BT II, Karte 10.

Zum „Verdeckungsmord durch Unterlassen“

- Wilhelm, NStZ 2005, 177 ff.
- Als Fall: Norouzi, JuS 2005, 914 ff.

Rechtsprechung zur Verdeckungs- bzw. Ermöglichungsabsicht

- Findet die Tötung durch mehrere Handlungen statt, so stellen die ersten Handlungen keine „andere Straftat“ i.S.d. § 212 II Gr. 3 StGB dar, wenn ein ununterbrochenes Geschehen ohne Zäsur vorliegt, auch wenn Verdeckungsabsicht erst während der Tat hinzukommt, BGH, Beschluss vom 14.03.2016 – 2 StR 370/16 = Life&Law 10/2017, 695 ff.
- Der „Kannibale von Rothenburg“, NJW 2005, 1876 ff., besprochen in Life&Law 08/2005, 535 ff.: Der BGH bejaht das Merkmal der Absicht, eine andere Straftat zu ermöglichen, weil der Täter sein Opfer tötete, um es später verspeisen zu können. Denn letzteres ist strafbar als Störung der Totenruhe (§ 168 StGB).

Rechtsprechung zur „Gemeingefährlichkeit“

- Eine mit gemeingefährlichen Mitteln begangene Tötung durch Unterlassen ist grundsätzlich nicht möglich, wenn der Täter eine bereits vorhandene gemeingefährliche Situation ausnutzt. Dies gilt unabhängig davon, ob die Gefahr zufällig entstanden, von einer dritten Person verursacht oder von ihm selbst ohne Tötungsvorsatz herbeigeführt worden ist, vgl. BGH, Beschluss vom 07.07.2009, 3 StR 204/09 = Life&Law 05/2010, 310 ff.
- Eine Gemeingefährlichkeit ist auch dann zu bejahen, wenn der Täter das Fahrzeug mit zügigem Tempo durch Caféterrassen lenkt und nicht abzusehen vermag, wie viele Personen verletzt oder getötet werden, vgl. BGH, NStZ 2006, 168 ff. = Life&Law 05/2006, 323 ff.
- Als gemeingefährliches Mittel kommt auch eine vorsätzliche “Geisterfahrt” auf der Autobahn in Betracht, wenn dabei in der konkreten Tatsituation eine Mehrzahl von Menschen an Leib und Leben gefährdet wurde, vgl. BGH, NStZ 2006, 503 ff. = Life&Law 03/2007, 191 ff.

Fall 6: Der Profi

Sachverhalt:

Profikiller Pedro hat den Auftrag bekommen, Udo gegen Zahlung von 10.000 € zu liquidieren. Da der etwas zerstreute Pedro versehentlich sein Messer zu Hause vergessen hat, überlässt ihm sein Freund Martin, der genau weiß, was Pedro damit vorhat, ein Messer, ohne etwas dafür zu fordern. Pedro tötet daraufhin – wie von Vornherein geplant – Udo in einer offenen Auseinandersetzung.

Bearbeitervermerk: *Wie haben sich Pedro (P) und Martin (M) strafbar gemacht?*

A. Einordnung

Ein Problemschwerpunkt des Falles liegt bei dem täterbezogenen Mordmerkmal der Habgier und dessen Behandlung bei dem Gehilfen. Darüber hinaus ist das Verhältnis von Totschlag und Mord zu klären.

B. Gliederung

Strafbarkeit des P

1. Mord, §§ 211 II Gr. 1 Var. 3, 212 I StGB

a) Objektiver Tatbestand (+)
Tötung des Udo (+)

b) Subjektiver Tatbestand (+)

aa) Vorsatz (+)

bb) Habgier (+)

c) Rechtswidrigkeit und Schuld (+)

2. Ergebnis: §§ 212 I, 211 II Gr. 1 Var. 3 StGB (+)

Strafbarkeit des M

1. Beihilfe zum Mord, §§ 211 II Gr. 1 Var. 3, 212, 27 I StGB

a) Objektiver Tatbestand (+)

aa) Vorsätzliche rechtswidrige Haupttat (+)

bb) Hilfeleistung (+)

b) Subjektiver Tatbestand (+)

aa) Doppelter Gehilfenvorsatz (+)

bb) **(P)** M selbst nicht habgierig

⇨ **BGH:** § 28 I StGB, da Mord eigenständiger Tatbestand

⇨ **h.L.:** § 28 II StGB, da Mord Qualifikation zum Totschlag

c) Rechtswidrigkeit und Schuld (+)

2. Ergebnis: §§ 212 I, 27 StGB (+)

C. Lösung

Strafbarkeit des P

1. Mord, §§ 211 II Gr. 1 Var. 3, 212 I StGB

P könnte sich wegen Mordes an Udo (U) strafbar gemacht haben, §§ 211, 212 I StGB, indem er U in einer offenen Auseinandersetzung tötete.

a) Objektiver Tatbestand

P hat U getötet und damit den objektiven Tatbestand von § 212 I StGB verwirklicht.

b) Subjektiver Tatbestand

aa) P handelte vorsätzlich i.S.v. § 15 StGB, d.h. mit dem Willen zur Verwirklichung der Tat in Kenntnis aller Tatumstände.

bb) P könnte weiterhin aus Habgier gehandelt haben, § 211 II Gr. 1 Var. 3 StGB. Unter **Habgier** versteht man ein noch über die Gewinnsucht hinausgehendes gesteigertes abstoßendes Gewinnstreben um jeden Preis.[19]

Bei einem Profikiller, der die Tötung eines anderen Menschen zur Erlangung eines materiellen Vorteils einsetzt, ist ein derartig maßloses Gewinnstreben anzunehmen. P handelte habgierig.

c) Rechtswidrigkeit und Schuld sind zu bejahen.

2. P hat sich wegen Mordes gem. der §§ 211 II Gr. 1 Var. 3, 212 I StGB strafbar gemacht.

Strafbarkeit des M

1. Beihilfe zum Mord, §§ 211 II Gr. 1 Var. 3, 212 I, 27 I StGB

M könnte sich wegen Beihilfe zum Mord strafbar gemacht haben.

a) Objektiver Tatbestand

aa) P hat mit dem Mord (§§ 211, 212 I StGB) eine vorsätzliche und rechtswidrige Haupttat begangen, § 27 StGB.

bb) M müsste P dabei Hilfe geleistet haben, § 27 StGB.

Unter einer **Hilfeleistung** versteht man jede Erleichterung oder Förderung der Haupttat. Indem M sein Messer zur Verfügung stellte, hat er zur Haupttat Hilfe geleistet.

b) Subjektiver Tatbestand

aa) M müsste Vorsatz hinsichtlich der vorsätzlichen rechtswidrigen Haupttat des P und im Hinblick auf seine eigene Hilfeleistung gehabt haben (sog. doppelter Gehilfenvorsatz). Dies war hier der Fall.

bb) Fraglich ist jedoch, wie es sich auswirkt, dass bei M mangels finanziellen Eigeninteresses das Merkmal der Habgier nicht vorliegt. Bei diesem Mordmerkmal handelt es sich – wie bei allen Merkmalen der 1. und 3. Gruppe – nach h.M. um ein besonderes persönliches Merkmal i.S.d. § 28 StGB.

Umstritten ist i.R.d. § 211 StGB, ob die persönlichen Mordmerkmale **strafbegründenden** Charakter gem. § 28 I StGB oder **strafschärfenden** Charakter nach § 28 II StGB aufweisen.

Der BGH[20] sieht im Mord einen eigenständigen Tatbestand gegenüber dem Totschlag und geht daher von einer strafbegründenden Wirkung der Mordmerkmale aus. Damit käme für ihn nur eine Strafmilderung nach § 28 I StGB bei gleichzeitiger Verurteilung wegen Beihilfe zum Mord in Betracht. Der BGH begründet seine Ansicht zunächst mit der systematischen Stellung im Gesetz. Es sei untypisch, dass die Qualifikation in der Reihenfolge vor dem milderen Grundtatbestand erscheine. Außerdem bezieht sich der BGH auf die unterschiedlichen Begriffe „Mörder" und „Totschläger". Damit würden zwei unterschiedliche Tätertypen beschrieben, was eine grundsätzliche Andersartigkeit der beiden Delikte zum Ausdruck brächte.

Diese – mittlerweile überholte – Zuordnung von verschiedenen Tätertypen kann allerdings nicht darüber hinweghelfen, dass beide Delikte gegen dasselbe Rechtsgut gerichtet sind, zumal beide Delikte die Tötung eines Menschen voraussetzen. Schon aus diesem Grunde kann die These von der Andersartigkeit nicht aufrechterhalten werden.

19 Vgl. Fischer, § 211, Rn. 10.

20 Vgl. BGHSt 1, 371; 6, 331 = **juris**byhemmer.

Darüber hinaus führt die Auffassung des BGH in zahlreichen Fällen zu nicht akzeptablen Ergebnissen, welche die Rechtsprechung mit fragwürdigen Konstruktionen zu korrigieren versucht. Liegt beispielsweise ein Mordmerkmal der 1. oder 3. Gruppe nur beim Teilnehmer, nicht aber beim Täter vor, so muss der BGH – da § 28 I StGB diesen Fall nicht regelt – den Teilnehmer auf Grund des Akzessorietätsgrundsatzes nur wegen Teilnahme am Totschlag bestrafen und kann daher das Mordmerkmal zumindest im Schuldspruch nicht berücksichtigen.

Es erscheint deshalb angebracht, mit der h.L. (vgl. Schönke/Schröder, § 211, Rn. 48) den Mord als Qualifikation zum Totschlag anzusehen und den Mordmerkmalen strafschärfenden Charakter zuzubilligen.

Damit gelangt man zur Anwendung des § 28 II StGB, der eine Tatbestandsverschiebung ermöglicht und vorliegend zu einer Bestrafung nur wegen Beihilfe zum Totschlag nach §§ 212 I, 27 StGB führt, da bei M kein persönliches Mordmerkmal vorliegt.

hemmer-Methode: Merken Sie sich die unterschiedlichen Rechtsfolgen von § 28 I StGB und § 28 II StGB: Nach § 28 II StGB kommt es allein darauf an, ob bzw. welche konkreten besonderen persönlichen Merkmale ein Beteiligter in seiner Person aufweist. § 28 I StGB kennt hingegen nur die Rechtsfolge einer Strafmilderung zu Gunsten des Teilnehmers, wenn bei ihm strafbegründende persönliche Merkmale, die beim Täter vorliegen, fehlen.

c) Rechtswidrigkeit und Schuld

Rechtswidrigkeit und Schuld sind zu bejahen.

2. Ergebnis

M hat sich wegen Beihilfe zum Totschlag strafbar gemacht, §§ 212 I, 27 StGB.

D. Zusammenfassung

Sound: Habgier;
Prüfungsort der Mordmerkmale und Anwendbarkeit des § 28 StGB.

Das täterbezogene Mordmerkmal der Habgier ist im subjektiven Tatbestand zu prüfen. Liegt ein täterbezogenes Mordmerkmal, welches beim Täter vorliegt, bei einem Teilnehmer nicht vor, so bestraft die Rechtsprechung, die im Mord einen eigenständigen Tatbestand erkennt, wegen Anstiftung/Beihilfe zum Mord, wobei die Strafe aber gem. der §§ 28 I, 49 I StGB zu mildern ist. Die herrschende Literaturansicht hingegen sieht den Mord als Qualifikation zum Totschlag an und wendet dementsprechend § 28 II StGB an.

E. Zur Vertiefung

Zum Prüfungsort der Mordmerkmale und der Anwendbarkeit des § 28 StGB

- Hemmer/Wüst, StrafR BT II, Rn. 62 ff.
- Hemmer/Wüst, Karteikarten StrafR BT II, Karte 7.
- Instruktiv die Fallbesprechung in Life&Law 09/2005, 603 ff.

Zur Habgier

- Hemmer/Wüst, Karteikarten StrafR BT II, Karte 9.

Fall 7: Die Studentin

Sachverhalt:

Die 21-jährige Studentin Sabine versucht den 42-jährigen Professor Hans für sich zu gewinnen. Da ihre Bemühungen erfolglos bleiben, beschließt sie ihn zu töten, damit auch ihre Kommilitonin Michaela, an der Hans offensichtlich mehr Interesse zeigt, „ihn nicht bekommt". Mit einer Schere bewaffnet betritt sie während der Sprechstunde das Zimmer des Hans. Hans, der die Schere in der Hand der auf ihn zustürzenden Sabine erblickt, flüchtet hinter seinen Schreibtisch. Nach einer kurzen Verfolgungsjagd stellt Sabine den schmächtigen Hans und tötet ihn mit acht Stichen.

Bearbeitervermerk:

Strafbarkeit von Sabine (S) nach den §§ 211 ff. StGB?

A. Einordnung

Behandelt werden insbesondere die Mordmerkmale „grausam" und „niedrige Beweggründe".

B. Gliederung

Strafbarkeit der S

I. Mord, §§ 211 II Gr. 1 Var. 4, Gr. 2 Var. 1 und 2, 212 I StGB

1. Objektiver Tatbestand (+)

a) Tötung des Hans (+)

b) Grausam (-)

2. Subjektiver Tatbestand

a) Vorsatz (+)

b) Sonst aus niedrigen Beweggründen (+)

3. Rechtswidrigkeit und Schuld (+)

II. Ergebnis: §§ 211 II Gr. 1 Var. 4, 212 I StGB (+)

C. Lösung

Strafbarkeit der S

I. Mord, §§ 211 II Gr. 1 Var. 4, Gr. 2 Var. 1 und 2, 212 I StGB

S könnte sich wegen Mordes strafbar gemacht haben, §§ 211, 212 I StGB, indem sie H mit acht Stichen tötete.

1. Objektiver Tatbestand

a) S hat Hans (H) getötet und damit den objektiven Tatbestand von § 212 I StGB verwirklicht.

b) Darüber hinaus könnte sie ein tatbezogenes Mordmerkmal gem. § 211 II Gr. 2 StGB verwirklicht haben.

Heimtücke gem. § 211 II Gr. 2 Var. 1 StGB scheidet aus, da H zur Zeit der Tötung nicht mehr arglos war.

hemmer-Methode: Entscheidender Zeitpunkt für die Beurteilung, ob das Opfer arglos war, ist grundsätzlich der Zeitpunkt des Versuchsbeginns, also des unmittelbaren Ansetzens.[21]

21 Vgl. Fischer, § 211, Rn. 35 ff.

Beachten Sie hierzu aber folgende Rechtsprechung des BGH: Nach BGH genügt es im Rahmen der Heimtücke, wenn der Täter das Opfer unter Ausnutzung von dessen Arglosigkeit im Vorbereitungsstadium der Tat in eine wehrlose Lage versetzt, er bereits in diesem Moment mit Tötungsvorsatz handelt und die so geschaffene Wehrlosigkeit bis zur Tatausführung ununterbrochen fortbesteht.[22]

Fraglich ist, ob S den H grausam tötete. **Grausam** tötet, wer seinem Opfer in gefühlloser, unbarmherziger Gesinnung Schmerzen oder Qualen körperlicher oder seelischer Art zufügt, die nach Stärke oder Dauer über das für die Tötung erforderliche Maß hinausgehen.[23] Das setzt eine objektiv besonders gravierende Begehungsweise sowie eine spezifische Haltung des Täters voraus. Die Grausamkeit muss sich in objektiver Hinsicht aus der Tatausführung und damit verbundenen besonderen Leiden des Opfers ergeben.

Bereits in objektiver Hinsicht kann ein grausames Vorgehen dem vorliegenden Geschehensablauf nicht entnommen werden. Allein der Umstand, dass S achtmal auf H einstach, besagt noch nicht, dass dies für H mit besonderen Leiden verbunden war.

hemmer-Methode: Beachten Sie, dass die Anforderungen für die Bejahung einer grausamen Begehungsweise sehr hoch sind und im Zweifel eine solche nicht bejaht werden kann. Gelingen muss eine „Überzeugung" hiervon, ein „Für-Wahrscheinlich-Halten" genügt nicht (vgl. den Maßstab des § 261 StPO). Zusätzlich muss die Tat subjektiv von einer gefühllosen und mitleidlosen Gesinnung getragen sein.

2. Subjektiver Tatbestand

a) S tötete H vorsätzlich i.S.d. § 15 StGB, d.h. mit dem Willen zur Verwirklichung der Tat in Kenntnis aller Tatumstände.

b) Es könnte ein sonstiger niedriger Beweggrund gem. § 211 II Gr. 1 Var. 4 StGB vorliegen.

Anmerkung: Eine Tötung zur Befriedigung des Geschlechtstriebs nach § 211 II Gr. 1 Var. 2 StGB kommt von vornherein nicht in Betracht, da sich aus dem Sachverhalt nicht ergibt, dass S die geschlechtliche Befriedigung in der Tötung suchte oder den Tod des H zu diesem Zweck anstrebte oder billigend in Kauf nahm.

Sonstige Beweggründe sind niedrig, wenn sie als Motive einer Tötung nach allgemeiner sittlicher Anschauung verachtenswert sind und auf tiefster Stufe stehen (FISCHER, § 211, Rn. 14). Bei dieser Beurteilung kommt es auf eine rechtliche Bewertung an, die Beachtung allein moralisch-sittlicher Postulate, die in der Rechtsordnung keinen Niederschlag finden, kann den Mordvorwurf nicht begründen.

Die Beurteilung eines Beweggrundes als „niedrig" setzt regelmäßig ein eklatantes Missverhältnis zwischen Anlass und Tat voraus.

[22] Vgl. BGH, Beschluss vom 26.03.2020 – 4 StR 134/19 = Life&Law 02/2021, 109-115.

[23] Vgl. Fischer, § 211, Rn. 56 ff.

Dieses Missverhältnis ist nicht im Wege eines abstrakten Vergleichs der Rechtsgüterwerte festzustellen, sondern mittels einer auf die Maßstäbe der Gesamtrechtsordnung bezogenen objektivierten Bewertung der der Tätersicht zu Grunde liegenden Abwägung.

Vorliegend handelte S aus rücksichtsloser Eigensucht. Zwischen Anlass und Tat besteht ein krasses Missverhältnis. S handelte somit aus einem sonstigen niedrigen Beweggrund, § 211 II Gr. 1 Var. 4 StGB.

3. Rechtswidrigkeit und Schuld

Rechtswidrigkeit und Schuld sind zu bejahen.

II. Ergebnis

S hat sich wegen Mordes strafbar gemacht, §§ 211 II Gr. 1 Var. 4, 212 I StGB.

D. Zusammenfassung

Sound: Grausamkeit;
Niedriger Beweggrund.

Das – tatbezogene – Mordmerkmal „grausam“ setzt neben dem Zufügen besonderer Qualen auch eine unbarmherzige gefühllose Gesinnung des Täters voraus.

Der täterbezogene sonstige niedrige Beweggrund muss nach sittlicher Anschauung auf tiefster Stufe stehen und erfordert ein krasses Missverhältnis zwischen Anlass und Tat.

E. Zur Vertiefung

Zum Mordmerkmal „grausam“

- Hemmer/Wüst, StrafR BT II, Rn. 53

Zu den niedrigen Beweggründen

- Hemmer/Wüst, StrafR BT II, Rn. 58
- **„Töten ohne Grund“**: Mord aus niedrigen Beweggründen kann auch dann vorliegen, wenn der Täter in dem Bewusstsein handelt, keinen Grund für eine Tötung zu haben oder zu brauchen, vgl. BGH, NStZ-RR 2004, 332 f. = Life&Law 01/2005, 36 ff.
- Näher zur **„Blutrache“** als niedriger Beweggrund siehe BGH, NJW 2006, 1008 ff. = Life&Law 07/2006, 463 ff.

Fall 8: Die Rabenmutter

Sachverhalt:

Als Pauline von ihrer Arbeit in der Nachtbar „Sex Club 69“ nach Hause kommt, findet sie ihre dreijährige Tochter Theresa schwer verletzt auf dem Boden liegen. Luigi, der neue Liebhaber von Pauline, hatte ihre Tochter geschlagen, da diese ihn „nervte“. Pauline, die sich ohnehin schon mit der Erziehung ihrer Tochter überfordert fühlt, wird es nun zu viel. Sie möchte nur noch aus ihrem jetzigen Leben ausbrechen und sich in sonnigere Gefilde absetzen. Da sie ihre Tochter hierbei nicht gebrauchen kann, beschließt sie, diese im nächstgelegenen Krankenhaus abzuliefern. Um sich weitere unnötige Scherereien zu ersparen, legt sie Theresa in den frühen Morgenstunden in einer Toilette des Krankenhauses ab. Zuvor hatte sie Theresa die Haare abgeschnitten und sie völlig ausgezogen. Dies tat Pauline, um eine Identifizierung zu verzögern und ihr genügend Zeit zur Flucht zu verschaffen. Ihr ist dabei durchaus bewusst, dass es einige Stunden dauern kann, bis Theresa gefunden wird, und dass ihre Tochter an den schweren Verletzungen sterben könnte. Allerdings vertraut sie fest darauf, dass das Kind rechtzeitig gefunden wird, was auch nicht ganz unbegründet ist, da die Toilette allgemein zugänglich ist und auch in der fraglichen Zeit benutzt wird. Die Verletzungen von Theresa waren jedoch so schwer, dass sie kurze Zeit, nachdem sie von einer Krankenschwester entdeckt worden war, verstorben ist. Wäre Theresa sofort von Pauline zu einem Arzt gebracht worden, hätte man sie noch retten können.

Bearbeitervermerk:

Hat sich Pauline (P) nach dem 16. Abschnitt des StGB strafbar gemacht?

A. Einordnung

Der Fall behandelt insbesondere die Voraussetzungen einer Aussetzung und deren Erfolgsqualifikationen.

B. Gliederung

Strafbarkeit der P

I. Totschlag durch Unterlassen, §§ 212 I, 13 I StGB

⇨ Tatbestand (-)

II. Aussetzung, § 221 StGB

1. § 221 I Nr. 1 StGB (-)
Objektiver Tatbestand (-)

2. § 221 I Nr. 2 StGB (+)

a) Objektiver Tatbestand (+)

aa) Im-Stich-Lassen (+)

bb) Konkrete Lebensgefährdung (+)

b) Subjektiver Tatbestand (+)

c) Rechtswidrigkeit und Schuld (+)

3. § 221 II Nr. 1 Var. 1 StGB (+)

4. §§ 221 III, 18 StGB (+)

a) Vollendung des Grunddeliktes (+)

b) Verursachung der schweren Folge (+)

c) Tatbestandsspezifischer Gefahrenzusammenhang (+)

d) Zumindest Fahrlässigkeit hinsichtlich des Todes (+)

III. Ergebnis: §§ 212 I, 13 I StGB (-); § 221 III StGB (+)

C. Lösung

Strafbarkeit der P

I. Totschlag durch Unterlassen, §§ 212 I, 13 I StGB

P könnte sich wegen eines Totschlags durch Unterlassen an ihrer Tochter Theresa (T) strafbar gemacht haben, indem sie diese nicht zum Arzt brachte, sondern einfach in einer Toilette ablegte.

Eine Strafbarkeit gem. der §§ 212 I, 13 I StGB scheitert zumindest am fehlenden Tötungsvorsatz. Zwar erkannte P die Möglichkeit, dass T an ihren Verletzungen sterben könnte. Dennoch hat sie sich nicht mit dem Tod der T abgefunden und diesen billigend in Kauf genommen, sondern hat darauf vertraut, dass T rechtzeitig gefunden wird. Aufgrund dieses Vertrauens kann P kein dolus eventualis zur Last gelegt werden.

Teile der Literatur verzichten mit Verweis auf den Wortlaut des § 16 I StGB für den Vorsatz auf das Wollenselement, da diese Vorschrift nur „Wissenselemente" voraussetze. Jedoch ist dem nicht zu folgen, da sonst eine Abgrenzung zwischen Vorsatz und bewusster Fahrlässigkeit vor dem Hintergrund des Bestimmtheitsgrundsatzes kaum trennscharf möglich erscheint. Richtigerweise ist daher den Einwilligungs- und Billigungstheorien zu folgen, die für die Bejahung eines dolus eventualis neben dem „Für-möglich-halten" auch eine billigende Inkaufnahme des tatbestandlichen Erfolges fordern.

hemmer-Methode: Instruktiv zum Tötungsvorsatz vgl. BGH, Urteil vom 22.03.2012 – 4 StR 558/11 = Life&Law 09/2012, 657 ff.: Bei äußerst gefährlichen Gewalthandlungen liegt es nahe, dass der Täter mit der Möglichkeit rechnet, das Opfer könne zu Tode kommen, und dass er den Erfolg billigend in Kauf nimmt, wenn er trotzdem mit der Handlung fortfährt. Die Aussage der Hemmschwellentheorie begrenzt sich darauf, dass bei Tötungsdelikten eine besonders sorgfältige Prüfung des Vorsatzes nötig ist und erschöpft sich somit in einem Hinweis auf § 261 StPO.

Im vorliegenden Fall vertraute P darauf, dass ihr Kind gerettet wird und nahm den Tod gerade nicht billigend in Kauf. Es liegt somit nur ein Fall von bewusster Fahrlässigkeit vor. Der subjektive Tatbestand ist daher nicht erfüllt. Eine Strafbarkeit gem. der §§ 212 I, 13 I StGB ist damit ausgeschlossen, § 16 I S. 1 StGB.

hemmer-Methode: Hier können Sie ausnahmsweise sofort auf den fehlenden subjektiven Tatbestand eingehen. Auf diese Weise kommen Sie zügig zu § 221 StGB, welcher den Schwerpunkt des Falles bildet. Auch eine gem. §§ 222, 13 StGB mögliche Strafbarkeit sollte erst nach der Aussetzung angesprochen werden. Denn falls die Erfolgsqualifikation des § 221 III StGB greifen sollte, werden die §§ 222, 13 StGB auf der Ebene der Gesetzeskonkurrenzen verdrängt. Achten Sie von Anfang an auf eine richtige Schwerpunktsetzung!

II. Aussetzung § 221 StGB

P könnte sich gem. § 221 StGB strafbar gemacht haben, indem sie T auf der Krankenhaustoilette zurückließ.

1. § 221 I Nr. 1 StGB

a) Objektiver Tatbestand

P könnte T in eine hilflose Lage versetzt haben. Eine hilflose Lage liegt vor, wenn das Opfer außerstande ist, sich aus eigener Kraft vor drohenden Gefahren des Todes oder schweren Gesundheitsschäden zu schützen.[24]

Aufgrund ihres Alters und den schweren Verletzungen befand sich T in einer hilflosen Lage.

P hat T jedoch bereits in diesem Zustand vorgefunden und demnach nicht in diese Lage versetzt. Allein das anschließende Verbringen an den anderen Ort kann demgegenüber nicht genügen. Es ist nicht erkennbar, dass dadurch die Lage von T verschlechtert worden wäre. § 221 I Nr. 1 StGB ist damit nicht erfüllt.

hemmer-Methode: Daher kann hier die strittige Frage offenbleiben, ob ein „Versetzen" in eine hilflose Lage eine Veränderung des Aufenthaltsortes des Opfers erfordert. Nach h.M. wird dies verneint. Erforderlich ist vielmehr, dass der Täter das Opfer in eine hilflose Lage versetzt hat und gerade aufgrund dieser Hilflosigkeit eine konkrete Gefahr des Opfers im Sinne des § 221 StGB entsteht. Die konkrete Lebensgefahr muss sich also aus der Hilflosigkeit des Opfers ergeben und nicht bereits unmittelbar durch die Handlung des Täters entstehen. Bei letzterem ist regelmäßig § 224 I Nr. 5 StGB einschlägig.

[24] SK, § 221, Rn. 5.

2. § 221 I Nr. 2 StGB

a) Objektiver Tatbestand

aa) Im-Stich-Lassen

Ein **„Im-Stich-Lassen"** i.S.v. § 221 I Nr. 2 StGB ist jedes Verhalten des Täters, durch das er sich einer Beistandspflicht entzieht; auf eine räumliche Trennung des Täters vom Opfer kommt es nicht an.[25]

Bsp.: Ein Arzt setzt sich an das Bett seines Patienten und sieht ihm genüsslich beim Todeskampf zu, anstatt ihm zu helfen, was ihm möglich und zumutbar gewesen wäre.

Da § 221 I **Nr. 2** StGB im Gegensatz zu § 221 I Nr. 1 StGB ein **Sonderdelikt** ist, setzt eine Beistandspflicht i.S.v. § 221 I Nr. 2 StGB voraus, dass das Opfer in der Obhut des Täters steht oder diesen eine sonstige Beistandspflicht trifft; hierfür sind die Grundsätze über die Entstehung einer Garantenstellung i.S.v. § 13 I StGB sinnentsprechend heranzuziehen.[26]

P ist die Mutter der T. Sie trägt die Personensorge für T, §§ 1626 I S. 2, 1631 I, 1626a II BGB. Dementsprechend steht T in der Obhut der P, welcher insoweit eine Garantenstellung zukommt.

Indem P die T alleine auf der Toilette des Krankenhauses zurückließ und ihr nicht die erforderliche unverzügliche ärztliche Hilfe zukommen ließ, hat sie sich dieser Beistandspflicht entzogen.

[25] Schönke/Schröder, § 221, Rn. 6.

[26] SK, § 221, Rn. 12.

bb) Konkrete Lebensgefährdung

§ 221 I Nr. 2 StGB verlangt eine **konkrete Gefährdung** i.S.e. Todesgefahr oder der Gefahr einer schweren Gesundheitsschädigung.

hemmer-Methode: Der Begriff der Gefahr einer „schweren Gesundheitsschädigung" umfasst auch die Fälle, bei denen keine schwere Körperverletzung i.S.v. § 226 StGB droht und ist damit weiter auszulegen. Unter einer schweren Gesundheitsschädigung sind daher auch langwierige Krankheiten bzw. der Verlust der Arbeitskraft zu verstehen.[27]

Da P die T im Stich ließ, indem sie diese in ihrem Zustand alleine zurückließ, hat sie T in eine konkrete Todesgefahr versetzt. Zwar befand sich T bereits aufgrund ihrer von Luigi (L) zugefügten Verletzungen in einer akuten Todesgefahr. Jedoch hat P diese Gefahr verstärkt, indem sie keine ärztliche Hilfe holte, wozu sie verpflichtet gewesen wäre. Hierdurch entstand eine konkrete Lebensgefährdung i.S.v. § 221 I StGB. Der objektive Tatbestand ist damit erfüllt.

hemmer-Methode: Objektiv betrachtet hat die P die Rettungschancen der T erhöht, indem sie diese in dem Krankenhaus ablegte. Deshalb ist P nicht gem. § 221 I Nr. 1 StGB strafbar („Jedermannsdelikt"). Von der obhutspflichtigen P kann jedoch mehr verlangt werden. Als Mutter hätte sie für ihr Kind ärztliche Hilfe holen müssen. Deshalb greift § 221 I Nr. 2 StGB ein, da durch das Unterlassen eine konkrete Lebensgefahr entstand. Es genügt insoweit bereits die Verstärkung einer bereits bestehenden Gefahr.

b) Subjektiver Tatbestand

Die P kannte alle nach dem objektiven Tatbestand relevanten Umstände, insbesondere war sie sich bewusst, dass sie die Todesgefahr der T verstärken würde, wenn sie T auf der Toilette zurücklässt und nicht sofort zu einem Arzt bringt. Der subjektive Tatbestand ist erfüllt.

hemmer-Methode: Der Vorsatz muss sich gem. § 15 I StGB auch auf das objektive Tatbestandsmerkmal „konkrete Lebensgefährdung" erstrecken.

c) Rechtswidrigkeit und Schuld

P hat rechtswidrig und schuldhaft gehandelt.

3. § 221 II Nr. 1 Var. 1 StGB

Der **Qualifikationstatbestand** des § 221 II Nr. 1 Var. 1 StGB ist erfüllt, da die T das Kind der P war.

4. §§ 221 III, 18 StGB

a) Die Vollendung des Grundtatbestandes wurde bereits festgestellt.

b) Mit dem Tod der T ist die schwere Folge des § 221 III StGB eingetreten.

Da P die T nicht unmittelbar zu einem Arzt gebracht hat, nahm sie eine ihr mögliche und als Obhuts- bzw. Beistandsverpflichtete gebotene Handlung nicht vor, durch welche sie das Leben der T mit an Sicherheit grenzender Wahrscheinlichkeit hätte retten können.

[27] Hemmer/Wüst, StrafR BT II, Rn. 80.

c) Schließlich hat sich in dem Eintritt des Todes die durch das Grunddelikt geschaffene Gefahr realisiert, so dass auch der **tatbestandsspezifische Gefahrenzusammenhang** gegeben ist. Die Gefährlichkeit einer Aussetzung liegt nämlich gerade darin, dass erforderliche Rettungsmaßnahmen nicht rechtzeitig erfolgen können, weil die hilflose Person auf sich allein gestellt ist.

d) Zwar hat P den Tod der T nicht in ihren Vorsatz aufgenommen. Jedoch hätte sie erkennen können und erkennen müssen, dass T stirbt, wenn sie diese im Stich lässt. Damit hat P fahrlässig gehandelt. Dies genügt, da § 221 III StGB eine **Erfolgsqualifikation** darstellt, so dass der speziellere § 18 StGB den § 15 StGB verdrängt. Gemäß § 18 StGB genügt hinsichtlich der schweren Folge fahrlässiges Verhalten.

Die Voraussetzungen der §§ 221 III, 18 StGB sind erfüllt.

Anmerkung: Achten Sie darauf, dass **§ 221 II Nr. 2 StGB** im Gegensatz zu § 221 II Nr. 1 StGB ein **erfolgsqualifiziertes Delikt** ist.
Sonderproblem: Bei der Erfolgsqualifikation des § 221 III bzw. II Nr. 2 StGB besteht Streit darüber, ob ein erfolgsqualifizierter Versuch möglich ist.
Dies ergibt sich aus dem Umstand, dass der Versuch des Grunddelikts für sich genommen nicht strafbar ist und folglich die Erfolgsqualifikation nicht nur eine strafschärfende, sondern – hinsichtlich des Versuchs – eine strafbegründende Wirkung hätte.
Trotzdem geht **eine Auffassung** von der Möglichkeit eines erfolgsqualifizierten Versuchs aus und beruft sich dabei darauf, dass sich durch die Erfolgsqualifikation die Deliktsnatur der Tat ändere und insoweit von einem Verbrechen i.S.v. § 12 StGB ausgegangen werden müsse.
Die **Gegenauffassung** verneint dagegen die Möglichkeit eines erfolgsqualifizierten Versuchs i.R.d. § 221 StGB, da sonst der Erfolgsqualifikation eine strafbarkeitsbegründende Wirkung zukäme, was dem Wesen der erfolgsqualifizierten Delikte und dem Wortlaut des § 18 StGB widerspräche (vgl. „schwerere Strafe“).[28] Letztere Auffassung ist angesichts des Wortlauts des § 18 StGB vorzugswürdig.

III. Ergebnis

P hat sich gem. § 221 III StGB strafbar gemacht. § 221 I Nr. 2, II Nr. 1 StGB wird von dem spezielleren § 221 III StGB verdrängt. Gleiches gilt für die ebenfalls verwirklichte fahrlässige Tötung durch Unterlassen, §§ 222, 13 StGB.

hemmer-Methode: Letzteres ist so evident, dass eine entsprechende Prüfung in der Klausur entbehrlich erscheint. Dasselbe würde auch für § 323c I StGB gelten, welcher aufgrund des Bearbeitervermerks nicht zu prüfen war. Im Übrigen war deshalb auch nicht zu prüfen, ob das Abschneiden der Haare eine Körperverletzung gem. § 223 I Alt. 1 StGB ist (vgl. BGH, NJW 1953, 1440; vgl. hierzu Fall 14).

28 Beachten Sie, dass dieselbe Problematik auch bei der Nachstellung gem. § 238 StGB (eingeführt zum 31.03.2007) besteht. Auch hier stellt sich die Frage, ob der erfolgsqualifizierte Versuch des § 238 III StGB möglich ist, obwohl ein Versuch des Grundtatbestandes nicht unter Strafe steht. Vgl. dazu und zu anderen Problemen des § 238 StGB, Berberich, Life&Law 07/2007, 492 ff.

D. Zusammenfassung

Sound: Hilflose Lage, Im-Stich-Lassen; Erfolgsqualifikation.

§ 221 StGB enthält mehrere Varianten an Tatbeständen (§ 221 I Nr. 1, Nr. 2 StGB), Qualifikationen (§ 221 II Nr. 1 StGB) und Erfolgsqualifikationen (§ 221 II Nr. 2, III StGB). Hier ist eine genaue Differenzierung für eine nachvollziehbare Lösung entscheidend.

Scheitert ein Totschlag durch Unterlassen am fehlenden Tötungsvorsatz, ist stets an § 221 StGB bzw. § 323c I StGB zu denken.

E. Zur Vertiefung

Zur Aussetzung

- Hemmer/Wüst, Karteikarten StrafR BT II, Karte 15.

Zur Erforderlichkeit einer Ortsveränderung bei § 221 I Nr. 1 StGB

- Hemmer/Wüst, StrafR BT II, Rn. 77.

Zur Problematik der Teilnahme bei § 221 I Nr. 1 StGB

- Hemmer/Wüst, StrafR BT II, Rn. 79.

Rechtsprechung zur Aussetzung

- Ein Versetzen in eine hilflose Lage im Sinne von § 221 I Nr. 1 StGB ist auch dann erfüllt, wenn der Täter das Opfer in eine Lage bringt, in der es mehr Hilfe nötig hat als in der früheren. Eine Aussetzung kann (wie eine gefährliche Körperverletzung) durch Unterlassen begangen werden, wenn ein Garant das Aussetzen durch einen Dritten nicht verhindert, BGH, Urteil vom 12.07.2017 – 5 StR 134/17 = Life&Law 03/2018, 177 ff.

Fall 9: Räuber Rudi hilflos

Sachverhalt:

Karsten wird von Rudi auf seinem nächtlichen Nachhauseweg überfallen. Karsten kann dem Rudi jedoch in Notwehr mit seinem Taschenmesser eine Stichwunde verpassen. Anschließend erkennt Karsten, dass der sich am Boden wälzende Rudi sofort ärztliche Hilfe benötigt, da er ihn an einer Arterie verletzt hat. Allerdings findet Karsten, dass es ihm nicht zumutbar ist, diesem Verbrecher auch noch zu helfen. Nach einer Stunde verblutet Rudi.

Bearbeitervermerk:

Hat sich Karsten (K) nach dem StGB strafbar gemacht?

A. Einordnung

Der Fall verbindet die Delikte des Totschlags, der Aussetzung und der unterlassenen Hilfeleistung. Dabei kommt es insbesondere auf das Vorliegen einer Garantenstellung des Täters an.

B. Gliederung

Strafbarkeit des K

I. Totschlag durch Unterlassen, §§ 212 I, 13 I StGB

⇨ Objektiver Tatbestand (-)
(P) Garantenstellung

II. Aussetzung mit Todesfolge, § 221 I Nr. 2, III StGB

⇨ Objektiver Tatbestand (-)

a) Hilflose Lage (+)

b) Im-Stich-Lassen (+)

c) Obhutspflicht (-)

III. Unterlassene Hilfeleistung, § 323c I StGB

1. Objektiver Tatbestand (+)

a) Unglücksfall (+)

b) Unterlassen einer Hilfeleistung (+)

2. Subjektiver Tatbestand (+)

3. Rechtswidrigkeit (+)

4. Schuld (+)

IV. Ergebnis: §§ 212 I, 13 I StGB (-); § 221 StGB (-); § 323c I StGB (+)

C. Lösung

Strafbarkeit des K

I. Totschlag durch Unterlassen, §§ 212 I, 13 I StGB

Indem K dem Rudi (R) nicht geholfen hat, könnte er sich gem. der §§ 212 I, 13 I StGB strafbar gemacht haben.

Als Anknüpfungspunkt kommt allein ein Unterlassen in Betracht, da die Körperverletzung mittels des Taschenmessers, welche zum Tod führte, gem. § 32 StGB gerechtfertigt ist.

hemmer-Methode: Selbstverständlich hätte dies auch vorab geprüft werden können. Die Voraussetzungen der Notwehr gemäß § 32 StGB sind ausweislich des Sachverhalts erfüllt.

K müsste eine **Garantenstellung** hinsichtlich des Lebens des R innegehabt haben.

Vorliegend kommt eine Garantenstellung des K aus **gefahrbegründendem vorangegangenem Tun (Ingerenz)** in Betracht.

Durch den Messerstich hat K den R in Lebensgefahr gebracht.

Diese gefahrbegründende Handlung war aber durch Notwehr **gerechtfertigt**.

Fraglich ist deshalb, ob auch aus rechtmäßigem Vorverhalten eine Garantenstellung entstehen kann.

Hiergegen spricht jedoch, dass es unbillig wäre den Angegriffenen, dem nichts anderes übrigblieb, als sich in Notwehr zu verteidigen, härter zu bestrafen als einen unbeteiligten Dritten, der ebenfalls dem Verletzten nicht hilft.

Schließlich ist es auch nicht einzusehen, warum das Leben des Angreifers einen stärkeren strafrechtlichen Schutz – nämlich den nach den §§ 212 I, 13 I StGB – genießen soll als das eines Verletzten, der ohne eigene Einwirkung in Lebensgefahr geraten ist, und lediglich über § 323c I StGB geschützt wird.

K hatte folglich keine Garantenstellung inne. Das Unterlassen der Rettungsmaßnahme hat demnach nicht den Unwert einer aktiven Tötungshandlung.

K hat sich nicht gem. der §§ 212 I, 13 I StGB strafbar gemacht.

II. Aussetzung mit Todesfolge, § 221 I Nr. 2, III StGB

a) Hilflose Lage

Eine Person befindet sich in einer hilflosen Lage, wenn sie (unverschuldet oder nicht) nicht im Stande ist, sich ohne Hilfe gegen eine ihr Leben oder ihre Gesundheit bedrohende Gefahr zu helfen.

Dies ist bei dem verletzten R der Fall gewesen. Die Hilflosigkeit beruht auf einer Stichverletzung und damit auf einem pathologischen Zustand.

b) Im-Stich-lassen

hemmer-Methode: Ein „Versetzen" in eine hilflose Lage i.S.d. § 221 I Nr. 1 StGB könnte hier allenfalls in dem Zufügen der Stichwunde gesehen werden. Diesbezüglich liegt jedoch eine Rechtfertigung vor, s.o.

Ein „Im-Stich-lassen" liegt jedenfalls bei räumlicher Trennung des Täters von der hilflosen Person vor.

Diese räumliche Trennung hat K herbeigeführt.

c) Obhutspflicht

Weiterhin müsste K den R in seiner Obhut gehabt haben oder ihm sonst beizustehen verpflichtet gewesen sein, § 221 I Nr. 2 StGB.

Dies ist dann der Fall, wenn der Täter Garant dafür ist, dass der Im – Stich – Gelassene nicht in Lebensgefahr gerät. Diesbezüglich sind die Grundsätze über die Entstehung einer Garantenstellung sinnentsprechend heranzuziehen.

hemmer-Methode: Bei § 221 StGB ist Vorsicht in der Formulierung geboten: Die Obhuts- oder Beistandsverpflichtung des § 221 StGB ist begrifflich nicht als Garantenstellung i.S.d. § 13 StGB zu bezeichnen, da § 221 StGB dogmatisch kein unechtes Unterlassungsdelikt ist.

Es besteht aber Einigkeit, dass beide Pflichtenstellungen sich in etwa entsprechen. Gleichwohl sollten Sie bei § 221 I Nr. 2 StGB nur von „Obhutspflicht“ sprechen.

Aus den bereits genannten Gründen liegt daher auch keine entsprechende Pflichtenstellung vor.

K hat sich nicht gem. § 221 I Nr. 2, III StGB strafbar gemacht.

III. Unterlassene Hilfeleistung, § 323c I StGB

K könnte sich aufgrund seines Verhaltens auch gem. § 323c I StGB strafbar gemacht haben.

1. Objektiver Tatbestand

a) Unglücksfall

Als **Unglücksfall** wird allgemein ein plötzlich eintretendes Ereignis bezeichnet, das erhebliche Gefahren für Menschen oder Sachen hervorruft oder hervorzurufen droht.[29]

Das Merkmal der Plötzlichkeit darf nicht zu eng ausgelegt werden.[30] Gemeint ist nur das Vorliegen einer Situation, die zur Abwendung der drohenden Gefahren ein sofortiges Eingreifen gebietet.[31]

Die Verletzung des R ist ein derartiges Ereignis gewesen.

[29] RGSt 75, 71, 162; BGHSt 11, 136 = **juris**byhemmer; Fischer, § 323c, Rn. 3; Schönke/Schröder, § 323c, Rn. 5.

[30] BGHSt 6, 152.

[31] Joecks, StGB, § 323c, Rn. 6.

b) Unterlassen einer zumutbaren Hilfeleistung

aa) K hat R nicht geholfen.

bb) Eine Hilfeleistung war auch erforderlich und dem K möglich.

hemmer-Methode: Nach BGH ist sowohl das Vorliegen eines Unglücksfalls als auch die Erforderlichkeit der Hilfeleistung nach einem objektiven ex-ante-Maßstab zu beurteilen. Es ist daher grundsätzlich unerheblich, wenn sich der Eintritt des Schadens in der Rückschau als unabwendbar erweist.[32]

cc) Hätte K dem R geholfen, hätte dieser auch mit an Sicherheit grenzender Wahrscheinlichkeit gerettet werden können, zumal es eine Stunde dauerte, bis er verblutete.

dd) Des Weiteren müsste die Hilfe dem K **zumutbar** gewesen sein.

Dabei sind die Gefahren der Unglückssituation und die eigenen Interessen des Täters in Beziehung zu setzen und nach ethischen Maßstäben gegeneinander abzuwägen.

Obwohl K das Opfer des Raubes des R werden sollte, war es ihm dennoch zuzumuten, dem R wenigstens durch Herbeiholen eines Arztes zu helfen, zumal von R keine Gefahr mehr ausging.

Auch der verletzte Angreifer genießt Schutz in einer lebensbedrohlichen Situation.

2. Subjektiver Tatbestand

K handelte vorsätzlich.

[32] Vgl. BGH, Urteil vom 01.09.2020 – 1 StR 373/19 = **juris**byhemmer.

Es genügte, dass er die Tatsachen kannte, aus denen sich die Zumutbarkeit der Hilfeleistung ergibt; wenn er dennoch glaubte, die Hilfeleistung sei ihm nicht zuzumuten, handelte es sich insoweit nicht um einen Tatbestandsirrtum i.S.d. § 16 StGB, sondern um einen Gebotsirrtum i.S.d. § 17 StGB.

3. Rechtswidrigkeit

Rechtswidrigkeit liegt vor.

4. Schuld

Problematisch ist vorliegend das Unrechtsbewusstsein des K.

Da K aus den ihm bekannten Umständen, welche die Zumutbarkeit begründen, den falschen Schluss gezogen hat, nicht zur Hilfeleistung verpflichtet zu sein, befand er sich in einem Gebotsirrtum i.S.v. § 17 StGB.

hemmer-Methode: Beachten Sie, dass man bei Unterlassungsdelikten bei fehlendem Unrechtsbewusstsein nicht von Verbots-, sondern Gebotsirrtum spricht.

Dieser Irrtum war jedoch vermeidbar, weil K bei gehöriger Anspannung seines Gewissens und bei Ausschöpfung aller zumutbaren Erkenntnisquellen hätte erkennen können, dass er auch gegenüber R zur Hilfeleistung verpflichtet ist. Damit handelte K auch schuldhaft.

IV. Ergebnis

K hat sich gem. § 323c I StGB strafbar gemacht. In Betracht kommt eine Milderung gem. §§ 17 S. 2, 49 I StGB.

D. Zusammenfassung

Sound: Ingerenz; rechtmäßiges Vorverhalten; Unglücksfall; Zumutbarkeit.

Aus einem rechtmäßigen Vorverhalten kann keine Garantenstellung aus Ingerenz begründet werden.

Ein Unglücksfall ist ein plötzlich eintretendes Ereignis, das erhebliche Gefahren für Menschen oder Sachen hervorruft oder hervorzurufen droht.

E. Vertiefung

Zur unterlassenen Hilfeleistung

- Hemmer/Wüst, StrafR BT II, Rn. 310f ff.
- Hemmer/Wüst, Karteikarten StrafR BT II, Karte 106.

Rechtsprechung zum Schutz von verbrannten Leichen

- Zur „Asche“ im Sinne des § 168 I StGB gehören sämtliche nach der Einäscherung verbleibende Rückstände, d.h. auch die vormals mit einem Körper fest verbundenen, nicht verbrennbaren Bestandteile. Bei Zahngold handelt es sich um keine eigentumsfähige Sache, solange es sich um einen Verbrennungsrückstand bei der Einäscherung einer Leiche handelt. Es ist insoweit herrenlos und scheidet als Tatobjekt eines Diebstahls gemäß § 242 I StGB aus, vgl. BGH, Beschluss vom 30.06.2015 – 5 StR 71/15 = Life&Law 12/2015, 909 ff.

Rechtsprechung zur Abgrenzung der §§ 218 ff. StGB von §§ 211 ff. StGB

- Das menschliche Leben setzt mit dem Beginn des Geburtsaktes ein, d.h. bei regulärem Verlauf mit dem Einsetzen der Eröffnungswehen. Entscheidend für die Abgrenzung, ob ein Schwangerschaftsabbruch gem. den §§ 218 ff. StGB oder die Tötung eines Menschen vorliegt, ist der Zeitpunkt der schädigenden Einwirkung des Täters auf das Opfer. Wirkt der Täter auf eine Leibesfrucht schädigend ein und stirbt das geborene Kind nach der Geburt aufgrund der Einwirkung auf die Leibesfrucht, sind allein die §§ 218 ff. StGB einschlägig. Dafür spricht insbesondere der Rechtsgedanke des § 8 StGB, vgl. BGH, NStZ 2008, 393 ff. = Life&Law 07/2008, 473 ff.
- Bei einer operativen Entbindung (Kaiserschnitt) beginnt die Geburt und damit der Anwendungsbereich der §§ 211 ff. StGB regelmäßig mit der Eröffnung des Uterus zum Zweck der dauerhaften Trennung des Kindes vom Mutterleib; dies gilt auch bei einer Mehrlingsgeburt, vgl. BGH, Beschluss vom 11.11.2020 – 5 StR 256/20.

Kapitel II: Körperverletzungsdelikte

Fall 10: Die Transfusion

Sachverhalt:

Der Notarzt Dr. Kalt wird zu einem Einsatz beim bewusstlos zusammengebrochenen Emil gerufen. Er diagnostiziert, dass Emil sofort zu einer lebensrettenden Bluttransfusion ins Krankenhaus gebracht werden muss und führt diese Bluttransfusion auch selbst durch.

Bearbeitervermerk:

Hat sich Dr. Kalt (K) nach den §§ 223 ff. StGB strafbar gemacht?

A. Einordnung

Der Fall setzt sich mit der dogmatischen Einordnung der sich im Einzelfall ergebenden Straflosigkeit des ärztlichen Heileingriffs (Ebene des Tatbestandes oder Rechtswidrigkeit) und den daraus resultierenden Konsequenzen auseinander.

B. Gliederung

Strafbarkeit des K

I. Körperverletzung, § 223 I StGB

1. Objektiver Tatbestand (+)

a) Körperliche Misshandlung/ Gesundheitsschädigung

b) **h.L.**: Erfolgreicher **Heileingriff** führt zu Verbesserung des gesundheitlichen Zustandes; deshalb schon Tatbestand (-)

c) **Rspr.**: Beeinträchtigung der körperlichen Unversehrtheit durch Eingriff (+); (mutmaßliche) Zustimmung des Patienten wird erst auf Ebene der Rechtswidrigkeit relevant

d) Entscheidendes Arg. für Rspr.: Selbstbestimmungsrecht des Patienten

2. Subjektiver Tatbestand (+)
Vorsatz (+)

3. Rechtswidrigkeit (-)

a) Tatsächliche Einwilligung (-)

b) **Mutmaßliche Einwilligung** (+)

II. Ergebnis: § 223 I StGB (-)

C. Lösung

Strafbarkeit des K

I. Körperverletzung, § 223 I StGB

K könnte sich wegen einer Körperverletzung i.S.v. § 223 I StGB strafbar gemacht haben, indem er an E eine Bluttransfusion durchführte.

1. Objektiver Tatbestand

K müsste Emil (E) körperlich misshandelt oder an der Gesundheit geschädigt haben, § 223 I StGB.

a) Unter einer **körperlichen Misshandlung** i.S.v. § 223 I Alt. 1 StGB versteht man jede üble, unangemessene Behandlung, die das körperliche Wohlbefinden nicht nur unerheblich beeinträchtigt.

Eine **Schädigung der Gesundheit** gem. § 223 I Alt. 2 StGB ist das Hervorrufen oder Steigern eines pathologischen Zustandes.

Vorliegend ist fraglich, ob durch einen Heilzwecken dienenden kunstgerechten ärztlichen Eingriff – wie hier die Bluttransfusion – das körperliche Wohlbefinden nicht nur unerheblich beeinträchtigt wird bzw. ein pathologischer Zustand hervorgerufen oder gesteigert wird.

b) Nach einigen Stimmen in der Literatur ist darauf abzustellen, ob der fachgerechte und erfolgreiche Eingriff im Ergebnis zu einer Verbesserung des gesundheitlichen Zustandes führt.

Es sei also nicht auf die Handlung abzustellen, die als solche einen Eingriff in die körperliche Integrität darstellen kann, sondern darauf, welche Wirkungen die Handlung auf den körperlichen Gesamtzustand hat.[33] Eine Handlung, die auf Wiederherstellung oder Erhaltung des körperlichen Wohls abziele und im Erfolgsfalle dieses Ziel auch erreiche oder zumindest körperliche Beschwerden lindere, stelle ihrem „sozialen Sinngehalt“ nach das Gegenteil einer Körperverletzung dar.

Hier läge zwar durch das Einführen der Kanüle eine Beeinträchtigung der körperlichen Integrität vor; diese führe aber gerade zu einer Wiederherstellung der Gesundheit. Die Bluttransfusion lasse sich auch nicht als üble unangemessene Behandlung, also als körperliche Misshandlung qualifizieren, da ein heilender Eingriff nicht übel und unangemessen sein könne.

Nach der Literaturansicht wäre der Tatbestand der Körperverletzung somit nicht erfüllt.

c) Die Rechtsprechung stellt dagegen auf den konkreten Eingriff ab, ohne dessen Wirkung zu berücksichtigen. Stellt dieser für sich betrachtet eine Beeinträchtigung der körperlichen Unversehrtheit dar, so soll eine Körperverletzung auch dann vorliegen, wenn der Eingriff letztlich zu einer Heilung des Patienten führt.[34] Zur Straflosigkeit des Arztes kommt diese Meinung dadurch, dass sie die Rechtswidrigkeit gegebenenfalls wegen einer Einwilligung oder einer mutmaßlichen Einwilligung verneint.

d) Für die Literatur spricht zwar, dass eine den Gesundheitszustand des Patienten verbessernde Handlung schwerlich als „Misshandlung“ angesehen werden kann. Auch bereitet es Schwierigkeiten, einen Heileingriff unter die „Gesundheitsschädigung“ zu subsumieren. Jedoch ist dem Gedanken Rechnung zu tragen, dass die Angemessenheit einer Behandlung wesentlich vom Selbstbestimmungsrecht des Patienten abhängt. Ein Heileingriff, der darüber hinausgeht, ist jedenfalls übel und unangemessen.

Zudem wird auch ansonsten bei der Frage nach der Tatbestandsverwirklichung stets auf die konkrete Handlung und nicht auf die damit verfolgten Ziele abgestellt.

hemmer-Methode: Zu denken wäre allenfalls daran, die Einwilligung des Patienten bereits als tatbestandsausschließendes Einverständnis in den Tatbestand zu verlagern.

[33] Vgl. Fischer, § 223, Rn. 6 ff.; Schönke/Schröder, § 223, Rn. 9.

[34] Vgl. BGHSt 11, 112; 16, 309; 35, 246 = **juris**byhemmer.

Dem steht jedoch entgegen, dass der Patient dann vor Willensmängeln und Aufklärungspflichtverletzungen durch den Arzt nur unvollkommen geschützt wäre, da auf der Ebene des tatbestandsausschließenden Einverständnisses Willensmängel grundsätzlich unbeachtlich sind.[35]
Außerdem steht dem Arzt, der einem nicht einwilligungsfähigen Patienten die notwendige Behandlung zuteilwerden lässt, das Rechtsinstitut der mutmaßlichen Einwilligung zur Seite (vgl. sogleich).

Somit hat K gegenüber E den objektiven Tatbestand der Körperverletzung (§ 223 I Alt. 1 und 2 StGB) erfüllt.

2. Subjektiver Tatbestand

K handelte vorsätzlich i.S.v. § 15 StGB, d.h. mit dem Willen zur Verwirklichung der Tat in Kenntnis aller Tatumstände.

3. Rechtswidrigkeit

K könnte gerechtfertigt gehandelt haben. Dies wäre dann der Fall, wenn eine rechtfertigende Einwilligung vorliegen würde.

a) Eine tatsächliche bzw. ausdrückliche Einwilligung des E liegt nicht vor.

b) Von daher besteht nur die Möglichkeit, auf eine **mutmaßliche Einwilligung** des E abzustellen.

Wie bei der tatsächlichen Einwilligung muss es sich um ein **disponibles Rechtsgut** handeln. Dies ist bei der körperlichen Unversehrtheit der Fall. Für eine Sittenwidrigkeit der Tat i.S.d. § 228 StGB ist kein Anhaltspunkt ersichtlich.

Ebenfalls kann mangels entgegenstehender Anhaltspunkte von einer Einwilligungsfähigkeit des E ausgegangen werden.

Zusätzlich zu diesen Voraussetzungen muss auf Grund der Subsidiarität gegenüber der tatsächlichen Einwilligung bei der mutmaßlichen Einwilligung geprüft werden, ob eine vorherige Befragung des E möglich gewesen wäre.

Dies war hier nicht der Fall. Folglich ist davon auszugehen, dass der bewusstlose Patient mit einer derartigen lebenserhaltenden Maßnahme einverstanden war.

Auf Grund einer mutmaßlichen Einwilligung des E ist das Verhalten des K gerechtfertigt.

hemmer-Methode: Abzugrenzen ist die mutmaßliche Einwilligung von der sog. hypothetischen Einwilligung. Letztere stammt ursprünglich aus der zivilrechtlichen Judikatur zum Arzthaftungsrecht. Hiernach entfällt die Haftung des Arztes für einen Aufklärungsfehler, wenn der Patient auch bei ordnungsgemäßer Aufklärung dem jeweiligen Eingriff zugestimmt hätte (vgl. hierzu § 630h II S. 2 BGB). Unter bestimmten Voraussetzungen soll in einer solchen Situation nach der Rechtsprechung des BGH auch im Strafrecht eine Strafbarkeit kraft einer hypothetischen Einwilligung entfallen.[36]

II. Ergebnis

K hat sich nicht aufgrund der durchgeführten Bluttransfusion wegen einer Körperverletzung (§ 223 I StGB) strafbar gemacht.

[35] Vgl. Fischer, § 223, Rn. 9 ff.

[36] Vgl. hierzu BGH, Urteil vom 20.02.2013 – 1 StR 320/12 = **juris**byhemmer. Hinsichtlich der Details handelt es sich um Besonderheiten des Arzthaftungsrechts, welche nicht zum klassischen Examensstoff zählen.

D. Zusammenfassung

Sound: Ärztlicher Heileingriff; (tatsächliche, mutmaßliche) Einwilligung.

E. Zur Vertiefung

Zu der ärztlichen Heilbehandlung als Körperverletzung

- Hemmer/Wüst, StrafR BT II, Rn. 109.
- Hemmer/Wüst, Karteikarten StrafR BT II, Karte 17.

Rechtsprechung zur ärztlichen Heilbehandlung

- Über Behandlungsmethoden, die nicht dem medizinischen Standard entsprechen („Wundbehandlung mit Zitronensaft“), ist aufzuklären. Über spezifische Risiken von Folgeoperationen, die auch bei kunstgerechter Durchführung der Erstoperation nötig werden können, ist aufzuklären, wenn der Erstoperation das spezifische Risiko einer Folgeoperation anhaftet und dieser Operation ihrerseits spezifische Risiken anhaften, deren Verwirklichung besondere Auswirkungen auf die Lebensführung des Patienten haben, vgl. BGH, Urteil vom 22.12.2010 – 3 StR 239/10 = Life&Law 08/2011.

Rechtsprechung zur Sittenwidrigkeit von Körperverletzungen

- Die rechtswidrige und schuldhafte Verwirklichung des Tatbestandes des § 231 StGB führt zur Annahme der Sittenwidrigkeit der Körperverletzungstat im Sinne von § 228 StGB. Der Verstoß gegen die Wertung des § 231 StGB begründet das Sittenwidrigkeitsurteil unabhängig davon, ob der sich aus § 231 StGB ergebenden gesteigerten Gefahr für Leib und Leben durch Vorkehrungen, mit denen eine Eskalation der Auseinandersetzung verhindert werden soll, entgegengewirkt werden könnte, vgl. BGH, Urteil vom 22.01.2015 – 3 StR 233/14 = Life&Law 09/2015, 663 ff.

Fall 11: Die Infektion

Sachverhalt:

Dietrich hat sich mit dem HI-Virus infiziert. Obwohl ihn sein Arzt in einem umfassenden Beratungsgespräch über die Ansteckungsrisiken aufgeklärt hat (die Ansteckungswahrscheinlichkeit bei ungeschütztem Geschlechtsverkehr zwischen heterosexuellen Paaren liegt bei 1:100 bis 1:1000; es besteht die Möglichkeit, durch Verwendung eines Kondoms diese Risiken zu minimieren), kommt es zwischen ihm und Rita zum ungeschützten Geschlechtsverkehr, da er ihr seine Infizierung verschwiegen hat. Rita infiziert sich dabei mit dem HI-Virus, die Krankheit ist bei ihr allerdings noch nicht ausgebrochen.

Bearbeitervermerk:

Hat sich Dietrich (D) nach den §§ 223 ff. StGB strafbar gemacht?

A. Einordnung

Der Fall setzt sich mit der Frage auseinander, nach welcher Maßgabe eine Gesundheitsschädigung vorliegt und welche Voraussetzungen an die Nr. 1 und 5 des § 224 I StGB zu stellen sind. Ein weiterer Schwerpunkt liegt auf der Abgrenzung des bedingten Vorsatzes von der bewussten Fahrlässigkeit.

B. Gliederung

Strafbarkeit des D

I. Gefährliche Körperverletzung, §§ 223 I, 224 I Nr. 1, 5 StGB

1. Objektiver Tatbestand (+)

a) Gesundheitsschädigung nach § 223 I StGB (+)

b) Qualifikation nach § 224 I StGB (+)

aa) Beibringung eines gesundheitsschädlichen Stoffes, § 224 I Nr. 1 StGB (+)

bb) Das Leben gefährdende Behandlung, § 224 I Nr. 5 StGB (+)

2. Subjektiver Tatbestand (+)
(P) Abgrenzung bedingter Vorsatz oder bewusste Fahrlässigkeit

a) Unstr.: Wissenskomponente erforderlich, vgl. § 16 StGB

b) Str., ob Willenselement notwendig:

aa) Möglichkeitstheorie, Wahrscheinlichkeitstheorie und normative Risikolehren (-)

bb) „Einwilligungstheorien (+)

c) Bei D auch Wollenskomponente (+)

3. Rechtswidrigkeit und Schuld (+)

II. Ergebnis: §§ 223 I, 224 I StGB (+)

C. Lösung

Strafbarkeit des D

I. Gefährliche Körperverletzung, §§ 223 I, 224 I Nr. 1, 5 StGB

Indem er Rita (R) mit dem HI-Virus infizierte, könnte sich D wegen gefährlicher Körperverletzung gem. §§ 223 I, 224 I StGB strafbar gemacht haben.

1. Objektiver Tatbestand

a) D müsste R körperlich misshandelt oder an der Gesundheit geschädigt haben, § 223 I StGB.

Unter einer körperlichen Misshandlung versteht man eine üble unangemessene Behandlung, die das körperliche Wohlbefinden nicht nur unerheblich beeinträchtigt. Hierfür ergeben sich vorliegend keine Anhaltspunkte.

hemmer-Methode: Hier wäre auch eine andere Auffassung vertretbar. Denn mit Kenntniserlangung von einer solch schwerwiegenden Infizierung ist davon auszugehen, dass das körperliche Wohlbefinden des Opfers erheblich beeinträchtigt wird. Jedoch fehlen hierzu Angaben im Sachverhalt.

D könnte R an der Gesundheit geschädigt haben. Unter einer Gesundheitsschädigung versteht man das Hervorrufen oder Steigern eines pathologischen Zustandes.

Vorliegend kam es zu einer Infektion der R. Fraglich ist, ab wann man in diesem Falle von einer Gesundheitsschädigung sprechen kann.

Der Tatbestand ist jedenfalls dann vollendet, wenn die körperliche Erkrankung verursacht und ausgebrochen ist, sich also der pathologische Zustand manifestiert; denn es ist gleichgültig, auf welche Weise die Gesundheitsschädigung verursacht wird.[37] Eine Gesundheitsschädigung liegt in diesem Fall auch bei Auftreten einer Früh- oder Übergangssymptomatik vor.

Problematisch ist hingegen die Übertragung von Krankheitserregern bei längerer Inkubationszeit oder ungewissem Krankheitsausbruch, wenn Symptome der Krankheit und damit eine tatsächliche Beeinträchtigung körperlicher Funktionen noch nicht eingetreten sind.

Nach Ansicht der Rspr. und der h.L. ist eine tatbestandliche Gesundheitsschädigung bei Infektionskrankheiten, die „nicht ganz unerheblich" sind, unabhängig vom Ausbruch der Krankheit schon bei Übertragung der Krankheitserreger anzunehmen.[38]

Selbst wenn die Inkubationszeit im Fall des HI-Virus unabsehbar lang und der Ausbruch der Krankheit ungewiss ist, ist danach der Tatbestand des § 223 I StGB erfüllt, wenn die Infektion zur dauerhaften Infektiosität der geschädigten Person selbst führt.[39]

Dem steht nicht entgegen, dass die infizierte Person während der Inkubationszeit und der Latenzzeit beschwerdefrei ist und nicht feststeht, wie und wann die Krankheit bei ihr ausbricht.

Insbesondere ist auch nicht ein Schmerzempfinden für eine Gesundheitsschädigung erforderlich.

Eine Gesundheitsschädigung ist damit zu bejahen.

hemmer-Methode: Zudem kann allein die psychische Situation, in der sich eine HIV-infizierte Person befindet, auch eine Gesundheitsschädigung darstellen.[40] Hierfür sind indes besondere Feststellungen im Sachverhalt erforderlich.

---

37 BGHSt 36, 1, 6 = **juris**byhemmer.

38 Vgl. Fischer, § 223, Rn. 6.

39 BGHSt 36, 1 = **juris**byhemmer.

40 BGH, NJW 1990, 129 = **juris**byhemmer.

b) Darüber hinaus könnte D den objektiven Tatbestand der **gefährlichen Körperverletzung** verwirklicht haben, § 224 I StGB.

aa) In Betracht kommt vorliegend § 224 I Nr. 1 Var. 2 StGB.

Hierzu müsste D die Körperverletzung durch Beibringung von gesundheitsschädlichen Stoffen begangen haben.

Als Stoffe i.S.d. § 224 I Nr. 1 StGB werden nicht nur tote Substanzen angesehen, sondern auch Organismen, falls diese eine ähnlich schädliche Wirkung haben.[41] Dies ist bei dem HI-Virus zu bejahen.

Ein Beibringen ist zu bejahen, wenn der Täter die Verbindung des Stoffes mit dem Körper derart herstellt, dass diese ihre gesundheitsschädigende Wirkung entfalten können. Dies ist stets dann der Fall, wenn die Stoffe ins Körperinnere gelangt sind.[42] Dies ist hier der Fall.

Damit hat D auch den objektiven Tatbestand des § 224 I Nr. 1 StGB erfüllt.

bb) In Betracht kommt weiterhin die Begehung einer Körperverletzung mittels einer das Leben gefährdenden Behandlung, § 224 I Nr. 5 StGB.

Problematisch ist, ob es bei § 224 I Nr. 5 StGB genügt, dass erst der Körperverletzungserfolg, hier die Infektion, sich als lebensgefährdend erweist und nicht bereits die Körperverletzungshandlung.

Im Ergebnis kann aber zwischen der Gefährlichkeit der Handlung und der Gefährlichkeit des Erfolges vom Sinngehalt dieses Qualifikationsmerkmals her kein begründbarer Unterschied gemacht werden.[43]

Ob die Handlung den Erfolg direkt oder über die Zwischenstation einer lebensgefährdenden Verletzung herbeizuführen droht, stellt bezüglich der Schutzbedürftigkeit des Rechtsguts keinen Differenzierungsgrund dar. Auch der Wortlaut („Behandlung“) lässt eine solche Auslegung zu.

Damit hat D auch § 224 I Nr. 5 StGB erfüllt.

2. Subjektiver Tatbestand

Problematisch erscheint jedoch der Vorsatz (§ 15 StGB) des D. Es kann sich dabei allenfalls um bedingten Vorsatz handeln, da hier keine Anhaltspunkte für eine absichtliche (dolus directus 1. Grades) oder wissentliche (dolus directus 2. Grades) Ansteckung ersichtlich sind.

hemmer-Methode: Wissentlichkeit würde voraussetzen, dass D bei der Durchführung des ungeschützten Geschlechtsverkehrs mit R sicher weiß, dass er sie infiziert. Da D eine sichere Infizierung vorliegend aber nicht beeinflussen kann, ist dies fernliegend.

Abzugrenzen ist der bedingte Vorsatz von der bewussten Fahrlässigkeit. Wie diese Abgrenzung vorzunehmen ist, ist umstritten.

a) Einigkeit besteht insoweit, als dass nach allen Ansichten zur Bejahung des bedingten Vorsatzes das Wissen des Täters um die mögliche Tatbestandsverwirklichung vorhanden sein muss. Dies resultiert bereits aus § 16 I S. 1 StGB.

b) Streit besteht hingegen, ob darüber hinaus noch ein Willenselement zu fordern ist.

---

41 Fischer, § 224, Rn. 4.

42 Schönke/Schröder, § 229, Rn. 6.

43 BGH, NJW 1990, 129 m.w.N. = **juris**byhemmer.

aa) Die Vertreter der „Möglichkeitstheorie", die Eventualvorsatz bereits dann bejahen, wenn der Täter die reale Möglichkeit der Rechtsgutsverletzung erkannt und trotzdem gehandelt hat[44] und die Vertreter der „Wahrscheinlichkeitstheorie", die auf ein Für-Wahrscheinlich-Halten des Erfolgseintritts durch den Täter abstellen,[45] verzichten auf ein voluntatives Element und erachten allein den Grad des Erkennens der Tatbestandsverwirklichung als entscheidend.

Auch die sog. normativen Risikolehren verzichten – mit unterschiedlichen Ansätzen und Konsequenzen – auf das Erfordernis eines voluntativen Elements. Für sie kommt es – deliktsspezifisch – darauf an, ob sich der Täter bewusst für ein Handeln entscheidet, das mit einer in der Rechtsordnung geltenden Risikomaxime unverträglich ist.

Zumindest nach der Möglichkeitstheorie und den normativen Risikolehren wäre danach der Vorsatz des D ohne weiteres zu bejahen. Die Schwierigkeit, den Sachverhalt unter die Wahrscheinlichkeitstheorie zu subsumieren, offenbart zugleich deren Schwäche. Die daraus resultierende Unsicherheit ist mit Art. 103 II GG unvereinbar.

Das gleiche Problem besteht im Hinblick auf die „normativen Risikolehren".

bb) Die Gegenauffassung – ebenfalls in verschiedenen Schattierungen als „Einwilligungstheorien" vertreten – verlangt hingegen, dass der Täter mit dem erkannten und ernst genommenen Erfolgseintritt in dem Sinne einverstanden sein muss, dass er ihn „billigend in Kauf nimmt."[46]

Dabei genügt für die Annahme des bedingten Vorsatzes ein „Billigen" im Rechtssinne, d.h. er muss den Erfolg innerlich nicht gutheißen, sondern es genügt, dass er sich um der Erreichung des Zieles willen mit dem Erfolgseintritt abfindet. Die Tatsache, dass ihm der Erfolgseintritt gegebenenfalls an sich unerwünscht ist, schließt den bedingten Vorsatz nicht aus.[47]

Für die Theorien, die auf ein voluntatives Element beim dolus eventualis verzichten wollen, sprechen die praktischen Schwierigkeiten, für ein solches „Billigen" den Beweis zu erbringen. Andererseits vermag dieses praktische Argument nicht die dogmatischen Bedenken zu beseitigen, die einer solchen Sicht des Vorsatzes entgegenstehen. Die Versuchsstrafbarkeit zeigt, dass für die Strafbarkeit eines Täters auch die Einstellung des Täters zu seiner Tat maßgeblich ist. Nur hiermit kann der beträchtliche Rechtsfolgenunterschied zwischen vorsätzlichem und fahrlässigem Handeln erklärt werden.

Für die Einwilligungstheorie spricht, dass sie eben diesem Erfordernis Rechnung trägt. Dieser Ansicht ist daher zu folgen.

Damit stellt sich die Frage, wie das Vorliegen des Wollenselements beim Täter festgestellt werden kann.

Dabei liegt folgender Schluss vom Wissen des Täters auf sein Wollen der Tatbestandsverwirklichung nahe: Je ausgeprägter das Wissen um die Gefahr ist, umso mehr kann dies für das Vorliegen des Wollens Indiz sein.

hemmer-Methode: Der BGH betont allerdings, dass für „formelhafte Feststellungen kein Raum" sei und „die Annahme von dolus eventualis besonders sorgfältiger Prüfung" bedürfe.[48]

44 Vgl. Fischer, § 15, Rn. 9g m.w.N.
45 Vgl. Fischer, § 15, Rn. 9f.
46 Vgl. Fischer, § 15, Rn. 9b.
47 BGH, NStZ 98, 616 = jurisbyhemmer.
48 BGH, NJW 1989, 781 = jurisbyhemmer.

Gehen Sie daher in der Klausur auf alle Informationen, die der Sachverhalt bezüglich Täter und Tat liefert, ein.

Im vorliegenden Fall war D über seine Krankheit und das damit verbundene Infektionsrisiko ausführlich aufgeklärt worden. Der Arzt hatte ihn in einem längeren Gespräch informiert, sodass er im Zeitpunkt der Tat auch ein aktuelles Bewusstsein über das damit verbundene Infektionsrisiko für andere im Falle eines ungeschützten Geschlechtsverkehrs hatte.

Jedoch wusste D auch, dass das Ansteckungsrisiko bei heterosexuellen Paaren nur sehr gering ist. Möglicherweise hatte D auf Grund dieses geringen Risikos ernsthaft darauf vertraut, es würde beim Geschlechtsverkehr mit R schon „nichts passieren“, was für eine bewusste Fahrlässigkeit spräche.

Fraglich ist aber, ob er ernsthaft auf den Nichteintritt des Körperverletzungserfolges vertrauen durfte. Bei der Argumentation, es bestehe bloß ein geringes Einzelrisiko, wird übersehen, dass schließlich jeder ungeschützte Geschlechtsverkehr derjenige sein kann, der eine Virusübertragung zur Folge hat, was D auch bewusst war.

Daher ist davon auszugehen, dass D bedingten Vorsatz hinsichtlich einer Körperverletzung der R hatte.

hemmer-Methode: Verneint man einen Körperverletzungsvorsatz, käme lediglich eine Strafbarkeit des D gem. § 229 StGB in Betracht. Klausurtaktisch erscheint es empfehlenswert, der Ansicht des BGH zu folgen.

Auch hinsichtlich des objektiven Tatbestandes des § 224 I Nr. 1 und 5 StGB handelte D vorsätzlich.

3. Rechtswidrigkeit und Schuld

Rechtswidrigkeit und Schuld sind zu bejahen.

II. Ergebnis

D hat sich gem. der §§ 223 I, 224 I Nr. 1 und Nr. 5 StGB strafbar gemacht.

hemmer-Methode: Beachten Sie, dass der BGH in Fällen der Infizierung mit HIV regelmäßig den Körperverletzungsvorsatz des Täters bejaht, einen Tötungsvorsatz hingegen verneint.
Dies wird in der Literatur teilweise als widersprüchlich kritisiert. Der Täter könne nur entweder vorsätzlich *oder* fahrlässig hinsichtlich der Infizierung gehandelt haben. Eine unterschiedliche Bewertung bei den verschiedenen Tatbeständen verbiete sich daher. Der BGH hält dem entgegen, dass eine unterschiedliche Betrachtungsweise durchaus möglich sei.

Insoweit verweist er auf die unterschiedlichen „Hemmschwellen“ bei den verschiedenen Delikten. Folgt man dem BGH, sind angesichts der hohen Strafandrohung bei der Bejahung eines Tötungsvorsatzes deutlich höhere Anforderungen zu stellen als beim Körperverletzungsvorsatz. Demzufolge können somit die Ergebnisse durchaus unterschiedlich ausfallen.

D. Zusammenfassung

Sound: HIV-Infizierung;
Beibringung eines gesundheitsschädlichen Stoffes; Lebensgefährdende Behandlung.

Bei der Übertragung von Krankheitserregern liegt eine Gesundheitsschädigung jedenfalls dann vor, wenn bei dem Infizierten die Krankheit ausbricht.

Darüber hinaus ist eine Gesundheitsschädigung bereits dann zu bejahen, wenn die Krankheitsanfälligkeit des Betroffenen gesteigert wird.

Bei dem HI-Virus handelt es sich um einen gesundheitsschädlichen Stoff i.S.v. § 224 I Nr. 1 StGB.

I.R.d. § 224 I Nr. 5 StGB macht es keinen Unterschied, ob die Handlung die zur Verletzung führt, lebensgefährdend ist oder die Lebensgefahr erst aus dem Körperverletzungserfolg resultiert.

E. Zur Vertiefung

Zur gefährlichen Körperverletzung

- Hemmer/Wüst, StrafR BT II, Rn. 90 ff.
- **„Tod durch Kochsalz“**: § 224 I Nr. 1 StGB erfasst auch Stoffe des täglichen Bedarfs, wenn ihre Beibringung mit der konkreten Gefahr einer erheblichen Schädigung im Einzelfall verbunden ist, vgl. BGH, NJW 2006, 1822 ff. = Life&Law 08/2006, 538 ff.

Rechtsprechung zur Infizierung mit HIV

- Durch neuartige Medikamente kann die **Viruslast** bei Personen, welche HIV-positiv sind, **auf null gesenkt** werden, so dass diese nach medizinischen Erkenntnissen als nicht ansteckend gelten. Zur Frage, ob in solchen Fällen eine Strafbarkeit wegen versuchter gefährlicher Körperverletzung in Betracht kommt, siehe AG Nürtingen, StV 2009, 418 f. = Life&Law 10/2009, 683 ff.
- Hemmer/Wüst, Karteikarten StrafR BT II, Karte 22.

Zur rechtfertigenden Einwilligung

- Hemmer/Wüst, Strafrecht AT I, Rn. 312 ff.

Zu heimlichen HIV-Tests

- Hemmer/Wüst, Karteikarten StrafR BT II, Karte 18.

Fall 12: Streit unter Kollegen

Sachverhalt:

Die Drogenhändler Stefan und Kenny geraten in einen Streit. Um seinen Argumenten Nachdruck zu verleihen, schlägt Stefan dem Kenny mit seiner Pistole auf den Kopf. Unglücklicherweise löst sich dabei ein Schuss, durch den Kenny tödlich getroffen wird.

Abwandlung: *Der Schlag des Stefan geht ins Leere, aber auch hier löst sich ein tödlicher Schuss.*

Bearbeitervermerk:

Hat sich Stefan (S) nach dem StGB strafbar gemacht?

A. Einordnung

Anhand dieses Falles soll ihnen ein Einstieg in die Problematik der Erfolgsqualifikationen und des erfolgsqualifizierten Versuchs (vgl. Abwandlung) vermittelt werden.

B. Gliederung

Grundfall
Strafbarkeit des S

I. Totschlag, § 212 I StGB

⇨ Tatbestand (-)

II. Gefährliche Körperverletzung, § 224 I Nr. 2 Alt. 2, Nr. 5 StGB

1. Objektiver Tatbestand (+)

a Körperverletzung (+)

b) §224 I Nr. 2 Alt. 2 StGB (+)

c) § 224 I Nr. 5 StGB (+)

2. Subjektiver Tatbestand (+)

3. Rechtswidrigkeit und Schuld (+)

III. Körperverletzung mit Todesfolge, §§ 227 I, 18 StGB

1. Körperverletzung (+)

2. Schwere Folge (+)

3. Tatbestandsspezifischer Gefahrenzusammenhang zwischen Grunddelikt und schwerer Folge (+)
(P) Tatbestandsspezifische Gefahr der Körperverletzungshandlung genügt ⇔ Letalitätstheorie

4. Fahrlässigkeit

IV. Ergebnis: §§ 227 I, 18 StGB (+)

Abwandlung
Strafbarkeit des S

Versuchte Körperverletzung mit Todesfolge, §§ 227 I, 22, 23 I, 18 StGB

1. Tatbestandsmäßigkeit (+)

a) **Grunddelikt** §§ 224 I Nr. 2 Alt. 2, Nr. 5, II, 22, 23 I StGB (+)

aa) Vorprüfung (+)

bb) Tatentschluss (+)

cc) Unmittelbares Ansetzen (+)

b) **Schwere Folge** (+)

aa) Herbeiführung eines tatbestandsmäßigen Erfolges (+)

bb) Kausalität (+)

cc) Objektive Sorgfaltspflichtverletzung (+)

c) Tatbestandsspezifischer Gefahrenzusammenhang (+)
(P) Erfolgsqualifizierter Versuch

2. Rechtswidrigkeit (+)

3. Schuld und subjektive Sorgfaltspflichtverletzung (+)

4. Ergebnis: §§ 227 I, 22, 23 I, 18 StGB (+)

C. Lösung Grundfall

Strafbarkeit des S

I. Totschlag, § 212 I StGB

Eine Strafbarkeit des S gem. § 212 I StGB scheitert am fehlenden Tötungsvorsatz.

II. Gefährliche Körperverletzung, § 224 I Nr. 2 Alt. 2, Nr. 5 StGB

Aufgrund des Schlages mit der Pistole könnte sich S gem. § 224 I Nr. 2 Alt. 2, Nr. 5 StGB strafbar gemacht haben.

1. Objektiver Tatbestand

a) S hat dem Kenny (K) mit seiner Pistole auf den Kopf geschlagen. Dies stellt eine üble unangemessene Behandlung dar. Eine körperliche Misshandlung i.S.d. § 223 I Var. 1 StGB liegt damit vor. Des Weiteren ist davon auszugehen, dass auch ein pathologischer Zustand hervorgerufen wurde. Folglich liegt eine Körperverletzung vor. Auch eine Gesundheitsschädigung gem. § 223 I Var. 2 StGB ist zu bejahen.

b) Die Pistole war auch aufgrund ihrer Beschaffenheit bei der konkreten Verwendung als Schlagwaffe dazu geeignet, erhebliche Verletzungen hervorzurufen.

Demnach wurde die Körperverletzung mit einem gefährlichen Werkzeug begangen, § 224 I Nr. 2 Alt. 2 StGB.

cc) Darüber hinaus stellt ein Schlag auf den Kopf mit einer Pistole eine (hier konkret) das Leben gefährdende Behandlung i.S.v. § 224 I Nr. 5 StGB dar.

Der objektive Tatbestand des § 224 I Nr. 2 Var. 2, Nr. 5 StGB ist erfüllt.

2. Subjektiver Tatbestand

S handelte vorsätzlich hinsichtlich der Verwirklichung der §§ 223 I, 224 I Nr. 2, Nr. 5 StGB.

hemmer-Methode: S hat K selbstverständlich auch mit dem Schuss eine Körperverletzung zugefügt. Zudem hatte S den Vorsatz, eine Körperverletzung zu begehen. Allerdings hatte S nicht vor, dem K die Verletzung mittels eines Schusses beizubringen. Insoweit ist von einem wesentlichen Abweichen des tatsächlichen vom vorgestellten Kausalverlauf auszugehen, so dass in dieser Hinsicht eine Strafbarkeit gem. § 224 StGB aufgrund des Fehlens eines entsprechenden Vorsatzes ausscheidet.

3. Rechtswidrigkeit und Schuld

Rechtswidrigkeit und Schuld sind gegeben.

III. Körperverletzung mit Todesfolge, §§ 227 I, 18 StGB

hemmer-Methode: § 227 I StGB ist im Grunde eine Kombination aus einer Körperverletzung und einer fahrlässigen Tötung. Sinnvoll erscheint es, gleich mit dem § 227 StGB zu beginnen und nicht mit § 222 StGB.

Dafür spricht, dass § 222 StGB hinter § 227 StGB zurücktritt und damit die Prüfung vorab als „überflüssig" erscheinen kann.

1. Körperverletzung

Die gefährliche Körperverletzung gem. § 224 I Nr. 2 Var. 2, Nr. 5 StGB ist in § 227 I StGB als Grunddelikt aufgeführt. Die Voraussetzungen liegen vor, siehe oben.

2. Schwere Folge

Mit dem Tod des S ist eine schwere Folge i.S.v. § 227 I StGB eingetreten.

Da diese schwere Folge eine Strafschärfung nach sich zieht, muss S in dieser Hinsicht (wenigstens[49]) fahrlässig gehandelt haben, § 18 StGB.

hemmer-Methode: Fahrlässigkeit genügt nur hinsichtlich der schweren Folge. Die Körperverletzung selbst muss vorsätzlich erfolgt sein.

3. Tatbestandsspezifischer Gefahrenzusammenhang zwischen Grunddelikt und schwerer Folge

Der tatbestandsspezifische Gefahrenzusammenhang bei § 227 I StGB setzt voraus, dass sich die **in der Körperverletzung** innewohnende spezifische Gefahr gerade in dem Tod des Opfers realisiert hat.

Ein bloßer Kausalzusammenhang genügt nicht.[50]

Dies ist zumindest dann der Fall, wenn der Erfolg der Körperverletzung unmittelbar den Tod herbeigeführt hat.

In vorliegenden Fall hat der durch den Schlag auf den Kopf bewirkte Erfolg, etwa in Form einer Schädelprellung (Körperverletzungs**erfolg**), allerdings nicht unmittelbar den Tod des K herbeigeführt. Der Tod wurde vielmehr durch die Ausführung des Schlages verursacht, bei welchem sich der Schuss löste (Körperverletzungs**handlung**).

Fraglich ist deshalb, ob die tödliche Folge aus dem Körperverletzungserfolg hervorgegangen sein muss, oder ob es ausreichend ist, wenn der Tod bereits durch die Körperverletzungshandlung herbeiführt wurde.

Eine in der Literatur vertretene Ansicht geht davon aus, dass sich die Todesfolge aus dem Körperverletzungserfolg ergeben muss (**Letalitätstheorie**).[51]

Dagegen lässt die Rechtsprechung die spezifische Gefahr der Körperverletzungshandlung genügen.[52]

Für die Letalitätstheorie wird der Wortlaut des § 227 I StGB angeführt, der den Tod einer „verletzten Person" voraussetzt.
Zudem könne unter dem Tatbestandsmerkmal „Körperverletzung" nur ein Körperverletzungserfolg verstanden werden.[53]

---

49 Nach der überwiegenden Ansicht ist § 227 StGB bei einem vollendeten Totschlag bzw. Mord bereits auf Tatbestandsebene ausgeschlossen, so dass § 227 StGB nur bei einer fahrlässigen Tötung eingreift. Begründet wird dies mit der ratio legis, nach der eine Strafbarkeit gem. § 227 StGB neben den §§ 211, 212 StGB von vornherein sinnlos sei, da insoweit kein eigener Unrechtsgehalt entstehen kann. Soweit §§ 211, 212 bzw. § 212 StGB vollendet sind, sollten Sie daher § 227 StGB gar nicht prüfen. So Krey, BT 1, Rn. 263 f.; Schönke/Schröder, § 227, Rn. 11.

50 Schönke/Schröder, § 227, Rn. 3.

51 Krey, BT 1, Rn. 267 ff.;

52 BGHSt 14, 110; BGHSt, NStZ 1997, 341.

53 Krey, BT 1, Rn. 271 f.

Allerdings umfasst der Begriff der „Körperverletzung“ nach dem Sprachgebrauch des Gesetzes in § 223 I Alt. 1 StGB (körperlich „misshandelt) und § 224 I Nr. 5 StGB (lebensgefährliche „Behandlung“) auch Körperverletzungshandlungen[54], so dass die Letalitätstheorie nicht überzeugen kann. Vor allem aber spricht der Klammerzusatz i.R.v. § 227 I StGB („§§ 223 bis 226 StGB“) dafür, dass auch bei versuchtem Grundtatbestand § 227 I StGB in Betracht kommt. Denn durch den Verweis auch auf die §§ 223 II, 224 II, 225 II StGB hat der Gesetzgeber zum Ausdruck gebracht, dass von dem Begriff „Körperverletzung“ auch der Versuch mit erfasst ist.[55]

Soweit bereits die Körperverletzungshandlung tödliche Folgen hat, ist auch die Heranziehung des hohen Strafrahmens des § 227 I StGB gerechtfertigt.[56] Die Ansicht der Rechtsprechung erscheint kriminalpolitisch vorzugswürdig.

Bei einem Schlag mit einer Pistole besteht typischerweise die Gefahr, dass sich versehentlich ein tödlicher Schuss löst. Ein tatbestandsspezifischer Gefahrenzusammenhang zwischen Körperverletzungshandlung und dem Todeserfolg ist folglich gegeben. Insoweit ist es unerheblich, dass der Tod nicht auf dem Körperverletzungserfolg beruhte.

4. Fahrlässigkeit

S handelte auch fahrlässig. Es war für ihn voraussehbar und vermeidbar, dass sich ein Schuss lösen kann, wenn mit einer Pistole als Werkzeug zugeschlagen wird.

IV. Ergebnis

S hat sich gem. der §§ 227 I, 18 StGB strafbar gemacht.

Die Strafbarkeit gem. § 222 StGB, § 223 StGB und § 224 I Nr. 2 Alt. 2, Nr. 5 StGB (lebensgefährdende Behandlung) tritt dahinter zurück, da die Gefahr für das Leben des Tatopfers gerade durch die Qualifikationsgründe geschaffen wurde.[57]

D. Lösung Abwandlung

Versuchte Körperverletzung mit Todesfolge, §§ 227 I, 22, 23 I, 18 StGB

Fraglich ist zunächst, ob der erfolgsqualifizierte Versuch überhaupt strafbar ist.

Dagegen könnte vorliegend sprechen, dass die Erfolgsqualifikation fahrlässig verwirklicht wurde und bei Fahrlässigkeit keine Versuchsstrafbarkeit in Betracht kommt. Jedoch stellt § 11 II StGB ausdrücklich klar, dass Vorsatz-Fahrlässigkeitskombinationen insgesamt als Vorsatzdelikte zu behandeln sind und dementsprechend eine Versuchsstrafbarkeit möglich ist.

1. Tatbestandsmäßigkeit

a) Grunddelikt §§ 224 I Nr. 2 Alt. 2, Nr. 5, II, 22, 23 I StGB

aa) Vorprüfung

Der Schlag mit der Pistole ging ins Leere. Damit liegt keine vollendete gefährliche Körperverletzung vor.

[54] Rengier, BT II, S. 89, Rn. 4.
[55] Fischer, § 227, Rn. 3a m.w.N.
[56] Rengier, BT II, S. 89, Rn. 4.
[57] Fischer, § 227, Rn. 12.

Der Versuch ist gem. § 224 II StGB strafbar.

bb) Tatentschluss

S hat einen Tatentschluss zur Begehung einer Tat i.S.v. § 224 I Nr. 2 Alt. 2, Nr. 5 StGB gefasst.

cc) Unmittelbares Ansetzen

Hierzu hat er auch unmittelbar angesetzt, § 22 StGB.

Ein tatbestandlicher Versuch des Grunddelikts ist somit gegeben.

Aufbauhinweis: Bei einem vollendeten Grunddelikt würden Sie hier dessen objektiven und subjektiven Tatbestand prüfen.

b) Schwere Folge

aa) Mit dem Tod ist ein tatbestandsmäßiger Erfolg eingetreten.

bb) Die Körperverletzungshandlung (Schlag mit der Pistole) war hierfür kausal.

cc) S hat zudem eine objektive Sorgfaltspflicht verletzt, obwohl dies aus objektiver Sicht vermeidbar war und der Eintritt des Erfolges objektiv vorhersehbar war.

c) Tatbestandsspezifischer Gefahrenzusammenhang

Hier stellt sich das Problem des so genannten **erfolgsqualifizierten Versuchs**. Ein erfolgsqualifizierter Versuch liegt vor, wenn die gewollte Körperverletzung nicht eingetreten ist, das Opfer jedoch durch den in Gang gesetzten Kausalverlauf zu Tode kommt.

Lässt man wiederum die tatbestandsspezifische Gefahr der Körperverletzungshandlung für die Annahme eines tatbestandsspezifischen Gefahrenzusammenhanges ausreichen, muss man konsequenterweise auch eine versuchte Körperverletzung als Grunddelikt des § 227 I StGB akzeptieren; insoweit ergeben sich nämlich keine Unterschiede zum Ausgangsfall.

Dieses Ergebnis ist auch mit dem Wortlaut des § 227 I StGB zu vereinbaren, da § 227 I StGB **insgesamt** auf die §§ 223 bis 226 StGB und damit auch auf deren Versuchsstrafbarkeit verweist.

Der tatbestandsmäßige Gefahrenzusammenhang ist daher zu bejahen, siehe oben.

2. Rechtswidrigkeit

S hat rechtswidrig gehandelt, siehe oben.

3. Schuld

Entschuldigungsgründe greifen nicht ein.

Des Weiteren hat S hinsichtlich der schweren Folge fahrlässig gehandelt, zumal ihm die Sorgfaltspflichtverletzung subjektiv vermeidbar und der eingetretene Erfolg subjektiv vorhersehbar war. S hat folglich schuldhaft gehandelt.

4. Ergebnis

S hat sich wegen einer versuchten Körperverletzung mit Todesfolge, §§ 227 I, 22, 23 I, 18 StGB, strafbar gemacht.

hemmer-Methode: Aus didaktischen Gründen werden im Ausgangsfall der Grundtatbestand und die Erfolgsqualifikation getrennt geprüft, während in der Abwandlung dem „kombinierten“ Aufbau gefolgt wurde.
In der Klausursituation können Sie frei wählen, welchen Aufbau Sie bevorzugen.

E. Zusammenfassung

Sound: Erfolgsqualifikation, erfolgsqualifizierter Versuch; Letalitätstheorie; Gefahrenspezifischer Ursachenzusammenhang.

Die Prüfung des § 227 StGB bereitet häufig Schwierigkeiten. Bemühen Sie sich hier um einen übersichtlichen Aufbau und differenzieren Sie zwischen dem Körperverletzungserfolg und der Körperverletzungshandlung. Nach der nicht unbestrittenen Ansicht der Rechtsprechung genügt es, wenn sich die in der Körperverletzungshandlung liegende Gefahr im Todeserfolg realisiert hat, um den tatbestandsmäßigen Gefahrenzusammenhang zwischen Grunddelikt und schwerer Folge zu bejahen.

F. Zur Vertiefung

Rechtsprechung zu § 227 StGB

- “Biss in den Steintrog”: Strafbarkeit der Mittäter gem. § 227 StGB trotz Mittäterexzess hinsichtlich der Tötung des Opfers in Life&Law 05/2005, 314 ff.; BGH, NJW 2005, 93 ff.
- “Verfolger-Fall“ in Life&Law 03/2003, 185 ff.; BGH, NJW 2003, 150 ff.

Rechtsprechung zu § 224 I Nr. 2 StGB

- Fährt ein Kraftfahrzeugführer auf einen anderen Verkehrsteilnehmer zu, liegt nur dann eine gefährliche Körperverletzung „mittels“ eines gefährlichen Werkzeugs vor, wenn das Opfer angefahren oder überfahren wird. Verletzungen infolge von Ausweichbewegungen oder eines Sturzes werden von § 224 I Nr. 2 Alt. 2 StGB nicht umfasst, vgl. BGH, Beschluss vom 04.11.2014 – 4 StR 200/14 = Life&Law 05/2015, 335 ff.

Rechtsprechung zur Strafbarkeit wegen fahrlässiger Tötung, § 222 StGB

- Zur Strafbarkeit wegen fahrlässiger Tötung durch Unterlassen im Fall Oury Jalloh vgl. BGH, Urteil vom 04.09.2014 – 4 StR 473/13 = Life&Law 03/2015, 179 ff.
- Strafrechtliche Verantwortlichkeit des Frachtunternehmers für Lenkzeitenüberschreitungen durch den Fahrer, vgl. LG Nürnberg-Fürth, NJW 2006, 1824 ff. = Life&Law 08/2006, 544 ff.

Fall 13: Die Musiker

Sachverhalt:

Der Sänger und Bandleader John von Chauvi verprügelt den Keyboarder seiner Band, Richard. Bei dieser Auseinandersetzung erleidet Richard neben zahlreichen Hämatomen einen so komplizierten Bruch des Mittelfingers seiner linken Hand, dass dieser für immer steif bleibt, sodass er seinen Job aufgeben muss. John von Chauvi wollte Richard weder den Finger brechen noch rechnete er damit.

Bearbeitervermerk:

Hat sich John (J) nach dem StGB strafbar gemacht?

A. Einordnung

Der Fall setzt sich mit § 226 I StGB, einem erfolgsqualifizierten Delikt, auseinander. Der Schwerpunkt liegt auf der Darstellung des Aufbaus der Erfolgsqualifikation sowie der Prüfung der Anforderungen des § 226 I Nr. 2 StGB.

B. Gliederung

Strafbarkeit des J

I. Körperverletzung, § 223 I StGB

1. Objektiver Tatbestand (+)
   Körperliche Misshandlung und Gesundheitsschädigung (+)
2. Subjektiver Tatbestand (+)
   Vorsatz bezüglich der einfachen Körperverletzung (+)
3. Rechtswidrigkeit und Schuld (+)

II. Schwere Körperverletzung, § 226 I StGB

1. Verwirklichung des Grundtatbestandes (+)
2. Eintritt der schweren Folge nach § 226 I Nr. 2 StGB (+), da Mittelfinger für Keyboarder wichtiges Körperglied
3. Kausalität zwischen Handlung und Erfolg (+)
4. **Tatbestandsspezifischer Gefahrzusammenhang** (+)
5. Fahrlässigkeit bzgl. der Erfolgsherbeiführung, d.h. **objektive Vorhersehbarkeit** (+)

III. Ergebnis: §§ 223 I, 226 I Nr. 2 StGB (+)

C. Lösung

Strafbarkeit des J

I. Körperverletzung, § 223 I StGB

J könnte sich wegen Körperverletzung gegenüber R strafbar gemacht haben, § 223 I StGB, indem er diesen verprügelte.

1. Objektiver Tatbestand

J müsste R körperlich misshandelt oder an der Gesundheit geschädigt haben.

Indem J den R verprügelte, hat er ihn übel und unangemessen behandelt. J rief bei R auch einen pathologischen, d.h. der Heilung bedürftigen Zustand hervor.

Ein solcher ist bereits auf Grund der Hämatome zu bejahen. Darüber hinaus erlitt R einen komplizierten Bruch des Mittelfingers.

hemmer-Methode: Differenzieren Sie bereits an dieser Stelle zwischen den einzelnen Körperverletzungserfolgen, wenn Sie i.R.d. Vorsatzes zu unterschiedlichen Ergebnissen kommen.

2. Subjektiver Tatbestand

J müsste vorsätzlich gehandelt haben, § 15 StGB. Unter Vorsatz versteht man den Willen zur Verwirklichung der Tat in Kenntnis aller Tatumstände.

Hinsichtlich der körperlichen Misshandlung und der Gesundheitsschädigung in Form der zugefügten Hämatome handelte J vorsätzlich, nicht aber im Hinblick auf den gebrochenen Mittelfinger.

J rechnete nicht mit einem derartigen Erfolg und er wollte ihn auch nicht herbeiführen.

3. Rechtswidrigkeit und Schuld sind zu bejahen.

4. J hat sich bezüglich der dem R zugefügten Hämatome wegen einer Körperverletzung gem. § 223 I StGB strafbar gemacht.

II. Schwere Körperverletzung, § 226 I StGB

In Betracht kommt weiterhin eine schwere Körperverletzung gem. § 226 I StGB.

hemmer-Methode: Hätte J hinsichtlich der schweren Folge absichtlich oder wissentlich gehandelt, was hier offensichtlich nicht der Fall war, so käme § 226 II StGB in Betracht.

1. J verwirklichte den Grundtatbestand des § 223 I StGB.

2. Es müsste darüber hinaus eine schwere Folge i.S.v. § 226 I StGB eingetreten sein.

§ 226 I Nr. 1 und Nr. 3 StGB sind nicht in Betracht zu ziehen. Möglicherweise hatte die Körperverletzung aber zur Folge, dass R ein wichtiges Glied seines Körpers nicht mehr gebrauchen kann, § 226 I Nr. 2 StGB.

Unter einem Körperglied versteht man jeden nach außen in Erscheinung tretenden Körperteil, der mit dem Körper oder einem anderen Körperteil verbunden ist.

Nach h.M. muss das Körperglied nicht notwendig durch Gelenke mit dem Körper verbunden sein.[58] Ein Körperglied ist ein abgeschlossener Körperteil aber jedenfalls dann, wenn er durch ein Gelenk mit dem Rumpf oder einem anderen Körperteil verbunden ist.

Dies ist bei dem mit der Hand verbundenen Finger der Fall.

Entscheidend ist jedoch, ob der Mittelfinger der linken Hand ein wichtiges Glied des Körpers ist. Unumstritten wäre dies zu bejahen, wenn der Verlust für jeden Menschen eine wesentliche Beeinträchtigung des gesamten Körpers in seinen regelmäßigen Verrichtungen bedeuten würde. Denn die Wichtigkeit eines Körpergliedes bestimmt sich nach seiner allgemeinen Bedeutung für den Gesamtorganismus.

hemmer-Methode: Der BGH hat klargestellt, dass bei der allgemeinen Bedeutung für den Gesamtorganismus objektiv nicht einfach auf einen „normalen Menschen“ abzustellen ist, sondern die individuellen Körpereigenschaften und körperlichen Vorschäden des konkret Verletzten mit zu berücksichtigen sind.[59]

---

58 Fischer, § 226, Rn. 6.

59 Vgl. BGH, NStZ 2007, 470 f. = Life&Law 09/2007, 613 ff. = **juris**byhemmer.

Hätte etwa das Tatopfer im Fall nur noch die linke Hand und würde an dieser bereits der Zeigefinger fehlen, wäre der linke Mittelfinger unproblematisch ein „wichtiges Körperglied“. Der BGH lehnt hingegen ab, dass darüber hinaus auch noch die individuellen Verhältnisse wie die Art des Berufs mit einfließen.

Bei Daumen und Zeigefinger der rechten Hand geht man demzufolge grundsätzlich von wichtigen Körpergliedern aus;[60] hingegen hat der Mittelfinger der linken Hand grundsätzlich keine derart herausragende Bedeutung, da seine Funktion – insbesondere beim Greifen – auch durch die anderen Finger ersetzt werden kann. Generell kann daher der linke Mittelfinger nicht als wichtiges Glied eingestuft werden.

Fraglich ist daher, ob auch die individuellen Verhältnisse i.R.d. § 226 I StGB Berücksichtigung finden können, da für einen Keyboarder alle Finger beider Hände für eine ordnungsgemäße Berufsausübung unerlässlich sind.

Es ist nicht die Aufgabe der Körperverletzungsdelikte, die Berufsfähigkeit zu erhalten.

Allerdings gilt es zu beachten, dass gerade bei berufsbeeinträchtigenden Verletzungshandlungen der Verletzte in seiner Lebensqualität erheblich betroffen ist und ihm möglicherweise die finanzielle Existenzgrundlage entzogen wird. Dem Strafzweck des § 226 I StGB entsprechend sind daher die individuellen Verhältnisse des Verletzten zu berücksichtigen.[61]

Der linke Mittelfinger ist für R dauernd gebrauchsunfähig.

Die schwere Folge i.S.v. § 226 I Nr. 2 StGB ist damit eingetreten.

3. Die Handlung des J war für die schwere Folge kausal.

4. Auch der tatbestandsspezifische Gefahrzusammenhang ist zu bejahen, da gerade bei tätlichen Auseinandersetzungen Hand- und Fingerverletzungen typisch sind.

5. J handelte fahrlässig hinsichtlich der schweren Folge. Die schwere Folge war für ihn vorhersehbar und vermeidbar.

hemmer-Methode: Hinsichtlich der fahrlässigen Verursachung der schweren Folge liegt die objektive Sorgfaltspflichtverletzung regelmäßig in der vorsätzlichen Verwirklichung des Granddeliktes, soweit es um die Außerachtlassung der im Verkehr erforderlichen Sorgfalt und die objektive Vermeidbarkeit der Tatbestandsverwirklichung geht. Es reicht deshalb aus, wenn Sie in diesem Zusammenhang die objektive Vorhersehbarkeit erörtern (Hemmer/Wüst, Strafrecht AT I, Rn. 358).

III. Ergebnis

J hat sich wegen einer schweren Körperverletzung gem. der §§ 223 I, 226 I Nr. 2 StGB strafbar gemacht.

D. Zusammenfassung

Sound: Erfolgsqualifikation;
Schwere Körperverletzung;
Wichtiges Körperglied;
Individuelle Verhältnisse des Verletzten.

Ein Körperglied ist jedenfalls dann wichtig i.S.v. § 226 I Nr. 2 StGB, wenn seine allgemeine Bedeutung für den Gesamtorganismus bejaht wird.

---

60 Vgl. Fischer, § 226, Rn. 8.

61 A.A. mit dem BGH gut vertretbar.

Umstritten ist demgegenüber, ob bzw. in welchem Umfang die individuellen Verhältnisse des Opfers berücksichtigungsfähig sind.

E. Zur Vertiefung

Zum erfolgsqualifizierten Delikt

- Hemmer/Wüst, Strafrecht AT I, Rn. 684 ff.

Zur schweren Körperverletzung

- Hemmer/Wüst, StrafR BT II, Rn. 95 ff.

Rechtsprechung zur schweren Körperverletzung

- Für die Dauerhaftigkeit des Verlustes der Gebrauchsfähigkeit eines Körperglieds i.S.d. § 226 I Nr. 2 StGB kommt es grundsätzlich nicht darauf an, ob das Opfer eine ihm mögliche medizinische Behandlung wahrgenommen hat oder nicht, BGH, Urteil vom 07.02.2017 – 5 StR 483/16 = Life&Law 10/2017, 701 ff.

Fall 14: Der unglückliche Haarschnitt

Sachverhalt:

Thomas stürzt sich mit einer Schere auf seine Ex- Freundin Frederike, um ihr die Haare abzuschneiden und sie dadurch zu demütigen. Dabei gerät er ins Stolpern und sticht ihr ein Auge aus.

Bearbeitervermerk:

Prüfen Sie die Strafbarkeit von Thomas (T) nach den §§ 223 ff. StGB.

A. Einordnung

Der Fall setzt sich mit den Tatbestandsmerkmalen der §§ 223, 224 I Nr. 2, 226 I Nr. 3 StGB, dem erfolgsqualifizierten Versuch und den damit einhergehenden Aufbauproblemen auseinander.

B. Gliederung

Strafbarkeit des T

I. Körperverletzung, § 223 I StGB

1. Objektiver Tatbestand (+)
   Körperliche Misshandlung und Gesundheitsschädigung durch Stich ins Auge (+)
2. Subjektiver Tatbestand (-)
   Vorsatz (-)
3. Ergebnis: § 223 I StGB (-)

II. Versuchte Körperverletzung, §§ 223, 22, 23 I StGB

1. Vorprüfung (+)
2. Tatentschluss (+)
   Hinsichtlich Haare schneiden (+)
3. Unmittelbares Ansetzen (+)
4. Rechtswidrigkeit und Schuld (+)
5. Ergebnis: §§ 223, 22, 23 I StGB (+)

III. Versuchte gefährliche Körperverletzung, §§ 223, 224, 22, 23 I StGB

1. Vorprüfung (-)
2. **Tatentschluss** (-)
   Hinsichtlich des beabsichtigten Abschneidens der Haare ist Schere kein gefährliches Werkzeug
3. Ergebnis: §§ 223, 224, 22, 23 I StGB (-)

IV. Versuchte schwere Körperverletzung, §§ 226 I, 22, 23 I StGB

1. **Erfolgsqualifizierter Versuch**
   a) Versuchsstrafbarkeit (+)
   b) Versuch des Grundtatbestandes (+)
   c) Eintritt der schweren Folge (+)
   d) Kausalität (+)
   e) Tatbestandsspezifischer Gefahrzusammenhang (+)
      Anknüpfungspunkt: Verletzungshandlung
   f) Fahrlässigkeit (+)
2. Ergebnis:
   §§ 226 I, 22, 23 I StGB (+)

V. Fahrlässige Körperverletzung

⇨ Verwirklicht, tritt aber im Wege der Gesetzeskonkurrenz zurück

C. Lösung

Strafbarkeit des T

I. Körperverletzung, § 223 I StGB

T könnte sich wegen Körperverletzung gem. § 223 I StGB strafbar gemacht haben, indem er F mit einer Schwere ein Auge ausstach.

1. Objektiver Tatbestand

T müsste Frederike (F) körperlich misshandelt oder an der Gesundheit geschädigt haben. Beides ist auf Grund des Stiches in das Auge der F zu bejahen.

hemmer-Methode: Falls die Körperverletzung so eindeutig ist und der Fall weitere erhebliche Probleme in sich birgt, genügt es, die Körperverletzung knapp festzustellen. Jedenfalls reicht es aus, dass eine Definition nur einmal in einer Prüfungsarbeit zur Sprache kommt. Ein gebetsmühlenartiges Wiederholen derselben Definition in einer Arbeit langweilt den Korrektor.

2. Subjektiver Tatbestand

T müsste vorsätzlich gehandelt haben, § 15 StGB. Unter Vorsatz versteht man den Willen zur Verwirklichung der Tat in Kenntnis aller Tatumstände.

Allerdings wollte T der F nur die Haare schneiden, nicht ins Auge stechen. Er handelte damit nicht vorsätzlich.

3. T hat sich nicht gem. § 223 I StGB strafbar gemacht.

II. Versuchte Körperverletzung, §§ 223, 22, 23 I StGB

T könnte sich aber gem. der §§ 223, 22, 23 I StGB strafbar gemacht haben.

1. Die Körperverletzung wurde nicht vorsätzlich verwirklicht. Der Versuch der Körperverletzung ist strafbar, § 223 II StGB.

2. Tatentschluss

T müsste den Tatentschluss zu einer Verletzung der F gefasst haben. Dabei hatte T nicht vor, F ein Auge auszustechen. Dieser tatsächlich eingetretene Erfolg ist deshalb nicht vom Vorsatz des T erfasst.

T wollte vielmehr F die Haare abschneiden.

Dies könnte eine körperliche Misshandlung darstellen. Hierunter versteht man jede üble unangemessene Behandlung, durch die das körperliche Wohlbefinden nicht unerheblich beeinträchtigt wird. Bei einem substanzverletzenden Eingriff wie dem Abschneiden der Haare gegen den Willen des Betroffenen ist dies zu bejahen.[62] Der erforderliche Tatentschluss lag vor.

hemmer-Methode: Gerade weil T vorhatte, F durch sein Handeln zu demütigen, ist ein Tatentschluss bezüglich einer körperlichen Misshandlung durch das Haare-Abschneiden zu bejahen.

3. Unmittelbares Ansetzen

Ein unmittelbares Ansetzen i.S.d. § 22 StGB liegt vor, wenn das Handeln des Täters nach seiner Vorstellung von der Tat unmittelbar, d.h. ohne weitere Zwischenschritte, in die Tatbestandsverwirklichung einmünden soll.

---

[62] Fischer, § 223, Rn. 5.

T stürzte sich bereits auf F. Ein unmittelbares Ansetzen ist damit gegeben.

4. T handelte rechtswidrig und schuldhaft.

5. Er hat sich gem. der §§ 223, 22, 23 I StGB strafbar gemacht.

III. Versuchte gefährliche Körperverletzung, §§ 223, 224 I Nr. 2 und Nr. 5, 22, 23 I StGB

T könnte sich wegen versuchter gefährlicher Körperverletzung gem. der §§ 223, 224, 22, 23 I StGB strafbar gemacht haben.

1. Die **eingetretene** Körperverletzung wurde nicht vorsätzlich verwirklicht.

Der Versuch der gefährlichen Körperverletzung ist strafbar, § 224 II StGB.

2. Tatentschluss

T müsste den Entschluss zur Begehung einer gefährlichen Körperverletzung gefasst haben.

In Betracht kommt hierfür die Begehung mittels eines gefährlichen Werkzeugs, § 224 I Nr. 2 StGB.

Unter einem **gefährlichen Werkzeug** versteht man einen Gegenstand, der nach der konkreten Art der Anwendung geeignet ist, erhebliche Verletzungen hervorzurufen.

Maßgeblich ist hier, dass T die Schere zum Abschneiden der Haare und nicht zum Einstechen verwenden wollte. Ein Vorsatz des T hinsichtlich der Verwendung als gefährliches Werkzeug ist damit zu verneinen.

Ebenso wenig wollte T eine das Leben gefährdende Behandlung (§ 224 I Nr. 5 StGB) vornehmen.

3. T hat sich nicht gem. §§ 223, 224, 22, 23 I StGB strafbar gemacht.

IV. Versuchte schwere Körperverletzung, §§ 226, 22, 23 I StGB

T könnte sich wegen versuchter schwerer Körperverletzung gem. §§ 226, 22, 23 I StGB strafbar gemacht haben.

1. Möglicherweise hat sich T wegen eines **erfolgsqualifizierten Versuchs** strafbar gemacht.

a) Versuchsstrafbarkeit

Fraglich ist, ob ein **erfolgsqualifizierter Versuch** strafbar ist. Bei § 226 I StGB handelt es sich um ein erfolgsqualifiziertes Delikt, d.h. es reicht aus, wenn dem Täter hinsichtlich der Folge wenigstens Fahrlässigkeit zur Last fällt, § 18 StGB.

Das Gesetz kennt aber grundsätzlichen keinen strafbaren Versuch eines Fahrlässigkeitsdelikts. Insoweit ist aber **§ 11 II StGB** zu beachten, der bestimmt, dass die Vorsatz-Fahrlässigkeitskombination wie ein Vorsatzdelikt zu behandeln ist. Ein strafbarer erfolgsqualifizierter Versuch ist damit denkbar.

b) T hat den Versuch des Grunddelikts rechtswidrig und schuldhaft begangen (siehe oben **II.**).

c) Die schwere Folge ist eingetreten, da F das Sehvermögen auf einem Auge verloren hat, § 226 I Nr. 1 Var. 1 StGB.

hemmer-Methode: Beachten Sie, dass zwar der Verlust eines Auges für die Annahme der schweren Folge ausreicht, es aber nicht genügt, wenn das Opfer die Hörfähigkeit auf nur einem Ohr verliert (vgl. den Wortlaut des § 226 I Nr. 1 StGB: „das Gehör").

d) Die Handlung des T war für den Verlust des Auges auch kausal.

e) Tatbestandsspezifischer Gefahrzusammenhang

Fraglich ist, ob der tatbestandsspezifische Gefahrzusammenhang bejaht werden kann.

Dieser muss sich bei erfolgsqualifizierten Delikten immer realisieren. Entscheidend ist somit, worin die deliktstypische Gefahr des Grunddelikts liegt.

Sieht man diese erst im eingetretenen Grunddeliktserfolg und fordert, dass die schwere Folge aus dem gewollten Körperverletzungs*erfolg* hervorgehen muss, wäre vorliegend eine Bestrafung aus §§ 226, 22, 23 I StGB abzulehnen, da der Erfolg des Grunddelikts ausblieb.

Die überwiegende Ansicht lässt demgegenüber die spezifische Gefahr der Körperverletzungs*handlung* genügen. Unter Körperverletzung i.S.d. § 226 StGB sei nicht nur der diesbezügliche Erfolg, sondern der ganze Vorgang zu verstehen, also auch unter Einschluss der die Verletzung bewirkenden Ausführungshandlung.

Dem ist zuzustimmen, da auch von der konkreten Handlung, hier dem Versuch, die Haare der Ex-Freundin gegen deren Willen abzuschneiden, eine typische Gefahr für schwere Verletzungen ausgeht.

hemmer-Methode: Teilweise wird das Problem des Anknüpfungspunktes (Erfolg oder Handlung) bereits in der Versuchsstrafbarkeit erörtert. Dies ist ebenso gut vertretbar, da der Versuch begrifflich ausgeschlossen ist, wenn als Anknüpfungspunkt allein der (gerade nicht eingetretene) Erfolg herangezogen werden kann.

f) Der Eintritt der schweren Folge war vorhersehbar. T handelte fahrlässig.

2. Ergebnis

T hat sich gem. der §§ 226 I, 22, 23 I StGB strafbar gemacht.

V. Fahrlässige Körperverletzung, § 229 StGB

T hat, indem er F ein Auge ausstach, rechtswidrig und schuldhaft eine fahrlässige Körperverletzung begangen, § 229 StGB.

Die fahrlässige Körperverletzung tritt aber im Wege der Gesetzeskonkurrenz hinter den erfolgsqualifizierten Versuch zurück.

D. Zusammenfassung

Sound: Versuch der Erfolgsqualifikation; erfolgsqualifizierter Versuch.

Der Versuch der Erfolgsqualifikation ist vom erfolgsqualifizierten Versuch zu unterscheiden. Bei dem erfolgsqualifizierten Versuch nach §§ 226 I, 22, 23 I StGB ist Anknüpfungspunkt für die Realisierung der tatbestandsspezifischen Gefahr die Körperverletzungshandlung und nicht der Erfolg des Grundtatbestandes.

E. Zur Vertiefung

Zum erfolgsqualifizierten Versuch

- Hemmer/Wüst, StrafR AT II, Rn. 33 ff.

Rechtsprechung zum gefährlichen Werkzeug

- Life&Law 11/2002, 760 ff.; StV 2002, 482 ff.

Fall 15: Zu dritt geht alles besser

Sachverhalt:

Susan suchte Streit mit Caroline. Dazu bat sie Mariella und Lisa, sie bei einer (gegebenenfalls körperlichen) Auseinandersetzung zu unterstützen. Beide folgten ihr, um sie zumindest durch ihre Anwesenheit zu stärken. Sie hielten sich anschließend stets in der unmittelbaren Nähe von Susan auf. Als sie Caroline vor einer Disco antreffen, geht Susan auf sie zu und pöbelt sie an. Daraufhin geht Daniel dazwischen, um den Streit zu schlichten. Es kommt zu einem Gerangel, welches dazu führt, dass Susan dem Daniel vorsätzlich einen Faustschlag versetzt, der diesen zu Boden schickt. Daraufhin wenden sich alle drei Daniel zu, der sich von Susan noch ein paar heftige Ohrfeigen einfängt. Als Daniel zu weinen beginnt, gibt Susan das Kommando zum Rückzug, woraufhin sich alle drei von Daniel abwenden.

Bearbeitervermerk:

Haben sich die Beteiligten nach den §§ 223, 224 StGB strafbar gemacht?

A. Einordnung

Der Fall beschäftigt sich mit dem Mitwirkungserfordernis bei gemeinschaftlich begangenen Körperverletzungen i.S.v. § 224 I Nr. 4 StGB.

B. Gliederung

Strafbarkeit von S

Gefährliche Körperverletzung, §§ 223 I, 224 I Nr. 4 StGB

1. Objektiver Tatbestand (+)

a) § 223 I StGB (+)

b) § 224 I Nr. 4 StGB (+)
(P) Voraussetzung einer gemeinschaftlichen Begehung der Körperverletzung

2. Subjektiver Tatbestand (+)

3. Rechtswidrigkeit und Schuld (+)

Strafbarkeit von M und L

Beihilfe zur gefährlichen Körperverletzung, §§ 223 I, 224 I Nr. 4, 27 I StGB

1. Objektiver Tatbestand (+)

a) Haupttat (+)

b) **Täterschaft** (-)

c) Hilfeleistung zu Haupttat (+)

2. Subjektiver Tatbestand (+)

3. Rechtswidrigkeit und Schuld (+)

C. Lösung

Strafbarkeit von Susan

Gefährliche Körperverletzung, §§ 223 I, 224 I Nr. 4 StGB

Susan (S) könnte sich wegen einer gefährlichen Körperverletzung strafbar gemacht haben, indem sie Daniel (D) einen Faustschlag und einige Ohrfeigen zufügte.

1. Objektiver Tatbestand

a) § 223 I StGB

Indem S den D mit der Faust schlug und ihm heftige Ohrfeigen versetzte, hat sie ihn übel und unangemessen behandelt, so dass das Wohlbefinden des D nicht nur unerheblich beeinträchtigt wurde. Der objektive Tatbestand der einfachen Körperverletzung in Form einer körperlichen Misshandlung, § 223 I Alt. 1 StGB, ist erfüllt.

b) § 224 I Nr. 4 StGB

S könnte die Körperverletzung hinsichtlich der Ohrfeigen weiterhin mit Mariella (M) und Lisa (L) i.S.v. § 224 I Nr. 4 StGB **gemeinschaftlich begangen** haben.

Fraglich ist aber, ob dazu jede Form der strafbaren Beteiligung seitens M und L ausreichend ist, oder ob dies voraussetzen würde, dass diese als Mittäter an der Körperverletzung beteiligt waren.

Mit dem Begriff der **gemeinschaftlichen Begehung** verwendet § 224 I Nr. 4 StGB dieselbe **Terminologie wie § 25 II StGB**, so dass man annehmen könnte, § 224 I Nr. 4 StGB verlange eine mittäterschaftliche Begehung der Tat. In seiner jetzigen Fassung stellt § 224 I Nr. 4 StGB mit seinem Verweis auf einen „anderen Beteiligten" jedoch klar, dass (siehe Legaldefinition in § 28 II StGB) neben der Mittäterschaft auch eine Teilnahme ausreichend sein kann.

Auch Sinn und Zweck des Qualifikationstatbestandes des § 224 I Nr. 4 StGB gebieten die Einbeziehung des Zusammenwirkens von Täter und Gehilfen, soweit durch ein solches Zusammenwirken eine **verstärkte Gefährlichkeit** der Körperverletzung für das Opfer begründet wird.

Eine gemeinschaftliche Begehung durch bloße Teilnahme ist jedenfalls dann anzunehmen, wenn der am Tatort anwesende Gehilfe die Wirkung der Körperverletzungshandlung des Täters bewusst in einer Weise verstärkt, welche die Lage des Verletzten zu verschlechtern geeignet ist und damit eine für § 224 StGB charakteristische **erhöhte Gefährlichkeit** der Körperverletzung begründet. Bei dieser Form der Beteiligung wird dies regelmäßig vor allem durch eine **Schwächung der Abwehrmöglichkeiten** verwirklicht. Ein Beispielsfall hierfür liegt etwa dann vor, wenn das Opfer aufgrund der Präsenz mehrerer Personen damit rechnen muss, dass bei seinem Widerstand weitere Personen eingreifen.

hemmer-Methode: Grund der Strafschärfung bei § 224 I Nr. 4 StGB ist damit die abstrakte Gefahr, dass andere Beteiligte dem Täter beistehen könnten, sollte dies erforderlich sein.

Vorliegend haben M und L die von S ausgehende Zwangswirkung verstärkt, indem sie durch ihre Anwesenheit die Verteidigungsmöglichkeiten des D einschränkten. Auch haben M und L die S psychisch durch ihre Anwesenheit bestärkt, so dass sie zumindest als Gehilfen „Beteiligte" i.S.d. § 28 II StGB waren.

hemmer-Methode: Weitere Ausführungen bezüglich der Art der Beteiligung (Gehilfe oder Mittäter) sind an dieser Stelle verfehlt.

Damit liegen die Voraussetzungen des objektiven Tatbestandes einer gemeinschaftlichen Begehung i.S.v. § 224 I Nr. 4 StGB vor.

2. Subjektiver Tatbestand

S handelte vorsätzlich bezüglich der Begehung einer gefährlichen Körperverletzung gem. §§ 223 I, 224 I Nr. 4 StGB.

3. Rechtswidrigkeit und Schuld

S handelte rechtswidrig und schuldhaft.

4. Ergebnis

S hat sich wegen einer gefährlichen Körperverletzung gem. der §§ 223 I, 224 I Nr. 4 StGB strafbar gemacht.

Strafbarkeit von M und L

Mittäterschaft bei der gefährlichen Körperverletzung, §§ 223 I, 224 I Nr. 4, 25 II StGB

Fraglich ist, ob und gegebenenfalls in welcher Weise sich M und L an der gefährlichen Körperverletzung der S beteiligt haben.

1. Objektiver Tatbestand

a) Mit der gefährlichen Körperverletzung der S liegt eine vorsätzliche und rechtswidrige Haupttat vor.

b) Da M und L selbst keine Gewalttätigkeiten gegen D ausgeübt haben, käme eine täterschaftliche Beteiligung nur in Form einer Mittäterschaft mit S in Betracht.

Voraussetzung für eine Mittäterschaft ist, dass mindestens zwei Personen arbeitsteilig und gleichberechtigt bei Tatbegehung zusammenwirken. Erforderlich ist dafür regelmäßig, dass jeder einen objektiven Tatbeitrag leistet und ein gemeinsamer Tatplan besteht.

hemmer-Methode: Rechtsfolge einer Mittäterschaft ist die wechselseitige Zurechnung objektiver Merkmale. Deshalb sind die Voraussetzungen der Mittäterschaft bereits im objektiven Tatbestand zu klären.

M und L griffen selbst nicht in das Geschehen ein. Deshalb fehlt es bereits an einem tauglichen objektiven Tatbeitrag von M und L. Jedoch setzt § 25 II StGB nicht zwingend voraus, dass M und L einzelne Teile der tatbestandlichen Handlung in eigener Person verwirklicht haben. Allerdings muss, wenn dies nicht der Fall ist, dieses Defizit durch ein „Mehr“, etwa im Vorfeld des eigentlichen Tatgeschehens, aufgewogen werden.

Maßgeblich sind insoweit auch Tatinteresse und Tatherrschaft.[63]

Aufgrund ihrer Unterordnung gegenüber S und mangels eines Ausgleichs des Defizits im Ausführungsstadium durch ein „Mehr“ im Vorbereitungsstadium sind M und L nicht als Mittäter, sondern allenfalls als Gehilfen anzusehen.[64]

Eine Strafbarkeit von M und L als Mittäter scheidet somit aus.

Beihilfe zur gefährlichen Körperverletzung, §§ 223 I, 224 I Nr. 4, 27 StGB

1. Objektiver Tatbestand

a) Vorsätzliche, rechtswidrige Haupttat

S handelte vorsätzlich und rechtswidrig bezüglich der Verwirklichung einer gefährlichen Körperverletzung gem. §§ 223 I, 224 I Nr. 4 StGB.

---

63 Siehe hierzu, Hemmer/Wüst, Strafrecht AT II Rn. 202.

64 A.A. aufgrund der bewussten Verstärkung der Zwangswirkung durch M und L vertretbar.

Eine vorsätzliche, rechtswidrige Haupttat liegt damit vor.

b) Beihilfe

Für eine Teilnahme in Form der Beihilfe müssten sie S zu deren gefährlicher Körperverletzung Hilfe geleistet haben.

Unter Hilfeleistung i.S.d. § 27 I StGB ist jede Förderung durch physische oder psychische Unterstützung zu verstehen, welche die Haupttat ermöglicht, erleichtert, oder die vom Täter begangene Rechtsgutsverletzung verstärkt (Hemmer/Wüst, Strafrecht AT II, Rn. 258).

Hier haben M und L die Ausführung der Tat der S jedenfalls dadurch erleichtert, dass sie durch ihr einheitliches und geschlossenes Auftreten die Tathandlung der S gegenüber D unterstützten.

Eine entsprechende Hilfeleistung liegt damit vor.

Der objektive Tatbestand der §§ 224 I Nr. 4, 27 I StGB ist erfüllt.

2. Subjektiver Tatbestand

M und L wiesen auch den erforderlichen sogenannten doppelten Gehilfenvorsatz auf. D.h., sie handelten vorsätzlich hinsichtlich der gefährlichen Körperverletzung durch S (Haupttat), da ihnen ihre Bereitschaft zu einer körperlichen Auseinandersetzung bekannt war und der Förderung derselben (Gehilfenbeitrag).

3. Rechtswidrigkeit und Schuld

Rechtswidrigkeit und Schuld liegen vor.

4. Ergebnis

M und L haben sich wegen einer Beihilfe zu einer gefährlichen Körperverletzung strafbar gemacht.

D. Zusammenfassung

Sound: „Verstärkung“ der Verletzungshandlung; gemeinschaftliche Begehung einer Körperverletzung.

Das Zusammenwirken des Täters einer Körperverletzung mit einem Gehilfen kann zur Erfüllung des Qualifikationstatbestandes der „mit einem anderen Beteiligten gemeinschaftlich“ begangenen Körperverletzung (§ 224 I Nr. 4 StGB) ausreichen.

Dies ist jedenfalls dann der Fall, wenn der am Tatort anwesende Gehilfe die Wirkung der Körperverletzungshandlung des Täters bewusst in einer Weise verstärkt, welche dazu geeignet ist, die Lage des Verletzten zu verschlechtern.

E. Vertiefung

Zu § 224 I Nr. 4 StGB

- Hemmer/Wüst, StrafR BT II, Rn. 93; BGH, NJW 2002, 3788 ff.
- Hemmer/Wüst, Karteikarten StrafR BT II, Karte 21.
- Instruktiv zu den Anforderungen einer gemeinschaftlichen gefährlichen Körperverletzung BGH, NStZ 2006, 572 f. = Life&Law 02/2007, 110 ff.

Fall 16: Konfliktmanagement

Sachverhalt:

Armin und Bernd beginnen eine tätliche Auseinandersetzung. Daraufhin tritt Charlie heran und versucht den Streit zu schlichten, wobei er sich auf Maßnahmen der Schutzwehr beschränkt. Daraufhin steigt auch Dieter begeistert ins Kampfgeschehen ein. Emil dagegen beschränkt sich darauf, Dieter von außen anzufeuern. Im Verlauf der Schlägerei wird Dieter von Armin ein Auge ausgeschlagen. Anschließend wirft sich noch der hinzugekommene Fridolin in das Kampfgetümmel.

Bearbeitervermerk:
Haben sich die Beteiligten gem. § 231 StGB strafbar gemacht?

A. Einordnung

Der Fall beschäftigt sich mit § 231 StGB (Beteiligung an einer Schlägerei).

B. Gliederung

Strafbarkeit von A und B

Beteiligung an einer Schlägerei, § 231 I StGB

1. Objektiver Tatbestand (+)
a) Vorliegen einer Schlägerei (+)
b) Beteiligung an der Schlägerei (+)
2. Subjektiver Tatbestand (+)
3. Objektive Bedingung der Strafbarkeit (+)
4. Rechtswidrigkeit und Schuld (+)

Strafbarkeit des C

Beteiligung an einer Schlägerei, § 231 I StGB

Objektiver Tatbestand (-)

Strafbarkeit des D

Beteiligung an einer Schlägerei, § 231 I StGB

1. Tatbestand (+)
2. Objektive Bedingung der Strafbarkeit (+)
(P) Opferstellung des Täters
3. Rechtswidrigkeit und Schuld (+)

Strafbarkeit des E

Beteiligung an einer Schlägerei, § 231 I StGB

1. Objektiver Tatbestand: nach h.M. bloße **psychische Unterstützung** (+)
2. Subjektiver Tatbestand (+)
3. Objektive Bedingung der Strafbarkeit (+)
4. Rechtswidrigkeit und Schuld (+)

Strafbarkeit des F

Beteiligung an einer Schlägerei, § 231 I StGB

1. Objektiver Tatbestand (+)
2. Subjektiver Tatbestand (+)
3. Objektive Bedingung der Strafbarkeit (+)
(P) Zeitpunkt der Beteiligung
4. Rechtswidrigkeit und Schuld (+)

C. Lösung

Strafbarkeit von A und B

Beteiligung an einer Schlägerei, § 231 I StGB

A und B könnten sich wegen einer Beteiligung an einer Schlägerei strafbar gemacht haben.

1. Objektiver Tatbestand

a) Eine **Schlägerei** ist der tätliche Streit mit gegenseitigen Körperverletzungen zwischen mindestens **drei Personen**.[65]

hemmer-Methode: Ein von mehreren verübter Angriff ist die in feindlicher Absicht gegen den Körper des Opfers gerichtete Einwirkung von mindestens zwei Personen.[66]

Solange sich nur A und B schlugen, lag noch keine Schlägerei vor.

Als Charlie (C) hinzukam, waren zwar 3 Personen in den Streit verwickelt. Da C aber nur versuchte, den Kampf zu beenden, also **nicht aktiv Körperverletzungshandlungen** vornahm, war insoweit **noch keine Schlägerei** entstanden.

Erst als auch Dieter (D) ins Kampfgeschehen einstieg, lag eine Schlägerei vor.

b) Eine **Beteiligung** i.S.v. § 231 I StGB setzt voraus, dass der Täter bei der Schlägerei anwesend ist und **physisch oder geistig** in feindseliger Weise dazu beiträgt, dass geschlagen wird.[67]

Da A und B zu einem Zeitpunkt, als die Schlägerei vorlag, am Tatort anwesend waren und in feindseliger Weise an den Tätlichkeiten teilnahmen, beteiligten sie sich an der Schlägerei.

Der objektive Tatbestand ist erfüllt.

2. Subjektiver Tatbestand

Der im Rahmen des subjektiven Tatbestandes zu prüfende Vorsatz muss neben der willentlichen Mitwirkung die Kenntnis derjenigen Tatumstände umfassen, aus denen das Vorliegen einer Schlägerei folgt.

A und B handelten vorsätzlich, da sie wussten, dass eine Schlägerei stattfand und sie sich hieran willentlich beteiligten.

3. Objektive Bedingung der Strafbarkeit

Die Verursachung des Todes eines Menschen oder einer schweren Körperverletzung i.S.v. § 226 StGB durch die Schlägerei ist i.R.d. § 231 StGB als eine **objektive Bedingung** der Strafbarkeit ausgestaltet, so dass insoweit kein vorsätzliches oder fahrlässiges Verhalten erforderlich ist. § 18 StGB ist nicht anwendbar. Dabei ist ohne Bedeutung, ob die Bedingung bei einem Beteiligten oder einem außenstehenden Dritten eingetreten ist.

Aufgrund der Schlägerei verlor D ein Auge. Dies ist eine schwere Körperverletzung i.S.v. § 226 I Nr. 1 Var. 1 StGB.

Damit ist die objektive Bedingung der Strafbarkeit eingetreten. Unerheblich ist in diesem Zusammenhang, dass sie **nur von A unmittelbar** verursacht worden ist.

---

65 BGHSt 15, 369; Schönke/Schröder, § 231, Rn. 3.

66 Schönke/Schröder, § 231, Rn. 4.

67 Schönke/Schröder, § 231, Rn. 6.

Auf einen Zurechnungszusammenhang zwischen den Handlungen des B und dem Eintreten der schweren Körperverletzung kommt es bei § 231 StGB für seine Strafbarkeit gerade nicht an.

hemmer-Methode: Anders ist dies bei den §§ 226 bzw. 227 StGB. Hier muss hinsichtlich der schweren Folge ein Unmittelbarkeitszusammenhang und zumindest Fahrlässigkeit vorliegen. Fehlt es an einer dieser Voraussetzungen, ist typischerweise an § 231 I StGB zu denken.

4. Rechtswidrigkeit und Schuld

Rechtswidrigkeit und Schuld liegen vor. Insbesondere wurden A und B nicht in die Schlägerei hineingezogen, ohne dass ihnen das vorzuwerfen wäre, § 231 II StGB.

hemmer-Methode: Die dogmatische Einordnung des § 231 II StGB ist umstritten. Einerseits wird er als Rechtfertigungsgrund aufgefasst.[68] Andere sehen ihn als Tatbestandsausschlussgrund.[69]
Im Ergebnis wirken sich diese unterschiedlichen Ansichten regelmäßig nicht aus, so dass sich eine Erörterung dieses Streites erübrigt.

A und B haben sich jeweils gem. § 231 I StGB strafbar gemacht.

Strafbarkeit des C

Beteiligung an einer Schlägerei, § 231 I StGB

C beschränkte sich nur auf Schutzwehrhandlungen.

Dies reicht nicht aus für eine Beteiligung. Vielmehr muss die Schlägerei als solche in irgendeiner Form gefördert worden sein. Bei bloßen Verteidigungshandlungen ist dies zu verneinen.[70]

C war somit nicht an der Schlägerei beteiligt.

Der objektive Tatbestand ist nicht erfüllt.

Strafbarkeit des D

Beteiligung an einer Schlägerei, § 231 I StGB

1. Tatbestand

D hat sich vorsätzlich an der Schlägerei beteiligt.

2. Objektive Bedingung der Strafbarkeit

Fraglich ist, ob **D als Opfer** der schweren Körperverletzung gem. § 231 I StGB bestraft werden kann. Dies könnte damit begründet werden, dass es mit den Grundprinzipien des Strafrechts unvereinbar wäre, wenn Täter und Opfer ein und dieselbe Person sind.

Für den BGH[71] kommt es jedoch überhaupt nicht auf die Opferstellung an, solange sich D nur an der Schlägerei beteiligte und die schwere Körperverletzung auf ihr beruhte.

Dies überzeugt, denn der Strafgrund i.R.d. § 231 I StGB ist nicht die Verursachung der schweren Körperverletzung, sondern allein die Schaffung der abstrakten Gefahr bei einer Schlägerei.

68 Schönke/Schröder, § 231, Rn. 7.
69 Celle MDR 70, 608.
70 Vgl. Fischer, § 231, Rn. 8.
71 BGHSt 33, 104 = **juris**byhemmer.

Daran war D genauso beteiligt wie die anderen.

hemmer-Methode: Der Tatbestand des § 231 I StGB ist als ein **abstraktes Gefährdungsdelikt** ausgestaltet. Daher kommt es nicht darauf an, dass der einzelne Beteiligte gegenüber anderen konkret gefährliche Handlungen vorgenommen hat. § 231 I StGB hat in der Praxis vor allem den Sinn, Beweisschwierigkeiten im Einzelfall zu begegnen.

3. Rechtswidrigkeit und Schuld

Rechtswidrigkeit und Schuld liegen vor. D hat sich gem. § 231 I StGB strafbar gemacht. Auf Rechtsfolgenseite ist an § 60 StGB zu denken.

Strafbarkeit des E

Beteiligung an einer Schlägerei, § 231 I StGB

Indem E die anderen anfeuerte, könnte er sich gem. § 231 I StGB strafbar gemacht haben.

1. Objektiver Tatbestand

E war nicht aktiv an der Schlägerei beteiligt und zählte damit auch nicht zu den drei Personen, die das Merkmal einer Schlägerei voraussetzt.

Trotzdem konnte er sich nach der h.M.[72] an dieser Schlägerei beteiligen, da hierfür auch die bloß psychische Unterstützung von außen genügt.

Der objektive Tatbestand ist damit erfüllt.

2. Subjektiver Tatbestand

E handelte auch vorsätzlich.

3. Objektive Bedingung der Strafbarkeit

Die objektive Bedingung der Strafbarkeit liegt vor.

4. Rechtswidrigkeit und Schuld

Rechtswidrigkeit und Schuld liegen vor. E hat sich gem. § 231 I StGB strafbar gemacht.

Strafbarkeit des F

Beteiligung an einer Schlägerei, § 231 I StGB

1. Objektiver Tatbestand

F war an der Schlägerei beteiligt.

2. Subjektiver Tatbestand

F handelte vorsätzlich.

3. Objektive Bedingung der Strafbarkeit

Zwar ist mit dem Verlust des Auges des D auch die objektive Bedingung der Strafbarkeit eingetreten, jedoch ist dies bereits **vor** der Beteiligung des F an der Schlägerei geschehen.

Deswegen stellt sich die Frage, ob berücksichtigt werden kann, dass F die Gefahr des Eintritts der schweren Körperverletzung bei D nicht vergrößert hat.

72 LK, § 231, Rn. 7, sowie Fischer, § 231, Rn. 8.

Nach einer Ansicht müsste hier von einer Bestrafung abgesehen werden, weil der Tatbeitrag des F für den Eintritt der schweren Körperverletzung bei D nicht ursächlich gewesen sein kann.[73]

Dies wird damit begründet, dass § 231 I StGB zwar ein abstraktes Gefährdungsdelikt sei, jedoch eine Bestrafung nur dann nach dem Sinn und Zweck der Vorschrift gerechtfertigt sei, wenn der Tatbeitrag des Einzelnen zur Gefährlichkeit im konkreten Fall beigetragen haben kann.

Nach der h.M. ist es dagegen ohne Bedeutung, zu welchem Zeitpunkt der Täter sich an der Schlägerei beteiligt hat. Der Zeitpunkt kann insoweit **vor, während oder nach** dem Eintritt der objektiven Bedingung der Strafbarkeit erfolgen.[74]

Für die h.M. spricht, dass § 231 I StGB ein abstraktes Gefährdungsdelikt ist und der Wortlaut nur den Eintritt der schweren Körperverletzung durch die Schlägerei und nicht durch die Beteiligten voraussetzt.

Zudem würden sonst genau die Beweisschwierigkeiten eintreten, die § 231 I StGB verhindern soll.

Demnach ist der h.M. zu folgen, so dass auch hinsichtlich F das Vorliegen der objektiven Bedingung der Strafbarkeit angenommen werden kann.

4. Rechtswidrigkeit und Schuld

Rechtswidrigkeit und Schuld liegen vor.

F hat sich gem. § 231 I StGB strafbar gemacht.

D. Zusammenfassung

Sound: Beteiligung an einer Schlägerei; Objektive Bedingung der Strafbarkeit.

Eine Schlägerei ist der tätliche Streit mit gegenseitigen Körperverletzungen zwischen mindestens drei Personen.

Eine Beteiligung i.S.v. § 231 I StGB setzt voraus, dass der Täter bei der Schlägerei anwesend ist und physisch oder geistig in feindseliger Weise dazu beiträgt, dass geschlagen wird.

Für eine Bestrafung gem. § 231 I StGB ist es ohne Bedeutung, wenn der Täter selbst das Opfer der schweren Körperverletzung ist.

Es kommt nicht darauf an, zu welchem Zeitpunkt der Täter sich an der Schlägerei beteiligt.

E. Vertiefung

Zur Beteiligung an einer Schlägerei

- Hemmer/Wüst, StrafR BT II, Rn. 111.
- Hemmer/Wüst, Karteikarten StrafR BT II, Karten 32, 33.

Rechtsprechung zu § 231 StGB

- Eine tätliche Auseinandersetzung zwischen mehr als zwei Personen verliert den Charakter einer Schlägerei, wenn sich so viele Beteiligte entfernen, dass nur noch zwei Personen verbleiben, die aufeinander einschlagen oder in anderer Weise gegeneinander tätlich sind, vgl. BGH, Urteil vom 19.12.2013 – 4 StR 347/13 = Life&Law 07/2014, 504 ff.

---

73 Krey, BT 1, Rn. 297.

74 BGHSt 14, 132; 16, 130 = **juris**byhemmer; Fischer, § 231, Rn. 8.

Kapitel III: Straftaten gegen die persönliche Freiheit

Fall 17: Sitzdemonstration

Sachverhalt:

Thomas und seine Freunde wollen etwas gegen die Einführung einer Mautgebühr unternehmen. Deshalb veranstalten sie eine Sitzdemonstration auf einer Bundesautobahn. Ludwig, der mit seinem Lkw auf dieser Autobahn fährt, sieht die Demonstranten und muss anhalten, damit er sie nicht überfährt. Hinter dem Ludwig müssen nun auch die nachkommenden Verkehrsteilnehmer stehen bleiben, so dass es zu einem stundenlangen Stau kommt.

Bearbeitervermerk:

Hat sich Thomas (T) gem. § 240 StGB strafbar gemacht?

A. Einordnung

Der Fall setzt sich mit dem Gewaltbegriff in § 240 I StGB und der hierzu ergangenen Rechtsprechung auseinander.

B. Gliederung

Strafbarkeit des T

I. Nötigung, § 240 I StGB

1. Objektiver Tatbestand (+)

a) Nötigungsmittel (+)
(P) Gewaltbegriff

b) Nötigungserfolg (+)

2. Subjektiver Tatbestand (+)

3. Rechtswidrigkeit (+)

a) Allgemeine Rechtfertigungsgründe (-)

b) Verwerflichkeit der Nötigung, § 240 II StGB (+)
(P) Berücksichtigung von Fernzielen

4. Schuld (+)

II. Ergebnis: § 240 I StGB (+)

C. Lösung

Strafbarkeit des T

I. Nötigung, § 240 I StGB

Indem T und seine Freunde den Verkehr auf der Autobahn aufgehalten haben, könnte sich T gem. § 240 I StGB strafbar gemacht haben.

1. Objektiver Tatbestand

a) Nötigungsmittel

T könnte Gewalt als Nötigungsmittel angewendet haben. Da T sich allerdings im Grunde nur passiv verhalten hat und die Demonstranten kein unüberwindliches Hindernis darstellten, ist diese Frage nicht ohne weiteres zu beantworten. Es kommt auf eine genaue Definition des Gewaltbegriffs an.

Das **Reichsgericht** verstand unter Gewalt die Anwendung von körperlicher Kraft zur Überwindung eines geleisteten oder erwarteten Widerstandes.[75]

Entscheidend war demnach, dass es zu einer körperlichen **Kraftentfaltung auf Seiten des Täters** kam.

Dagegen verzichtete später der BGH auf diese körperliche Kraftentfaltung und wertete als entscheidendes Moment die **beim Opfer** auftretende körperliche **Zwangseinwirkung**.[76]

In der Folge sollten nach Ansicht des BGH für eine körperliche Zwangseinwirkung auch psychosomatische Wirkungen, wie etwa die Nervenerregung beim Opfer ausreichen.[77]

Schließlich **verzichtete** der BGH **vollständig** auf **eine körperliche Zwangswirkung** beim Opfer und subsumierte **auch psychische Zwangswirkungen** unter den Begriff der Gewalt.[78] Es kam damit weder auf eine Kraftentfaltung beim Täter noch auf eine physische Zwangswirkung beim Opfer an (vergeistigter Gewaltbegriff).

Nach dem **vergeistigten Gewaltbegriff** ist unter Gewalt jede durch Zufügung eines gegenwärtigen empfindlichen Übels herbeigeführte physische oder psychische Zwangswirkung zur Überwindung eines bestehenden oder erwarteten Widerstandes zu verstehen.[79]

Diese ausufernde Auslegung des Gewaltbegriffs traf jedoch auf die Kritik der Literatur[80], da sie nicht mit dem Bestimmtheitsgebot des Art. 103 II GG bzw. § 1 StGB zu vereinbaren sei.

Diese Bedenken teilte schließlich auch das **BVerfG**, so dass es hinsichtlich der Heranziehung des vergeistigten Gewaltbegriffs für die Feststellung der Strafbarkeit einer Sitzdemonstration gem. § 240 I StGB einen Verstoß gegen Art. 103 II GG annahm. Hierbei geht das BVerfG davon aus, dass zumindest die Fälle, in denen der Täter auf sein Opfer **allein** durch körperliche Anwesenheit einwirkt, nicht unter den Gewaltbegriff subsumiert werden können, sofern das Opfer nur psychisch gehemmt ist, seinen Willen durchzusetzen.[81]

Damit hat das BVerfG allerdings nur vorgegeben, dass nicht auf beiden Seiten (Täter- und Opferseite) auf eine körperliche Kraftentfaltung bzw. physische Zwangswirkung gänzlich verzichtet werden kann.[82]

Der BGH hat diese weit gesteckten Vorgaben genutzt und nur eine Eingrenzung hinsichtlich der psychischen Zwangswirkung vorgenommen, während er den Verzicht auf die körperliche Kraftentfaltung weiterhin als sinnvoll und erhaltenswert einstuft.[83]

Demzufolge ist Gewalt die Vermittlung eines physischen Zwanges beim Opfer zur Überwindung eines geleisteten oder erwarteten Widerstandes bei einer auch nur unerheblichen Kraftentfaltung seitens des Täters.

In diesem Fall stellten T und seine Freunde für Ludwig (L) kein unüberwindbares physisches Hindernis dar. Theoretisch hätte L über die Demonstranten fahren können. Insoweit liegt keine physische Zwangswirkung vor.

75 RGSt 56, 88.
76 BGHSt 1, 145.
77 BGHSt 19, 263; 23, 126.
78 Laepple-Urteil, BGHSt 23, 46.
79 Laepple-Urteil, BGHSt 23, 46.
80 Krey, JuS 1974, 418, 421; Fischer, § 240, Rn. 10 ff.
81 BVerfG, NStZ 1995, 276 = **juris**byhemmer.
82 Differenzieren Sie zwischen der Täter- (Kraftentfaltung) und der Opferseite (Einwirkung eines physischen Zwanges), denn nach der Rechtsprechung des BVerfG ist nur der vergeistigte Gewaltbegriff verfassungswidrig, so dass andere Konstruktionen erörtert werden können.
83 BGH, NStZ 1995, 542 = **juris**byhemmer.

hemmer-Methode: Anders etwa dann, wenn Demonstranten sich um die Hüften Metallketten geschlungen haben und mit Schlössern an Torpfosten angekettet sind: Das BVerfG billigte die Argumentation, dass dann bereits eine physische Zwangswirkung besteht („menschliche Mauer").[84]

Allerdings stellt der Lkw des L für die nachfolgenden Fahrzeuge eine in tatsächlicher Hinsicht nicht zu überwindende Barriere dar. Dieses Hindernis beinhaltet einen körperlich wirkenden Zwang und ist T und seinen Freunden auch zuzurechnen. Folglich kann eine Gewaltanwendung festgestellt werden.[85]

hemmer-Methode: Die Zurechnung des Handelns von L kann dogmatisch auch mittels der Konstruktion einer mittelbaren Täterschaft gem. § 25 I Alt. 2 StGB erfolgen.
Voraussetzung für eine Zurechnung des Handelns des Fahrers L ist ein Tatherrschaftsmangel beim Fahrer und ein In-den-Händen-Halten des Geschehens seitens des T und seiner Freunde. Dabei ist festzustellen, dass L nicht einfach die Demonstranten hätte überfahren können. Insbesondere wäre ein solches Verhalten nicht geboten gewesen i.S.d. § 32 I StGB. L hatte somit keine wirkliche Wahl, er musste anhalten. Dieser Tatherrschaftsmangel hat unter anderem auch T gerade erzeugt und sich bewusst zu eigen gemacht. Demzufolge ist T das Verhalten des L auch gem. § 25 I Alt. 2 StGB zuzurechnen.

Diesen dogmatischen Weg wählte das BVerfG, vgl. Beschluss vom 07.03.2011 – 1 BvR 388/05 = Life&Law 06/2011, 443 ff.

b) Nötigungserfolg

Als Nötigungserfolg kommt jedes dem Opfer abgenötigte Verhalten in Betracht (Handlung, Duldung oder Unterlassung). Nach der h.M. muss es sich dabei nicht um eine Handlung im Rechtsinne handeln.[86]

hemmer-Methode: Dies ist insbesondere bei der Anwendung von Gewalt, bei welcher das Opfer nicht mehr zu einer willensgesteuerten Handlung fähig ist (vis absoluta[87]) von entscheidender Bedeutung. Hier wäre dem Grunde nach kein Nötigungserfolg gegeben, da eine Duldung bzw. Unterlassung voraussetzen würden, dass das Opfer etwas gegen die Maßnahme unternehmen (Duldung) bzw. eine bestimmte Handlung vornehmen könnte (Unterlassung). Mit dem Verzicht auf diese Erfordernisse ist es mit der h.M. möglich, einen Nötigungserfolg anzunehmen.

Da die nachfolgenden Fahrzeuge hinter dem Lkw des L anhalten mussten, liegt ein abgenötigtes Verhalten und damit ein Nötigungserfolg vor.

Der objektive Tatbestand ist erfüllt.

2. Subjektiver Tatbestand

T hat vorsätzlich gehandelt.

---

[84] BVerfG 104, 92 ff.; a.A. Sinn, NJW 2002, 1024 f.

[85] Die Ablehnung einer Nötigungshandlung mit einem engeren Gewaltbegriff ist vertretbar; man schneidet sich damit jedoch die Folgeprobleme ab.

[86] Joecks, § 240, Rn. 27.

[87] Vis absoluta ist die physisch vermittelte Zwangswirkung durch Schaffen eines unüberwindlichen Hindernisses.
Vis compulsiva zielt darauf ab, den Willen des Opfers zu beugen und einen tatsächlich noch möglichen Widerstand zu brechen. *Bsp.: Abgabe eines Warnschusses.*

3. Rechtswidrigkeit

a) Allgemeine Rechtfertigungsgründe

hemmer-Methode: Die allgemeinen Rechtfertigungsgründe sind vor der Verwerflichkeit, § 240 II StGB, zu prüfen. Ein Verhalten, das nach den allgemeinen Regeln gerechtfertigt ist, kann niemals verwerflich sein.

In Betracht kommt eine Rechtfertigung gem. Art. 8 I GG. Jedoch ist Art. 8 I GG nicht als allgemeiner Rechtfertigungsgrund anerkannt. Vielmehr spielen die Grundrechte eine entscheidende Rolle bei der Frage der Verwerflichkeit im Sinne von § 240 II StGB.

b) Verwerflichkeit der Nötigung, § 240 II StGB

hemmer-Methode: § 240 StGB ist ein so genannter **offener Tatbestand**, so dass die Rechtswidrigkeit positiv festgestellt werden muss. Es genügt nicht, dass keine Rechtfertigungsgründe eingreifen. Die Verwerflichkeit ist daher eine Voraussetzung für die Rechtswidrigkeit der Tat.[88]

Verwerflichkeit meint einen erhöhten Grad sittlicher Missbilligung bzw. die Sozialwidrigkeit des Handelns.[89]

Diese kann sich aus dem verfolgten Zweck, dem verwendeten Nötigungsmittel oder des Verhältnisses von Zweck und Nötigungsmittel ergeben.

Die Fallgruppe der „Sitzdemonstrationen" wird als eine Frage der Verwerflichkeit des Verhältnisses von Nötigungsmittel und Nötigungszweck angesehen.[90]

Fraglich ist dabei, ob die von T verfolgten **Fernziele** (Demonstration gegen die Einführung der Maut) berücksichtigt werden können.

Gegen die Berücksichtigung von Fernzielen spricht, dass § 240 II StGB nur auf das unmittelbar abgenötigte Verhalten Bezug nimmt. Dies gilt jedoch nur für die Verwerflichkeit des Zwecks bzw. des Mittels für sich betrachtet und ist auch hier umstritten.[91]

Bei der Feststellung der Verwerflichkeit der Zweck/Mittel-Relation sind dagegen sämtliche Umstände des Einzelfalls und damit auch die Fernziele zu berücksichtigen.[92]

Ein Teil der Literatur hält solche Aktionen als Ausdruck **zivilen Ungehorsams** generell für gerechtfertigt.[93]

Hiergegen spricht jedoch, dass man damit den Freiheitsraum der Opfer zu sehr verkürzt, zumal diese hierdurch in ihren Notwehr- und Schutzrechten eingeschränkt werden.

Nach der h.M. spielt auch eine Rolle, ob die Beeinträchtigung Dritter gezielt verfolgt wird oder nur unbeabsichtigte Nebenfolge ist. Außerdem sind die Art und das Maß der Auswirkungen auf betroffene Dritte und deren Grundrechte zu berücksichtigen.

Zudem ist das Gewicht der demonstrationsspezifischen Umstände mit Blick auf das kommunikative Anliegen der Versammlung zu bestimmen und in der Gesamtabwägung sachgerecht mit zu berücksichtigen.

---

88 Krey, BT 1, Rn. 356.

89 Joecks, StGB, § 240 Rn. 31.

90 Fischer, § 240, Rn. 46 ff.;
Joecks, § 240, Rn. 40 ff.;
Schönke/Schröder, § 240, Rn. 26.

91 Zum Streitstand Joecks, § 240, Rn. 32 ff.

92 Joecks, StGB, § 240 Rn. 34.

93 Holtfort, Ungehorsam als Bürgerpflicht, 1983, S. 36 ff.

Vorliegend ist es überzeugend, auch im Lichte von Art. 8 GG eine Verwerflichkeit des Handelns von T zu bejahen. Denn das Erzeugen eines stundenlangen Staus auf der Autobahn erscheint als nicht mehr angemessen bei Abwägung der betroffenen Rechtsgüter.

Die Tat ist somit verwerflich und damit insgesamt rechtswidrig.

hemmer-Methode: Der BGH hat lange Zeit bei Sitzblockaden eine Verwerflichkeit dann unproblematisch bejaht, wenn dadurch Rechtsgüter Dritter betroffen wurden. Das BVerfG ist dieser Auslegung entgegengetreten. Denn der Umstand, dass die gemeinsame Sitzblockade der öffentlichen Meinungsbildung gilt, macht diese erst zu einer Versammlung. Daran ändert auch nichts, dass Behinderungen Dritter gewollt waren. Dies allein macht die Versammlung jedenfalls nicht „unfriedlich“, was Voraussetzung für eine Verneinung des Schutzbereichs wäre (vgl. hierzu BVerfGE 104, 92 [106]). Außerdem ist es verfassungsrechtlich bedenklich, den Zweck der Sitzblockade, Aufmerksamkeit zu erregen, zu Lasten des Beschwerdeführers zu werten, obwohl dieser Gesichtspunkt gerade den Schutzbereich eröffnet und damit eine Abwägung zu betroffenen Rechtsgütern Dritter überhaupt erst erforderlich macht (BVerfG, Beschluss vom 07.03.2011 – 1 BvR 388/05 = Life&Law 06/2011, 443 ff. = **juris**byhemmer).

4. Schuld

T hat auch schuldhaft gehandelt.

II. Ergebnis

T hat sich aufgrund seines Verhaltens gem. § 240 I StGB strafbar gemacht.

D. Zusammenfassung

Sound: Gewalt; Vergeistigter Gewaltbegriff; Verwerflichkeit, Fernziele.

Gewalt i.S.v. § 240 I StGB ist die Vermittlung eines physischen Zwanges zur Überwindung eines geleisteten oder erwarteten Widerstandes.

Der vergeistigte Gewaltbegriff verstößt gegen Art. 103 II GG.

Fernziele sind bei der Prüfung der Zweck/Mittel-Relation sachgerecht zu berücksichtigen.

E. Vertiefung

Zur Nötigung

- Hemmer/Wüst, StrafR BT II, Rn. 122 ff.
- Hemmer/Wüst, Karteikarten StrafR BT II, Karte 38.

Zum Gewaltbegriff

- Hemmer/Wüst, Karteikarten StrafR BT II, Karte 34.

Zu Sitzblockaden

- Hemmer/Wüst, Karteikarten StrafR BT II, Karte 35, 39.

Aus der Rechtsprechung zum Tatbestand der Nötigung

- Im Rahmen der gemäß § 240 II StGB erforderlichen Verwerflichkeitsprüfung sind Art und das Maß der Auswirkungen auf betroffene Dritte und deren Grundrechte zu berücksichtigen. Dabei ist das Gewicht der demonstrationsspezifischen Umstände mit Blick auf das kommunikative Anliegen der Versammlung zu bestimmen. Es ist bedenklich, allein den Zweck der Sitzblockade, Aufmerksamkeit zu erregen, zu Lasten des Demonstrierenden zu bewerten, vgl. BVerfG, Beschluss vom 07.03.2011 – 1 BvR 388/05 = Life&Law 06/2011, 443 ff.
- Der bloß rücksichtslose Überholer macht sich in aller Regel nicht nach § 240 StGB wegen Nötigung strafbar, denn die Einwirkung seines Fahrverhaltens auf andere Verkehrsteilnehmer ist im Zweifel nicht der Zweck, sondern nur die in Kauf genommene Folge seiner Fahrweise, vgl. OLG Düsseldorf, NJW 2007, 3219 ff. = Life&Law 02/2008, 113 ff.
- Dichtes, bedrängendes Auffahren eines Kraftverkehrsteilnehmers auf den Vordermann kann – insbesondere bei gleichzeitigem Betätigen von Lichthupe und Signalhorn – Gewalt i.S.d. § 240 StGB sein. Voraussetzung ist eine physische Zwangslage beim Opfer, wie etwa physisch wirkende Angstreaktionen. Diese müssen allerdings dem bedrängenden Täter nach seinem Verhalten zurechenbar sein, vgl. BVerfG, NJW 2007, 1669 f. = Life&Law 08/2007, 536 ff.

Fall 18: Personalchef auf Abwegen

Sachverhalt:

Der Personalchef Georg macht der Angestellten Antonia klar, dass sie bei dem anstehenden Personalabbau ganz oben auf der Liste stehe. Er könne aber dafür sorgen, dass sie von der Liste genommen werde, wenn sie sich ihm dafür sexuell gefügig zeige. Antonia kommt den Wünschen des Georg nach, da sie befürchtet, dass ihr ansonsten wirksam gekündigt werde.

Bearbeitervermerk:

Hat sich Georg (G) gem. § 240 StGB strafbar gemacht?

A. Einordnung

Der Fall behandelt die Problematik des Drohens mit dem Unterlassen einer rechtlich nicht gebotenen Handlung.

B. Gliederung

Strafbarkeit des G

Nötigung, § 240 I StGB

1. Objektiver Tatbestand (+)

a) Nötigungsmittel (+)
(P) Drohung mit dem Unterlassen einer rechtlich nicht gebotenen Handlung

b) Nötigungserfolg (+)

2. Subjektiver Tatbestand (+)

3. Rechtswidrigkeit (+)

a) Allgem. Rechtfertigungsgründe (-)

b) Verwerflichkeit, § 240 II StGB (+)

4. Schuld (+)

5. Ergebnis: § 240 I StGB (+)

C. Lösung

Strafbarkeit des G

Nötigung, § 240 I StGB

G könnte die Antonia durch eine Drohung zu sexuellen Handlungen genötigt haben.

1. Objektiver Tatbestand

a) Unter einer **Drohung** versteht man das In-Aussicht-Stellen eines empfindlichen Übels, auf dessen Eintritt der Täter Einfluss hat oder zu haben vorgibt.

Hier hat der G der A in Aussicht gestellt, dass er sie nicht von der Kündigungsliste nehmen werde.

Folglich hat G der A die Nichtvornahme einer Handlung angekündigt.

Grundsätzlich ist eine Drohung mit einem Unterlassen möglich. Dies ist aber nur insoweit allgemein anerkannt, als eine rechtliche Pflicht zur Vornahme dieser Handlung besteht.[94]

[94] Schönke/Schröder, § 240, Rn. 20.

hemmer-Methode: Unterscheiden Sie die Drohung durch Unterlassen, welche nur unter den Voraussetzungen des § 13 StGB denkbar ist, von der Drohung mit einem Unterlassen.

Vorliegend bestand für G keine rechtliche Pflicht, die A von der Kündigungsliste zu nehmen.

Wird mit der **Unterlassung einer rechtlich nicht gebotenen Handlung** „gedroht", ist es umstritten, ob überhaupt eine Drohung im Rechtssinne vorliegt.

Eine Ansicht geht davon aus, dass in derartigen Fällen der Täter **nur eine Hilfeleistung** anbiete, zu der er rechtlich nicht verpflichtet sei. Der Täter weise lediglich auf eine bestehende Notlage hin und biete einen Ausweg an.[95]

Dagegen nimmt der BGH[96] und die h.L. an, dass eine Drohung auch mit einer Unterlassung einer rechtlich nicht gebotenen Handlung erfolgen kann.

Der h.M. ist zu folgen, denn für eine Nötigung kommt es nicht darauf an, was man tun oder unterlassen darf, sondern womit man droht. Dies hängt aber weniger vom Verhaltenscharakter des angedrohten Übels (Tun oder Unterlassen) als vielmehr davon ab, ob das Opfer einer Verschlechterung seiner Lage ausgesetzt werden (oder bleiben) soll.[97]

Da in diesem Fall die Lage der A durch die Kündigung verschlechtert werden würde, kann mit der h.M. eine Drohung mit einem empfindlichen Übel angenommen werden.

hemmer-Methode: Beachten Sie, dass eine Drohung das In-Aussicht-Stellen eines „künftigen Übels" voraussetzt. Demzufolge muss der Täter androhen, dass der Status quo des Opfers sich in der Zukunft verschlechtere. Daran fehlt es etwa, wenn ein Arbeitgeber die Einstellung eines arbeitslosen Bewerbers davon abhängig macht, dass dieser an ihm sexuelle Handlungen vornehme. Dieses (sozialethisch verwerfliche) Verhalten ist nicht strafbar gem. § 240 StGB. Zu denken ist aber an eine sexuelle Nötigung gem. § 177 StGB, was aber regelmäßig nicht Prüfungsgegenstand ist.

[95] OLG Hamburg, NJW 1980, 2592.

[96] BGHSt 31, 195 = **juris**byhemmer.

[97] Schönke/Schröder, § 240, Rn. 20.

b) Mit der Vornahme der sexuellen Handlungen ist ein entsprechender Nötigungserfolg gegeben.

2. Subjektiver Tatbestand

G handelte vorsätzlich.

3. Rechtswidrigkeit

a) Allgemeine Rechtfertigungsgründe greifen nicht ein.

b) Die Drohung des G müsste in Hinblick auf den angestrebten Zweck als verwerflich anzusehen sein, § 240 II StGB.

Verwerflichkeit meint einen erhöhten Grad sittlicher Missbilligung bzw. die Sozialwidrigkeit des Handelns.[98]

Diese kann sich aus dem verfolgten Zweck, dem verwendeten Nötigungsmittel oder dem Verhältnis von Zweck und Nötigungsmittel ergeben.

Die **Drohung**, eine rechtlich nicht gebotene Handlung nicht vorzunehmen, kann nicht als ein sozialwidriges Verhalten angesehen werden.

[98] Joecks, § 240, Rn. 31.

Auch der angestrebte **Zweck** ist für sich genommen noch nicht als verwerflich anzusehen.

Bei einer Drohung mit einem Unterlassen einer rechtlich nicht gebotenen Handlung kann aber regelmäßig von einer verwerflichen **Zweck-Mittel-Relation** ausgegangen werden, wenn der Täter den widerstrebenden Willen eines Opfers in eine bestimmte Richtung lenken will, d.h. die Autonomie der Entschlüsse des Opfers in strafwürdiger Weise angetastet wird.

hemmer-Methode: Der BGH kommt mit diesen einschränkenden Kriterien der Mindermeinung entgegen, da er damit i.R.d. Verwerflichkeitsprüfung einer ausufernden Anwendung des § 240 StGB vorbeugt.

Eine derartige Verwerflichkeit kann angenommen werden, wenn, wie hier, die Nichtentlassung von der Vornahme sexueller Handlungen abhängig gemacht wird, die das Opfer ansonsten nicht vorgenommen hätte.

Die Tat ist damit auch rechtswidrig.

4. Schuld

G hat schuldhaft gehandelt.

5. Ergebnis

G hat sich wegen einer besonders schweren Nötigung, § 240 I StGB, strafbar gemacht.

D. Zusammenfassung

Sound:
Drohen mit einem Unterlassen.

Eine Drohung mit dem Unterlassen einer rechtlich nicht gebotenen Handlung ist für § 240 I StGB ausreichend.

Eine verwerfliche Zweck/Mittel-Relation liegt diesbezüglich vor, wenn der Täter den widerstrebenden Willen eines Opfers in eine bestimmte Richtung lenken will, d.h. die Autonomie der Entschlüsse des Opfers in strafwürdiger Weise angetastet wird.

E. Vertiefung

Zur Drohung durch Unterlassen

- Hemmer/Wüst, StrafR BT II, Rn. 124.
- Hemmer/Wüst, Karteikarten StrafR BT II, Karte 37.

Fall 19: Tierquälerei

Sachverhalt:

Der zuständige Beamte des Ordnungsamtes Oskar sieht, dass Peter seinen Pitbull auf einem Spielplatz ohne Leine oder Maulkorb „herumspielen" lässt. Er weist Peter an, seinen Hund anzuleinen und diesem einen Maulkorb anzulegen, da er ihm den Hund ansonsten wegnehmen müsse. Dabei belehrt Oskar den Peter ordnungsgemäß. Peter weigert sich hartnäckig, seinen Hund anzuleinen, weil er dies für eine unzumutbare Tierquälerei hält. Daraufhin versucht Oskar, den Hund wegzunehmen. Oskar kann sich dabei auf eine entsprechende Rechtsverordnung stützen. Peter sieht sich dagegen staatlicher Willkür ausgesetzt und macht dem Oskar deutlich, dass er entweder selbst Leine ziehen oder Bekanntschaft mit den Zähnen seines Pitbulls machen könne. Da er vom Bruder seines Bekannten gehört hatte, dass diese Hundeverordnungen sowieso verfassungswidrig seien, fühlt sich Peter dabei im Recht.

Bearbeitervermerk:

Hat sich Peter (P) nach dem StGB strafbar gemacht?

A. Einordnung

Der Fall beschäftigt sich mit § 113 StGB und geht dabei auf dessen Systematik und den strafrechtlichen Rechtmäßigkeitsbegriff bei § 113 III StGB ein. Außerdem wird das Verhältnis von § 113 StGB und § 240 StGB erörtert.

B. Gliederung

Strafbarkeit des P

I. Widerstand gegen Vollstreckungsbeamte in einem besonders schweren Fall, § 113 I, II S. 2 Nr. 1 StGB

1. Objektiver Tatbestand (+)

a) Vollstreckungsbeamter (+)

b) Bei Vornahme einer Vollstreckungshandlung (+)

c) Tathandlung (+)

2. Subjektiver Tatbestand (+)

3. Objektive Bedingung der Strafbarkeit, § 113 III StGB (+)

4. Kein Irrtum i.S.v. § 113 IV StGB (-)

5. Rechtswidrigkeit und Schuld (+)

6. Besonders schwerer Fall, § 113 II S. 2 Nr. 1 StGB (+)

II. Nötigung, § 240 I StGB, tritt zurück

C. Lösung

Strafbarkeit des P

I. Widerstand gegen Vollstreckungsbeamte in einem besonders schweren Fall, § 113 I, II S. 2 Nr. 1 StGB

Indem P dem Oskar (O) sagte, dass er seinen Pitbull auf ihn hetzen würde, wenn er nicht verschwindet, könnte sich P gem. § 113 I, II S. 2 Nr. 1 StGB strafbar gemacht haben.

1. Objektiver Tatbestand

a) Vollstreckungsbeamter

Wer Amtsträger ist, wird in § 11 I Nr. 2 StGB definiert. Demnach ist O als Beamter[99] gem. § 11 I Nr. 2 a) Alt. 1 StGB ein Amtsträger.

Des Weiteren ist davon auszugehen, dass O als Amtsträger auch zur Vollstreckung der betreffenden Rechtsverordnung berufen war.

b) Bei Vornahme einer Vollstreckungshandlung

Als Vollstreckungshandlung des O kommt hier die Einziehung des Pitbulls in Betracht.

c) Tathandlung

Eine Gewaltanwendung liegt nicht vor, § 113 I Var. 1 StGB.

Allerdings könnte P Widerstand geleistet haben, indem er O mit Gewalt drohte, § 113 I Var. 2 StGB.

Eine **Drohung** ist das In-Aussicht-Stellen des Eintritts eines zukünftigen Übels, auf dessen Eintritt der Drohende Einfluss hat oder zu haben vorgibt.[100]

Eine **Drohung mit Gewalt** liegt dann vor, wenn das angedrohte Übel in der Vermittlung eines physischen Zwanges besteht, welcher einen erwarteten oder geleisteten Widerstand überwinden soll.

In diesem Fall hat P dem O in Aussicht gestellt, dass er seinen Pitbull auf ihn hetzen werde. Der Angriff des Pitbulls, welcher dem P zurechenbar ist, würde eine physische Zwangswirkung darstellen, so dass der P dem O mit der Anwendung von Gewalt gedroht hat.

Damit liegt eine Tathandlung i.S.v. § 113 I Var. 2 StGB vor.

2. Subjektiver Tatbestand

P handelte vorsätzlich bezüglich seiner Drohung mit Gewalt gegenüber einem Vollstreckungsbeamten bei Vornahme einer Vollstreckungshandlung.

Der subjektive Tatbestand ist erfüllt.

3. Objektive Bedingung der Strafbarkeit, § 113 III StGB

hemmer-Methode: Die dogmatische Einordnung des § 113 III StGB ist umstritten.
So wird er teilweise als Rechtfertigungsgrund bzw. unrechtskonstituierendes Merkmal des Tatbestandes angesehen. Vorzugswürdig erscheint es jedoch, § 113 III StGB als objektive Bedingung der Strafbarkeit nach dem subjektiven Tatbestand zu prüfen. Für die Einordnung als objektive Bedingung der Strafbarkeit spricht, dass es gem. § 113 III S. 2 StGB unerheblich ist, wenn der Täter die Diensthandlung für rechtmäßig hält. Im Ergebnis sind diese Streitigkeiten ohne Relevanz, so dass Sie diese nicht diskutieren sollten. Eine Prüfung von § 113 III StGB nach der Schuld ist möglich, aber wegen der Irrtumsproblematik weniger praktikabel.[101]

Die **Diensthandlung**[102] des O müsste **rechtmäßig** gewesen sein. Dabei ist fraglich, wann eine Diensthandlung i.d.S. rechtmäßig ist.

---

[99] § 11 I Nr. 2 a) Alt. 1 StGB erfasst nur Beamte im staatsrechtlichen Sinne.

[100] Fischer, § 240, Rn. 31.

[101] Vgl. Joecks, § 113, Rn. 23.

[102] Siehe zum Begriff der Diensthandlung auch Fall 43.

Nach einer Ansicht in der Literatur kommt es darauf an, dass die **Diensthandlung im öffentlich-rechtlichen Sinne rechtmäßig** ist, d.h. sie müsste bei einer verwaltungsgerichtlichen Überprüfung formell und materiell rechtmäßig sein.[103] Dafür spricht, dass andernfalls die entsprechenden Vorschriften faktisch leer zu laufen drohen.

Die h.M. stellt dagegen auf **einen eigenständigen strafrechtlichen Rechtmäßigkeitsbegriff** ab. Danach kommt es auf eine materielle Rechtmäßigkeit im öffentlich-rechtlichen Sinne nicht an.[104] Dafür spricht, dass Vollstreckungsbeamte häufig sehr schnell in schwierig gelagerten Fällen entscheiden müssen und demzufolge nicht jeder geringe Rechtsverstoß dazu führen darf, dass das Gegenüber zum Widerstand berechtigt ist. Allerdings müssen gleichwohl die wesentlichen Förmlichkeiten bzw. Grundsätze im Hinblick auf die Diensthandlung eingehalten worden sein.

So muss die **örtliche und sachliche Zuständigkei**t des Amtsträgers gegeben sein.

Des Weiteren muss der Amtsträger die **wesentlichen Förmlichkeiten**[105] einhalten und darf sein **Auswahlermessen** nicht überschreiten.

Schließlich muss er sich an **verbindliche Weisungen** halten.

Vorliegend war der O örtlich und sachlich zuständig. Des Weiteren kann von der Einhaltung der wesentlichen Förmlichkeiten ausgegangen werden, weil O den P ordnungsgemäß belehrte und die Anwendung unmittelbaren Zwanges angedroht hat. Schließlich ist nichts dafür ersichtlich, dass O die Grenzen seines Auswahlermessens überschritten hat.

Nach der h.M. wäre die fragliche Diensthandlung damit rechtmäßig.

Aber auch nach der a.A. wäre die Diensthandlung als rechtmäßig anzusehen, da keine Anhaltspunkte dafür vorliegen, dass die Maßnahme formell oder materiell rechtswidrig ist. Insbesondere liegt mit der Rechtsverordnung eine hinreichende Rechtsgrundlage für die Diensthandlung vor.

Deshalb kommt es auf eine Streitentscheidung in diesem Fall nicht an.

hemmer-Methode: Sollte es in einem Fall einmal im Ergebnis auf diese Frage ankommen, sollten Sie sich für die h.M. mit der Begründung entscheiden, dass das von § 113 StGB **geschützte Rechtsgut der Effektivität der Verwaltung** ansonsten nicht hinreichend zum Tragen käme. Den Vollstreckungsbeamten würde das Risiko aufgebürdet, aufgrund eines geringfügigen Rechtsfehlers mit rechtmäßigem Widerstand rechnen zu müssen. Mittlerweile hat das BVerfG zu dieser Frage Stellung bezogen und die Auffassung der h.M. als verfassungsgemäß erachtet.[106]

Die Rechtmäßigkeit der Diensthandlung als objektive Bedingung der Strafbarkeit liegt somit vor.

4. Kein Irrtum i.S.v. § 113 IV StGB

Nimmt der Täter irrig an, die Vollstreckungshandlung sei nicht rechtmäßig, gilt § 113 IV StGB als Spezialregel gegenüber dem allgemeinen Verbotsirrtum gemäß § 17 StGB.[107]

---

103 Backes/Ransiek, JuS 1989, 624.

104 Fischer, § 113, Rn. 11.

105 Bsp.: §§ 758, 759, 761 I ZPO, §§ 105 II, 114a, 134 StPO.

106 Vgl. BVerfG vom 30.04.2007, 1 BvR 1090/06 = Life&Law 12/2007, 829 ff. = **juris**byhemmer.

107 Fischer, § 113, Rn. 31.

Hier ist P davon ausgegangen, dass die betreffende Rechtsverordnung verfassungswidrig und daher auch die Diensthandlung rechtswidrig ist. Er unterlag somit einem Rechtsirrtum.[108]

Es kommt daher gem. § 113 IV StGB darauf an, ob der Irrtum vermeidbar, § 113 IV S. 1 StGB, oder unvermeidbar, § 113 IV S. 2 StGB, war.

Für eine Unvermeidbarkeit des Irrtums spricht, dass derartige Hundeverordnungen bereits teilweise für verfassungswidrig erklärt worden sind und daher die Rechtslage in dieser Hinsicht noch nicht eindeutig geklärt ist.

Andererseits war die hier betreffende Rechtsverordnung verfassungsgemäß. P hat mit dem Bruder eines Bekannten nur eine unzureichende Informationsquelle über die Rechtswidrigkeit der Verordnung herangezogen. Es kann daher davon ausgegangen werden, dass der Rechtsirrtum des P vermeidbar war. Damit kann die Strafe gem. § 113 IV S. 1 StGB (nur) gemildert werden bzw. bei geringer Schuld von Strafe abgesehen werden.

5. Rechtswidrigkeit und Schuld

Rechtswidrigkeit und Schuld liegen vor.

6. Besonders schwerer Fall, § 113 II S. 2 Nr. 1 StGB

Als **Waffe** kommt hier der Pitbull in Betracht. Allerdings handelt es sich bei dem Pitbull nicht um einen Gegenstand, der zu Angriffs- bzw. Verteidigungszwecken hergestellt wurde (Waffen im technischen Sinne).

Angesichts der im Strafrecht strikt zu beachtenden Wortlautgrenze scheidet demzufolge die Alternative „Waffe" i.S.d. § 113 II S. 2 Nr. 1 StGB vorliegend aus.

hemmer-Methode: Das BVerfG hat mit Hinweis auf das Analogieverbot gemäß Art. 103 II GG entschieden, dass der Einsatz eines Kraftfahrzeugs im Rahmen eines Widerstand Leistens keine „Waffe" ist.[109]

Ein Pitbull kann jedoch, wenn er auf einen Menschen gehetzt wird, erhebliche Verletzungen hervorrufen. Er ist damit ein Gegenstand, der aufgrund seiner natürlichen Beschaffenheit und der konkreten Verwendungsweise dazu geeignet ist, erhebliche Verletzungen hervorzurufen. In Betracht kommt daher die Einordnung als ein „anderes gefährliches Werkzeug" i.S.v. § 113 II S. 2 Nr. 1 StGB.

Überdies müsste P das gefährliche Werkzeug bei sich geführt haben, um dieses bei der Tat zu verwenden. Hierbei genügt nach h.M., dass der Täter das gefährliche Werkzeug in Verwendungsabsicht erst während der Tat führt. Dies ist vorliegend der Fall, so dass ein besonders schwerer Fall gemäß § 113 II S. 2 Nr. 1 StGB zu bejahen ist.

7. Ergebnis

P hat sich gem. § 113 I StGB strafbar gemacht, indem er O sagte, dass er seinen Pitbull auf ihn hetzen würde, wenn er nicht verschwindet.

108 Auch wenn es bei § 113 IV StGB auf eine Unterscheidung von Rechts- und Tatsachenirrtümern nicht ankommt, sollten Sie diese Feststellung trotzdem kurz treffen.

109 BVerfG, Beschluss vom 01.09.2008 – 2 BvR 2238/07 = Life&Law 02/2009, 102 ff. = **juris**byhemmer.

hemmer-Methode: Ein tätlicher Angriff i.S.v. § 114 I StGB ist eine unmittelbar auf den Körper zielende gewaltsame Einwirkung. Eine solche liegt hier ersichtlich nicht vor, so dass eine Prüfung von § 114 I StGB entbehrlich ist.

II. Nötigung, § 240 I StGB

Das Verhältnis von § 113 StGB und § 240 StGB ist umstritten.

Nach der h.M. tritt § 240 StGB hinter **§ 113 StGB** zurück, da dieser **gegenüber § 240 StGB lex specialis** ist, soweit sich die Nötigung im Widerstand gegen den Vollstreckungsbeamten erschöpft und nicht zu einem über die Unterlassung der Diensthandlung hinausgehenden Verhalten führt.[110]

Die a.A. geht dagegen davon aus, dass § 240 StGB mit der Willensfreiheit ein anderes Rechtsgut als § 113 StGB (ungestörte Durchsetzung staatlicher Vollstreckungsakte) schützt.

Für die h.M. spricht vor allem die Erwägung des historischen Gesetzgebers, dass Bürger, welche mit der staatlichen Gewalt konfrontiert sind, sich in einem besonderen Erregungszustand befinden können, der leicht zu affektiven und unkontrollierten Reaktionen führt. Demzufolge sollen Widerstandshandlungen gegenüber Vollstreckungsbeamten nur dann strafbares Unrecht darstellen, wenn hierbei die Voraussetzungen von § 113 StGB erfüllt sind.

Folge ist, dass § 113 StGB insoweit eine lex specialis gegenüber § 240 StGB darstellt und diesen Tatbestand insoweit verdrängt.

hemmer-Methode: An dieser Einschätzung hat sich nach h.M. nichts dadurch geändert, dass mit Wirkung zum 05.11.2011 die Höchstgrenze der Freiheitsstrafe i.R.v. § 113 I StGB von zwei Jahren auf drei Jahre erhöht wurde. Nach vorzugswürdiger Auffassung ist selbst bei Verneinung einer Strafbarkeit gemäß § 113 I StGB (etwa bei Drohung mit einem empfindlichen Übel statt mit Gewalt) eine Bestrafung gemäß § 240 I StGB ausgeschlossen. Andernfalls drohen die besonderen Anforderungen des § 113 I StGB faktisch leerzulaufen, wenn eine Strafbarkeit gemäß § 240 I StGB (mit derselben Strafandrohung im Grundtatbestand) eingreifen würde.[111]

D. Zusammenfassung

Sound: Strafrechtlicher Rechtmäßigkeitsbegriff bzgl. Diensthandlung; Konkurrenzverhältnis von § 113 StGB und § 240 StGB; Objektive Bedingung der Strafbarkeit.

Eine Diensthandlung ist nach dem strafrechtlichen Rechtmäßigkeitsbegriff der h.M. i.S.v. § 113 III S. 1 StGB rechtmäßig, wenn der Vollstreckungsbeamte örtlich und sachlich zuständig ist, die wesentlichen Förmlichkeiten eingehalten und sein Auswahlermessen nicht überschritten hat.

Dabei handelt es sich um eine objektive Bedingung der Strafbarkeit, was sich daraus ergibt, dass es gem. § 113 III S. 2 StGB nicht darauf ankommt, dass der Täter die Diensthandlung für rechtmäßig gehalten hat.

§ 113 I StGB verdrängt als speziellere Norm den § 240 StGB.

---

110 Schönke/Schröder, § 113, Rn. 68.

111 Ausführlich hierzu und zu den sonstigen gesetzlichen Änderungen i.R.v. §§ 113, 114 StGB vgl. Berberich/Gutowski in Life&Law 06/2012, 445 ff.

E. Vertiefung

Zum Widerstand gegen Vollstreckungsbeamte

- Berberich/Gutowski in Life&Law 06/2012, 445 ff.
- Hemmer/Wüst, StrafR BT II, Rn. 138.
- Hemmer/Wüst, Karteikarten StrafR BT II, Karte 41.

Zu diesem Fall

- Morgenstern, Jura 2002, 568 ff.

Aus der Rechtsprechung zu § 113 StGB

- Ein Kraftfahrzeug ist keine „Waffe“ im Sinne des § 113 II S. 2 Nr. 1 StGB. Eine solche Subsumtion verstößt gegen das strafrechtliche Analogieverbot, Art. 103 II GG, vgl. BVerfG, Beschluss vom 01.09.2008 – 2 BvR 2238/07 = Life&Law 02/2009, 102 ff.
- Es ist mit Art. 103 II GG vereinbar, auch Handlungen wie das Festhalten an Gegenständen und das Stemmen der Füße gegen den Boden, mit denen eine Person ihr Verbringen an einen anderen Ort verhindern will, als Widerstandshandlungen mittels Gewalt i.S.v. § 113 StGB anzusehen, vgl. BVerfG, NJW 2006, 136 ff. = Life&Law 05/2006, 330 ff.

Fall 20: Stubenarrest

Sachverhalt:

Die Jurastudenten Tina und Oswald wohnen in einer WG zusammen. Da Oswald neidisch auf den Erfolg von Tina ist, schließt er sie vor der nächsten Klausur heimlich in ihrem Zimmer ein. Tina bekam von der ganzen Aktion jedoch überhaupt nichts mit, weil sie die Klausur von Anfang an nicht mitschreiben wollte und lieber in ihrem Zimmer für die Zwischenprüfung lernt. Nach der Klausur sperrt Oswald die Tür wieder auf.

Bearbeitervermerk:

Hat sich Oswald (O) gem. § 239 StGB strafbar gemacht?

A. Einordnung

Den Schwerpunkt des Falles bildet die Frage, ob eine Freiheitsberaubung vorliegen kann, wenn das Opfer die Einsperrung nicht bemerkt bzw. sich gar nicht fortbewegen will.

B. Gliederung

Strafbarkeit des O

I. Freiheitsberaubung, § 239 I Alt. 1 StGB

1. Objektiver Tatbestand (+)
   (P) Unkenntnis des Opfers von der Freiheitsberaubung
2. Subjektiver Tatbestand (+)
3. Rechtswidrigkeit und Schuld (+)

II. Ergebnis: § 239 I Alt. 1 StGB (+)

C. Lösung

Strafbarkeit des O

I. Freiheitsberaubung, § 239 I Alt. 1 StGB

Durch das Einsperren der Tina (T) könnte sich O gem. § 239 I Alt. 1 StGB strafbar gemacht haben.

1. Objektiver Tatbestand

Der objektive Tatbestand ist erfüllt, wenn sich das Opfer, aufgrund einer vom Täter verursachten Freiheitsbeschränkung, **„ein Vater unser lang“** nicht von dem Ort[112] fortbewegen kann, an dem es sich befindet.[113]

Hier hat O die T während der Klausur eingesperrt[114], so dass diese sich nicht aus ihrem Zimmer fortbewegen konnte.

Problematisch ist in diesem Fall jedoch, dass T von der Handlung des O nichts mitbekommen hat und ihr Zimmer in der fraglichen Zeit überhaupt nicht verlassen wollte.

Nach einer Ansicht schützt § 239 I StGB nur den aktuellen Willen zur Ortsveränderung. Demnach könnte eine vollendete Freiheitsberaubung hier nur angenommen werden, wenn T den Raum hätte verlassen wollen.[115]

---

112 § 239 StGB schützt nicht die Willensfreiheit, sondern die Fortbewegungsfreiheit.

113 Vgl. Schönke/Schröder, § 239, Rn. 4.

114 Die Freiheitsberaubung kann durch vis absoluta (Einsperren, Fesseln, Betäuben) begangen werden. Es genügt aber auch das bloße Errichten einer psychischen Schranke (z.B. Bedrohung mit einer Waffe; Entfernung der Kleider einer nacktbadenden Person).

115 SK, § 239, Rn. 2a.

Dagegen geht die h.M. davon aus, dass § 239 I StGB die **potentielle** persönliche Fortbewegungsfreiheit schützt.

Das Opfer muss nur in der Lage sein, einen Willen zur Fortbewegung zu bilden.[116] Dabei sei unerheblich, ob das Opfer von der Beraubung der Fortbewegungsmöglichkeit Kenntnis hatte bzw. diese Fortbewegungsmöglichkeit nutzen wollte.

Das Hauptargument der a.A. bestand darin, dass es bei der hier fraglichen Konstellation an einem Erfolg fehle und damit eine Versuchskonstellation gegeben sei. Der h.M. wurde daher vorgeworfen, dass sie den (früher) straflosen Versuch pönalisiere.[117]

Mit der Einführung des § 239 II StGB (Strafbarkeit des Versuchs) durch das 6. Strafrechtsreformgesetz von 1998 ist dem Argument der a. A. jedoch einiges an Schlagkraft genommen worden.

Die a.A. könnte jetzt allerdings anführen, dass nur eine versuchte Freiheitsberaubung vorliege.

Hiergegen spricht jedoch, dass T objektiv betrachtet ihrer Fortbewegungsfreiheit beraubt wurde und damit ein tatbestandsmäßiger Erfolg eingetreten ist. Die Vorstellung allein, dass sie nicht eingesperrt sei, macht T noch lange nicht „frei". Es fehlt damit an einem Wegfall des Erfolgsunrechts, welcher Voraussetzung für eine bloße Versuchsstrafbarkeit wäre.

Ob das Opfer die Freiheitsberaubung bemerkte, ist daher für den Eintritt des Erfolges als unerheblich anzusehen.[118]

hemmer-Methode: Natürlich ist auch die a.A. gut vertretbar. Dann argumentieren Sie damit, dass eine Freiheitsberaubung erst dann vollendet ist, wenn sich die Freiheitsbeschränkung realisiert hat.
Von der h.M. wird vor allem deshalb auf eine „potentielle Fortbewegungsfreiheit" abgestellt, weil nur so die Straflosigkeit einer versuchten Freiheitsberaubung bis 1998 kriminalpolitisch „aufgefangen" werden konnte. Dieser Grund für das recht weite Verständnis einer „Freiheitsberaubung" ist nun mit Einführung des § 239 II StGB überflüssig geworden. Entscheidend ist nicht Ihr Ergebnis, sondern die Qualität der Argumentation!

Damit kann das Vorliegen einer **vollendeten** Freiheitsberaubung bejaht werden. Der objektive Tatbestand ist erfüllt.

2. Subjektiver Tatbestand

O hat vorsätzlich gehandelt.

3. Rechtswidrigkeit und Schuld

Rechtswidrigkeit und Schuld liegen vor.

hemmer-Methode: Die Freiheitsberaubung ist ein erfolgsbezogenes Dauerdelikt, welches mit dem Eintritt der Freiheitsbeschränkung bereits vollendet ist. Die Beendigung tritt erst mit der Aufhebung der Freiheitsbeschränkung ein.

116 Bewusstlosen und Kleinkindern soll diese Fähigkeit fehlen. Bei Schlafenden ist diese Frage strittig. Siehe hierzu Krey, BT 1, Rn. 315.

117 SK, § 239, Rn. 3.

118 Vgl. Fischer, § 239, Rn. 3 ff.

Hieraus können sich konkurrenzrechtliche Probleme ergeben (vgl. Hemmer/Wüst, Strafrecht AT II, § 9. Zum Prinzip der Verklammerung mittels § 239 StGB vgl. BGH, Beschluss vom 04.04.2012 – 2 StR 70/12 = Life&Law 12/2012, 888 ff.).

II. Ergebnis

O hat sich gem. § 239 I Alt. 1 StGB strafbar gemacht. Im Übrigen ist § 239 I Alt. 1 StGB hier lex specialis gegenüber § 240 StGB, da das abgenötigte Verhalten auf die bloße Duldung der Freiheitsbeschränkung beschränkt ist.

D. Zusammenfassung

Sound: Freiheitsberaubung; Unkenntnis des Opfers.

§ 239 I StGB schützt die potentielle Fortbewegungsfreiheit, so dass es für eine Vollendung nicht darauf ankommt, ob das Opfer etwas von der Freiheitsberaubung bemerkt hat (str.).

E. Vertiefung

Zur Freiheitsberaubung

- Hemmer/Wüst, StrafR BT II, Rn. 139 ff.
- Hemmer/Wüst, Karteikarten StrafR BT II, Karten 44, 45.

Rechtsprechung zum kurzzeitigen Festhalten

- Life&Law 09/2003, 637 ff.; NStZ 2003, 371.

Zur „Nachstellung", § 238 StGB

- Für die Strafbarkeit gemäß § 238 I StGB genügt es, wenn die Nachstellung objektiv geeignet ist, das Opfer zu beeinträchtigen. Der Gesetzgeber hat insoweit zum besseren Schutz von „Stalking"-Opfern nachgebessert und § 238 I StGB von einem Erfolgsdelikt zu einem abstrakten Gefährdungsdelikt umgestaltet.
- § 238 StGB ist kein Dauerdelikt. Einzelne Handlungen des Täters, die erst in ihrer Gesamtheit zu der erforderlichen Beeinträchtigung des Opfers führen, werden jedoch zu einer tatbestandlichen Handlungseinheit zusammengefasst, wenn sie einen ausreichenden räumlichen und zeitlichen Zusammenhang aufweisen und von einem fortbestehenden einheitlichen Willen des Täters getragen sind. Die Nachstellung verklammert die an sich rechtlich selbstständigen Delikte, die bei den Nachstellungshandlungen verwirklicht sind, zu einer insgesamt einheitlichen Tat, vgl. BGH, Beschluss vom 19.11.2009 – 3 StR 244/09 = Life&Law 04/2010, 247 ff.

Kapitel IV: Straftaten gegen die Ehre

Fall 21: Nachbarschaftshilfe

Sachverhalt:

Christian Fisch ist über seinen Nachbarn Hugo Wichtig erbost, weil dieser ihm immer „seinen“ Parkplatz wegnimmt. Deshalb erzählt er seinem Bekannten Rico Martinek, dass er zufällig mitbekommen habe, dass Hugo Wichtig jeden Samstag im „Sex Club 69“ mit einer gewissen Pauline Geschlechtsverkehr gegen Entgelt hat. Dies war jedoch nicht zutreffend, was Christian Fisch wusste. Außerdem bemerkte Christian Fisch, dass er Hugo Wichtig ohnehin für eine Pestbeule halte, die ausgemerzt gehört.

Bearbeitervermerk:

Hat sich Christian Fisch (C) nach dem StGB strafbar gemacht?

A. Einordnung

Der Fall beschäftigt sich mit der Systematik der Beleidigungsdelikte, §§ 185 ff. StGB.

B. Gliederung

Strafbarkeit des C

I. Verleumdung, § 187 StGB

1. Objektiver Tatbestand (+)
   a) Behauptung einer ehrenrührigen Tatsache (+)
   b) Unwahrheit der Tatsache (+)
   c) Kundgabeerfolg (+)
2. Subjektiver Tatbestand (+)
3. Rechtswidrigkeit (+)
4. Schuld (+)

II. Beleidigung, § 185 StGB

1. Objektiver Tatbestand (+)
2. Subjektiver Tatbestand (+)
3. Rechtswidrigkeit und Schuld (+)

III. Gesamtergebnis: §§ 185, 187 StGB in Tateinheit, § 52 I StGB

C. Lösung

Strafbarkeit des C

I. Verleumdung, § 187 Alt. 1 StGB

Indem C dem Rico Martinek (R) erzählt hat, dass Hugo Wichtig (H) regelmäßig zu einer Prostituierten gehe, könnte er sich gem. § 187 Alt. 1 StGB strafbar gemacht haben.

1. Objektiver Tatbestand

a) Behauptung einer ehrenrührigen Tatsache

Tatsachen sind Ereignisse, Vorgänge oder Zustände der Außen- oder Innenwelt, die der Vergangenheit oder der Gegenwart (**nicht** Zukunft) angehören und einem Beweis zugänglich sind.[119]

Die Behauptung, H gehe zu einer Prostituierten, ist ein Vorgang der Vergangenheit bzw. Gegenwart, der einem Beweis zugänglich ist.

119 Joecks, § 186, Rn. 5.

Ehrenrührig ist eine Tatsache, wenn sie dazu geeignet[120] ist, dem Betroffenen den sittlichen, personalen oder sozialen **Geltungswert** abzusprechen.[121]

Hierzu war die Behauptung des C geeignet, zumal die Inanspruchnahme professioneller Liebesdienste mit einem sittlichen Makel verbunden ist, auch wenn mittlerweile die Prostitution[122] rechtlich anerkannt ist.

b) Unwahrheit der Tatsache

Die Unwahrheit der Tatsache ist bei § 187 StGB ein Merkmal des objektiven Tatbestandes.[123]

hemmer-Methode: Bei § 186 StGB ist die Nichterweislichkeit der Tatsache dagegen eine objektive Bedingung der Strafbarkeit, auf welche sich der Vorsatz nicht beziehen muss.[124] Grund dafür ist, dass andernfalls die Nichterweislichkeit der Tatsache dazu führen würde, dass in dubio pro reo zugunsten des Handelnden davon auszugehen wäre, dass die behauptete Tatsache doch stimmt. Dann würde aber die Ehre des Gegenübers häufig faktisch schutzlos gestellt. Merken Sie sich: Die objektive Bedingung der Strafbarkeit führt i.R.d. § 186 StGB zu einer Art „Beweislastumkehr“ hinsichtlich der behaupteten Tatsachen.

Es entsprach nicht der Wahrheit, dass H Prostituierte besuchte. Die von C verbreitete Tatsache war demnach unwahr.

[120] Es genügt, wenn die fragliche Tatsache zum Verächtlichmachen geeignet ist, ein Beleidigungserfolg ist nicht erforderlich; Schönke/Schröder, § 186, Rn. 5.

[121] Schönke/Schröder, § 186, Rn. 5.

[122] Vgl. Gesetz zur Regelung der Rechtsverhältnisse der Prostituierten (ProstG).

[123] Joecks, § 187, Rn. 2.

[124] Joecks, § 186, Rn. 10.

c) Kundgabeerfolg

Die Äußerung muss zur Kenntnis eines Dritten gelangt sein. Dies war hier der Fall, indem K die Aussagen des C zur Kenntnis nahm.

hemmer-Methode: Die §§ 185 ff. StGB sind Kundgabedelikte, d.h. die Äußerungen müssen sich an einen anderen richten und zu dessen Kenntnisnahme bestimmt sein.[125]

2. Subjektiver Tatbestand

C hat alle nach dem objektiven Tatbestand relevanten Umstände ins Auge gefasst. Er kannte insbesondere auch die Unwahrheit der von ihm aufgestellten Behauptung.[126] Der subjektive Tatbestand ist damit erfüllt.

3. Rechtswidrigkeit

C hat rechtswidrig gehandelt. Rechtfertigungsgründe wie etwa § 193 StGB greifen nicht ein.

4. Schuld

An der Schuld des C bestehen keine Zweifel.

5. Ergebnis

Die Voraussetzungen einer Strafbarkeit gem. § 187 Alt. 1 StGB liegen vor. § 187 StGB ist gegenüber § 185 StGB (bzw. § 186 StGB) spezieller, daher ist in dieser Hinsicht eine weitere Strafbarkeit ausgeschlossen.

[125] BGH, MDR 1984, 275.

[126] Die unwahre Behauptung muss wider besseres Wissen, also mit positiver Kenntnis, erfolgen. Eventualvorsatz genügt hier nicht. Schönke/Schröder, § 187 Rn. 5.

II. Beleidigung, § 185 StGB

hemmer-Methode: § 185 StGB ist kein Grundtatbestand der Beleidigungsdelikte, sondern ein **Auffangtatbestand** für alle Fälle, die von den §§ 186, 187 StGB nicht erfasst sind. Diese speziellen Tatbestände erfassen lediglich die Kundgabe ehrenrühriger Tatsachen gegenüber Dritten. Dementsprechend umfasst **§ 185 StGB** die Kundgabe ehrenrühriger **Tatsachen** gegenüber dem **Betroffenen**, sowie die Kundgabe ehrenrühriger **Werturteile** gegenüber **Dritten** und/oder dem **Betroffenen**.
In der Klausur sollten Sie also immer anhand der Kriterien Tatsachenbehauptung / Werturteil und Kundgabe gegenüber Dritten bzw. dem Betroffenen differenzieren.

1. Objektiver Tatbestand

Da die Aussage des C, dass H eine Pestbeule sei, ersichtlich keinem Beweis zugänglich ist und es sich somit nicht um eine Tatsachenbehauptung, sondern um ein Werturteil handelt, scheidet eine Strafbarkeit nach den §§ 186 f. StGB aus. Allerdings kommt eine Beleidigung in Betracht.

Eine **Beleidigung** i.S.v. § 185 StGB ist die Kundgabe einer Nichtachtung, Geringschätzung oder Missachtung durch Werturteil gegenüber dem Betroffenen bzw. Dritten oder durch das Behaupten von Tatsachen gegenüber dem Betroffenen.

Die Bezeichnung als Pestbeule war eine Kundgabe der Geringschätzung durch ein Werturteil gegenüber einem Dritten. Der objektive Tatbestand ist somit erfüllt.

2. Subjektiver Tatbestand

C hat vorsätzlich gehandelt.

3. Rechtswidrigkeit und Schuld

Rechtswidrigkeit und Schuld liegen vor.

III. Gesamtergebnis

Es ist von einer Handlung im juristischen Sinne auszugehen, da dasselbe Rechtsgut in engem raumzeitlichem Zusammenhang verletzt wird. Bei natürlicher Betrachtungsweise erscheint damit der Sachverhalt als Einheit, so dass § 187 StGB in natürlicher Handlungseinheit zu § 185 StGB steht.

Hinzuweisen ist auf das Strafantragserfordernis gem. § 194 StGB.

D. Zusammenfassung

Sound: Beleidigung; Verleumdung; Tatsachenbehauptung; Werturteil.

§ 185 StGB ist ein Auffangtatbestand für die Beleidigungsdelikte. Prüfen Sie zunächst (zumindest gedanklich) § 187 StGB bzw. § 186 StGB. Soweit diese eingreifen, verdrängen sie als speziellere Vorschriften § 185 StGB. Liegen die Voraussetzungen der §§ 186, 187 StGB jedoch nicht vor, ist immer noch an § 185 StGB zu denken.

E. Vertiefung

Zu den Beleidigungsdelikten

- Hemmer/Wüst, StrafR BT II, Rn. 153 ff.
- Hemmer/Wüst, Karteikarten StrafR BT II, Karten 50, 53-58.
- Berberich/Bernhart, Systematik der Beleidigungsdelikte gemäß §§ 185 ff. StGB = Life&Law 01/2017, 56 ff.

Aus der Rechtsprechung zur Beleidigung

- Bei der sog. „Schmähkritik" handelt es sich um eine Äußerung, bei der nicht mehr die Auseinandersetzung in der Sache, sondern die Diffamierung der Person im Vordergrund steht. Dann ist ausnahmsweise keine Abwägung zwischen der Meinungsfreiheit und dem Persönlichkeitsrecht notwendig, weil die Meinungsfreiheit regelmäßig hinter den Ehrenschutz zurücktreten wird, vgl. BVerfG, Beschluss vom 14.06.2019 – 1 BvR 2433/17 = Life&Law 10/2019, 692-696.

- Die **Bezeichnung eines Polizeibeamten als "Oberförster"** stellt keine nach § 185 StGB strafbare Beleidigung dar, vgl. AG Berlin-Tiergarten, NJW 2008, 3233 ff. = Life&Law 12/2008, 814 ff.
- **„Beleidigungsfreier" Bereich** bei persönlicher Korrespondenz von Strafgefangenen: Die Äußerungen eines Strafgefangenen i.R. seiner Gefangenenpost an enge Vertraute, wie Freunde, unterliegen dem Vertraulichkeitsschutz und damit dem beleidigungsfreien Bereich. Hintergrund ist, dass bei Äußerungen gegenüber engen Vertrauten der Aspekt der Ehrverletzung gegenüber dem Interesse an einer freien Entfaltung der Persönlichkeit des sich Äußernden zurücktritt. Zum Persönlichkeitsschutz gehört die Möglichkeit des Einzelnen, seine Emotionen im Kreise enger Vertrauter frei auszudrücken. Daran ändert bei Gefangenenpost an Vertraute auch eine angeordnete Briefkontrolle nichts, vgl. BVerfG, NJW 2007, 1194 ff. = Life&Law 08/2007, 547 ff.

Fall 22: Deutsch-amerikanische Freundschaft

Sachverhalt:

Kasimir wohnt in der Nähe eines US-Militärstützpunkts. Um seiner Wut über die amerikanische Außenpolitik hinsichtlich eines aus seiner Sicht geführten völkerrechtswidrigen Krieges zu verschaffen, hängt Kasimir ein auch von der Kaserne aus sichtbares Plakat mit dem Schriftzug „U.S. soldiers are murders“ aus seinem Fenster.

Bearbeitervermerk:

Hat sich Kasimir (K) strafbar gemacht?

A. Einordnung

Den Schwerpunkt des Falles bildet die Problematik der Beleidigung von Personengesamtheiten und von Einzelpersonen unter einer Kollektivbezeichnung, sowie die Interessenabwägung des § 193 StGB, bei welcher Art. 5 GG zu beachten ist.

B. Gliederung

Strafbarkeit des K

I. Üble Nachrede, § 186 StGB

⇨ Objektiver Tatbestand (-)

II. Beleidigung, § 185 StGB

1. Objektiver Tatbestand (+)

a) Kundgabe einer Nichtachtung (+)

b) Richtung der Kundgabe

aa) **US-Militär**
(P) Beleidigungsfähigkeit von Personengesamtheiten (+)

bb) **US-Soldaten**
(P) Beleidigung unter einer Kollektivbezeichnung (+)

2. Subjektiver Tatbestand (+)

3. Rechtswidrigkeit (-)
(P) Art. 5 GG bei Interessenabwägung

III. Ergebnis: § 186 StGB (-); § 185 StGB (-)

C. Lösung

Strafbarkeit des K

I. Üble Nachrede, § 186 StGB[127]

Indem K ein Plakat mit der Aufschrift „U.S. soldiers are murders“ aus seinem Fenster gehängt hat, könnte er sich gem. § 186 StGB strafbar gemacht haben.

Objektiver Tatbestand

Zunächst ist festzustellen, ob es sich bei der Aussage des K um eine Tatsachenbehauptung oder ein Werturteil handelt.

Hierzu muss der Satz „U.S. soldiers are murders“ ausgelegt werden.

Die wörtliche Übersetzung („US-Soldaten sind Morde“) ergibt keinen Sinn. Allerdings lässt sich aus den Gesamtumständen erschließen, dass K ausdrücken wollte, dass US-Soldaten Mörder sind. Dies sollte allerdings keine Feststellung im juristischen Sinne, sondern eine wertende Beurteilung des Charakters der US-Soldaten sein.

[127] Möglich ist es, auch direkt mit der Prüfung des § 185 StGB zu beginnen.

Die Aussage ist daher keinem Beweis zugänglich.

Dementsprechend liegt keine Tatsachenbehauptung vor. Eine Strafbarkeit gem. § 186 StGB scheidet folglich aus.

II. Beleidigung, § 185 StGB

1. Objektiver Tatbestand

a) Die Bezeichnung „U.S. soldiers are murders“ müsste eine Kundgabe der Geringschätzung enthalten. Dabei ist der objektive Sinngehalt und auch die Meinungsfreiheit des Äußernden bereits mitberücksichtigt worden.[128] Nach dem Sinngehalt sollte der Vorwurf „Mörder zu sein“ erhoben werden. Auch unter Berücksichtigung der Meinungsfreiheit des Äußernden enthält diese Bezeichnung einen ehrenrührigen Charakter.

b) Fraglich ist hier jedoch, ob es überhaupt ein taugliches Opfer gegeben hat, zumal sich das Werturteil nicht unmittelbar auf eine natürliche Person bezogen hat, sondern an die „US-Soldaten“ gerichtet war.

aa) Als Opfer kommt hier zunächst das **US-Militär als Personengesamtheit** in Betracht.

Personengesamtheiten sind nach der h.M. unabhängig von ihrer Rechtsform **beleidigungsfähig**, wenn sie eine rechtlich anerkannte **soziale Funktion** erfüllen und einen **einheitlichen Willen** bilden können.[129]

Die a.A.[130], die einen strafrechtlichen Ehrenschutz für Personengesamtheiten für nicht geboten hält, weil Ehrenschutz nur natürlichen Personen zukomme, ist abzulehnen, zumal bereits in § 194 III, IV StGB davon ausgegangen wird, dass Behörden und politische Körperschaften beleidigungsfähig sind.

Das US-Militär ist – anders als z.B. die „deutsche Polizei“, welche nach verschiedenen Länder- und Bundeskörperschaften zu unterteilen ist – ein Kollektiv, das angesichts der hierarchischen Struktur „mit einer Stimme“ sprechen kann und damit einen einheitlichen Willen bilden kann. Auch erfüllt es eine elementar wichtige soziale Funktion.

Das US-Militär erfüllt die Voraussetzungen der h.M. und ist damit eine beleidigungsfähige Personengesamtheit.

bb) Des Weiteren könnten die US-Soldaten selbst beleidigt worden sein. In Betracht kommt eine Beleidigung von Einzelpersonen unter einer **Kollektivbezeichnung**.

Hier werden drei Fallgruppen unterschieden.

Der Täter kann mit einer **Kollektivbezeichnung** ein **einzelnes** Mitglied der betreffenden Gruppe beleidigen.

Bsp.: A sagt zu dem Soldaten S, mit dem er einen Streit hat, alle Soldaten sind Bettnässer. Hier wäre ersichtlich nur S gemeint.

Weiterhin ist es denkbar, dass der Täter mit einer ehrverletzenden Kollektivbehauptung ein bestimmtes Mitglied einer Gruppe beleidigen will, er dabei aber **nicht offenlegt**, wen er meint. In diesem Fall kommt es darauf an, ob die betreffende Gruppe aus einem verhältnismäßig kleinen und überschaubaren Personenkreis besteht.[131]

[128] BayObLG, NJW 2005, 1291 (= Life&Law 08/2005, 562); OLG Karlsruhe, NStZ 2005, 158 ff. (= Life&Law 05/2005, 322) = **juris**byhemmer.

[129] BGHSt 6, 186.

[130] SK, vor § 185, Rn. 9.

[131] Joecks, vor § 185, Rn. 19.

Bsp.: Behauptet A, dass einer der Soldaten einer personell überschaubaren Einheit ein Vollidiot ist, sind alle Soldaten dieser Einheit beleidigt. Dagegen liegt keine Beleidigung vor, wenn A behauptet, dass einer der Soldaten des US-Militärs ein Vollidiot ist, da der Kreis der betroffenen Personen so groß ist, dass die Beleidigung nicht auf den Einzelnen durchschlägt.

Schließlich gibt es die Möglichkeit, dass der Täter **alle Mitglieder** einer bestimmten Gruppe unter einer Kollektivbezeichnung beleidigt. Dies ist dann möglich, wenn die Kollektivbezeichnung den Kreis der Betroffenen so scharf kennzeichnet, dass er deutlich von der Allgemeinheit abgegrenzt werden kann.[132]

Im vorliegenden Fall kommt nur letzteres in Betracht. Die Aussage, US-Soldaten sind Mörder, bezieht sich auf einen Personenkreis, der von der Allgemeinheit klar abgrenzbar ist.

Demnach liegt hier auch eine Beleidigung aller Mitglieder des US-Militärs durch eine Kollektivbezeichnung vor.[133]

Der objektive Tatbestand des § 185 StGB ist erfüllt.

hemmer-Methode: Denkbar wäre es auch, hinsichtlich des betroffenen Kollektivs nicht auf das gesamte US-Militär abzustellen, sondern gesondert auf das in Deutschland stationierte US-Militär. Denn nur dieses wird unmittelbar betroffen, wenn in Deutschland Protest-Plakate aufgehängt werden.

[132] Joecks, vor § 185, Rn. 20; dabei wird allerdings z.T. auch in dieser Fallkonstellation verlangt, dass die Gruppe überschaubar ist.

[133] Andere Ansicht vertretbar mit dem Argument, dass auch insoweit eine überschaubare Gruppengröße vorliegen müsse, welche hier nicht mehr angenommen werden könne.

Die Grundsätze über Kollektivbezeichnungen gelten selbstverständlich auch bei den §§ 186, 187 StGB.

2. Subjektiver Tatbestand

Es ist davon auszugehen, dass K sowohl das US-Militär als auch die einzelnen US-Soldaten beleidigen wollte. Der subjektive Tatbestand ist erfüllt.

3. Rechtswidrigkeit

K könnte gem. § 193 StGB gerechtfertigt sein. Dazu müsste K bei seiner Aussage **berechtigte Interessen** in einem **verhältnismäßigen** Rahmen wahrgenommen haben.

Als berechtigtes Interesse kommt hier die Ausübung der Meinungsfreiheit aus Art. 5 I S. 1 Var. 1 GG in Betracht.

Aufgrund ihres Grundrechtscharakters ist die Meinungsfreiheit als ein schutzwürdiges Interesse anzuerkennen.

Die von K getroffene Aussage fällt in den Schutzbereich der Meinungsfreiheit. Insoweit liegt also die Wahrnehmung eines berechtigten Interesses vor.

Die Aussage des K kann auch als ein geeignetes und erforderliches Mittel zur Verfolgung dieses Interesses angesehen werden.

Fraglich ist jedoch, ob die Aussage des K als ein angemessenes Mittel zur Verfolgung dieses Zweckes angesehen werden kann. Um dies beantworten zu können, muss das Interesse des US-Militärs und der US-Soldaten an ihrem Ehrenschutz mit dem Interesse des K an seiner freien Meinungsäußerung im Sinne der vom BVerfG zu Art. 5 GG entwickelten **Wechselwirkungslehre**[134] abgewogen werden.

[134] Hemmer/Wüst/Christensen, Staatsrecht I, Rn. 215.

hemmer-Methode: Würde man die Wechselwirkungslehre nicht heranziehen, müsste man zu dem Ergebnis kommen, dass die Meinungsfreiheit des K entsprechend Art. 5 II GG an dem allgemeinen Gesetz des § 185 StGB enden würde. Eine Rechtfertigung gem. § 193 StGB i.V.m. Art. 5 I GG müsste folglich immer ausscheiden.

Mit der Wechselwirkungslehre ist jedoch bei der Anwendung von § 185 StGB bzw. § 193 StGB stets Art. 5 I GG zu beachten.

Hier erfolgte die Aussage des K in Hinblick auf ein konkretes Ereignis (Außenpolitik der USA), welches eine weit reichende politische Bedeutung hatte und damit Anlass zu einer kritischen Reaktion bot. Die Meinungsfreiheit gebietet – gerade auch in schwierigen politischen Angelegenheiten – dem Einzelnen das Recht zu geben, seine Meinung zu äußern, mag diese auch etwas überspitzt formuliert sein.

Zudem ist der Grad der Beeinträchtigung der Ehre der einzelnen Soldaten aufgrund ihrer hohen Anzahl eher gering einzuschätzen. Entsprechendes gilt für das US-Militär selbst. Soweit es am öffentlichen Leben aktiv teilnimmt, muss es auch kritische Äußerungen bis zu einem bestimmten Grad hinnehmen. Die Bezeichnung als Mörder im Zusammenhang mit einem konkreten Krieg, bei dem es typischerweise zu Tötungshandlungen kommt, überschreitet die Grenze des Zumutbaren nicht. Insoweit muss ein Spielraum für die öffentliche Meinungsbildung und Diskussion eröffnet bleiben.

Das Interesse des K an seiner Meinungsfreiheit überwiegt daher das Interesse des US-Militärs und der US-Soldaten an ihrer Ehre (a.A. vertretbar, so z.B. Krey, BT 1, Rn. 397a.).

hemmer-Methode: Bei der Interessenabwägung im Rahmen von § 193 StGB kommt es weniger auf das Ergebnis an, entscheidend ist die Qualität und Überzeugungskraft Ihrer Argumentation.

Die Tat ist somit gem. § 193 StGB gerechtfertigt.

III. Ergebnis

K hat sich nicht gem. der §§ 185 ff. StGB strafbar gemacht.

D. Zusammenfassung

Sound: Kollektivbeleidigung; Beleidigungsfähigkeit von Personengesamtheiten; Ausstrahlung von Grundrechten.

Personengesamtheiten sind unter bestimmten Voraussetzungen beleidigungsfähig.

Einzelpersonen können auch durch Kollektivbehauptungen in ihrer Ehre verletzt werden.

Bei § 193 StGB ist Art. 5 GG unter Anwendung der Wechselwirkungslehre zu berücksichtigen.

E. Zur Vertiefung

Zur Beleidigungsfähigkeit

- Hemmer/Wüst, StrafR BT II, Rn. 155 ff.
- Hemmer/Wüst, Karteikarten StrafR BT II, Karten 51, 52.

Rechtsprechung zur Beleidigungsfähigkeit

- Eine „Beleidigung unter einer Kollektivbezeichnung“ ist nur dann eine Individualbeleidigung, wenn der Kreis der Betroffenen klar abgegrenzt ist und die Herabsetzung inhaltlich Individualbezug aufweist. Fehlen bei einer Verurteilung gemäß § 185 StGB wegen des öffentlichen Tragens eines Ansteckers mit der Buchstabenkombination „FCK CPS“ hinreichende Feststellungen zur Konkretisierung in diesem Sinne, wird das Grundrecht des Betroffenen aus Art. 5 I S. 1 GG verletzt, vgl. BVerfG, Beschluss vom 26.02.2015, 1 BvR 1036/14 = NJW 2015, 2022 = Life&Law 10/2015, 742 ff.

Zu § 193 StGB

- Hemmer/Wüst, StrafR BT II, Rn. 168 f.
- Hemmer/Wüst, Karteikarten StrafR BT II, Karte 59.

Kapitel V: Straftaten gegen die Privatsphäre

Fall 23: Fünf Finger Rabatt

Sachverhalt:

Der Kapitän zur See Johnny Sparrow benötigt einen neuen Kompass. Nachdem er bei seinen letzten Seeabenteuern jedoch weniger erfolgreich war, steht es um seine finanziellen Mittel eher schlecht. Deshalb geht er in den Freizeitladen des Rudi Rastlos, um dort ein entsprechendes Gerät zu stehlen. Rudi Rastlos, der den Laden von der Shark GmbH gemietet hat, ahnt von alledem nichts. So gelingt es Johnny Sparrow, sich einen Kompass unter den Nagel zu reißen. Danach sieht er sich noch etwas in dem Laden um, findet aber nichts mehr von Interesse.

Bearbeitervermerk:

Hat sich Johnny Sparrow (S) gem. § 123 I StGB strafbar gemacht?

A. Einordnung

Der Fall behandelt die Frage, ob ein Hausfriedensbruch vorliegen kann, wenn eine generelle Eintrittserlaubnis besteht. Außerdem wird erörtert, ob ein Eindringen durch Unterlassen möglich ist.

B. Gliederung

Strafbarkeit des S

I. Hausfriedensbruch, § 123 I Alt. 1 StGB

Objektiver Tatbestand (-)

a) Geschützter Raum (+)

b) **Eindringen** (-)
(P) Schließt Diebstahlsvorsatz generelle Zutrittserlaubnis aus?

II. Hausfriedensbruch, §§ 123 I Alt. 1, 13 I StGB

Objektiver Tatbestand (-)

Garantenstellung (-)

III. Ergebnis: § 123 I StGB (-)

C. Lösung

Strafbarkeit des S

I. Hausfriedensbruch, § 123 I Alt. 1 StGB

Indem S den Laden des Rudi Rastlos (R) mit der Absicht etwas zu stehlen betreten hat, könnte er sich gem. § 123 I Alt. 1 StGB strafbar gemacht haben.

Objektiver Tatbestand

hemmer-Methode: Der Hausfriedensbruch spielt in der Falllösung regelmäßig nur eine untergeordnete Rolle. Deshalb sollte man seine Klausur nicht mit langatmigen Ausführungen zu einem Hausfriedensbruch beginnen, auch wenn dieser zeitlich gesehen die erste tatbestandsmäßige Handlung darstellt. Fangen Sie möglichst mit der Prüfung des schwersten Deliktes an, um eine Fehlgewichtung bei der Schwerpunktsetzung zu vermeiden.

a) Die Ladenräume des R sind Geschäftsräume und fallen damit in den Schutzbereich von § 123 I Alt. 1 StGB.

b) Ein **Eindringen** liegt vor, wenn der Geschäftsraum **gegen den Willen** des Hausrechtsinhabers betreten wird.[135]

Inhaber des Hausrechts ist R, auch wenn er den Laden nur von der Shark GmbH gemietet hat. Der Hausrechtsinhaber muss nicht Eigentümer des Raumes sein; es genügt, wenn ihm die Befugnis zusteht, über Zugang und Aufenthalt in dem Raum zu bestimmen.[136]

Nun ist allerdings davon auszugehen, dass R für seinen Laden eine generelle Betretungsbefugnis (zumindest konkludent) erteilt hat. Damit würde ein **tatbestandsausschließendes Einverständnis** vorliegen, so dass es an einem Eindringen fehlen würde.

hemmer-Methode: Die „Widerrechtlichkeit" in § 123 I Alt. 1 StGB ist kein eigenständiges Merkmal des objektiven Tatbestandes, sondern entspricht dem allgemeinen Deliktsmerkmal der Rechtswidrigkeit.[137]

Fraglich ist jedoch, ob die Diebstahlsabsicht des S Auswirkungen auf die Wirksamkeit des Einverständnisses hat.

Nach einer Ansicht liegt ein Eindringen auch bei einer generellen Zutrittserlaubnis vor, wenn der Täter die Räumlichkeit betritt, um rechtswidrige Zwecke zu verfolgen.[138] Begründet wird dies damit, dass der Wille des Hausrechtsinhabers bereits dem Betreten des Raumes durch einen „Dieb" entgegensteht; dieser sei von der generellen Zutrittserlaubnis ausgenommen, zumal kein Ladeninhaber Diebe in seinem Geschäft haben wolle.[139]

Die h.M. hält jedoch an der uneingeschränkten Wirkung des tatbestandsausschließenden Einverständnisses fest.

Etwas anderes solle nur gelten, wenn bereits nach dem **äußeren Erscheinungsbild** des Täters kein Verhalten mehr vorliege, welches von der generellen Betretungsbefugnis gedeckt ist.[140]

Bsp.: Maskierter Räuber stürmt in einen Schnapsladen.

Der h.M. ist zu folgen, denn selbst wenn der R an der Eingangstür gestanden hätte, als S den Laden betrat, hätte er dagegen nichts unternommen. Dementsprechend kann man nicht von einem Betreten des Raumes gegen den Willen des Hausrechtsinhabers ausgehen. Die generelle Betretungsbefugnis gilt daher auch für S.

hemmer-Methode: Für ein tatbestandsausschließendes Einverständnis (Tatbestandsebene) ist es nach allgemeiner Ansicht unerheblich, ob es durch eine Täuschung erlangt worden ist. Dagegen wird eine rechtfertigende Einwilligung (Rechtfertigungsebene) nur berücksichtigt, wenn diese frei von Willensmängeln erteilt wurde.

Ein Eindringen liegt somit nicht vor. Der objektive Tatbestand ist nicht erfüllt.

135 Schönke/Schröder, § 123, Rn. 11.
136 Lackner/Kühl, § 123, Rn. 2.
137 Fischer, § 123, Rn. 34.
138 OLG München, NJW 1972, 2275.
139 Nachzulesen bei Hillenkamp, 40 Probleme aus dem StrafR BT, S. 38.
140 Schönke/Schröder, § 123, Rn. 26 m.w.N.

II. Hausfriedensbruch, §§ 123 I Alt. 1, 13 I StGB

Da S nach dem Diebstahl in dem Laden des R verweilte, könnte er sich wegen eines Hausfriedensbruches durch Unterlassen strafbar gemacht haben.

Objektiver Tatbestand

Eine Strafbarkeit gem. § 123 I **Alt. 2** StGB scheitert bereits an einer fehlenden Aufforderung des R gegenüber S, den Laden zu verlassen. Allerdings kommt ein **Eindringen durch Unterlassen** in Betracht.

hemmer-Methode: Nach einer Auffassung kann ein Eindringen über § 13 StGB auch durch ein Unterlassen erfolgen. Dem ist jedoch entgegen zu halten, dass § 123 I Alt. 2 StGB als echtes Unterlassungsdelikt den Fall des Unterlassens speziell regelt. Würde man generell die Möglichkeit eines „Eindringens durch Unterlassen" bejahen, droht eine „Aushöhlung" der Anforderungen des § 123 I Alt. 2 StGB. Deshalb kann ein „Eindringen durch Unterlassen" nur in besonderen Fällen angenommen werden. Anerkannt ist dies in der Situation, dass dem Täter die fehlende Zutrittserlaubnis erst nachträglich bewusst wird und er den Raum nicht unverzüglich verlässt (BGHSt 21, 225). Ebenso liegt ein Eindringen durch Unterlassen vor, wenn ein Garant eine von ihm zu überwachende Person nicht an einem aktiven Eindringen hindert (Geppert, Jura 1989, 382).

S müsste – die Möglichkeit eines „Eindringens durch Unterlassen" unterstellt – jedenfalls zum Verlassen des Ladens verpflichtet gewesen sein.

Eine solche Garantenstellung mit entsprechender Handlungspflicht könnte aufgrund des vorherigen pflichtwidrigen Vorverhaltens **(Ingerenz)** in Gestalt des Diebstahls entstanden sein. Hiergegen spricht jedoch, dass auch der vollendete Diebstahl nichts an der von R erteilten generellen Zutritts- und Aufenthaltsbefugnis ändert. Eine Handlungspflicht kann nur dann angenommen werden, wenn der Aufenthalt in dem Raum widerrechtlich ist. Der objektive Tatbestand ist somit nicht erfüllt.

hemmer-Methode: In einer Klausurlösung sollten Sie sich in einer solchen Fallkonstellation kurz fassen. Weniger ist hier oft mehr. Die Ausführungen sollten insbesondere dazu dienen, Ihnen die Möglichkeit eines Hausfriedensbruches durch Unterlassen bewusst zu machen.

III. Ergebnis

S hat sich weder durch Tun noch durch Unterlassen gem. § 123 I Alt. 1 StGB strafbar gemacht.

hemmer-Methode: Zu den sonstigen Delikten, welche die Privatsphäre schützen, gehören insbesondere auch die §§ 201 ff. StGB.
Instruktiv hierzu die Fragestellung, ob bei heimlichen Nacktaufnahmen im Saunabereich § 201a I StGB verwirklicht ist, siehe OLG Koblenz, 1 Ws 535/08 = Life&Law 06/2009, 395 ff.

D. Zusammenfassung

Sound: Generelle Eintrittsbefugnis; Äußeres Erscheinungsbild; Hausfriedensbruch durch Unterlassen.

Ein Eindringen liegt nicht vor, wenn eine generelle Betretungsbefugnis erteilt wurde. Dies gilt auch, wenn der Täter in den Räumlichkeiten rechtswidrige Zwecke verfolgen will und sein äußeres Erscheinungsbild nicht erheblich von dem generell gestatten Verhalten abweicht.

Ein Hausfriedensbruch mittels Eindringens durch Unterlassen ist nur unter engen Voraussetzungen möglich.

E. Zur Vertiefung

Zum Hausfriedensbruch

- Hemmer/Wüst, StrafR BT II, Rn. 175 ff.
- Hemmer/Wüst, Karteikarten StrafR BT II, Karten 62-65.

Aus der Rechtsprechung zum Hausfriedensbruch

- Zu den Anforderungen von „befriedetem Besitztum" i.S.d. § 123 I StGB bei einer unterirdischen Verkehrsfläche vgl. OLG Frankfurt a.M., NJW 2006, 1746 ff. = Life&Law 09/2006, 621 ff.
- Zum Hausrecht des Mieters auch nach Ablauf des Mietvertrags – „Hamburger Bauwagenszene" – vgl. OLG Hamburg, NJW 2006, 2131 f. = Life&Law 09/2006, 617 ff.

Kapitel VI: Delikte gegen die Staatsgewalt

Fall 24: Flucht aus Santa Fu

Sachverhalt:

Der Gefangene Walter bittet seine Ehefrau Frauke, ihm für die Fluchtvorbereitung Bücher mit im Buchrücken eingeklebten Sägeblättern zu bringen. Frauke erfüllt Walter diesen Wunsch. Walter kann daher die Gitter seiner Zelle zersägen und fliehen.

Bearbeitervermerk:

Haben sich Frauke (F) bzw. Walter (W) gem. § 120 StGB strafbar gemacht?

A. Einordnung

Der Fall beschäftigt sich mit der Gefangenenbefreiung. Dabei wird insbesondere auf die Frage eingegangen, inwieweit sich der Gefangene selbst gem. § 120 StGB strafbar machen kann.

B. Gliederung

Strafbarkeit der F
Gefangenenbefreiung, § 120 I Var. 3 StGB
1. Objektiver Tatbestand (+)
a) Gefangener (+)
b) Taterfolg (+)
c) Tathandlung (+)
2. Subjektiver Tatbestand (+)
3. Rechtswidrigkeit und Schuld (+)
4. Ergebnis: § 120 I Var. 3 StGB (+)

Strafbarkeit des W
Anstiftung zur Gefangenenbefreiung, §§ 120 I Var. 3, 26 StGB
Objektiver Tatbestand (-)

C. Lösung

Strafbarkeit der F

Gefangenenbefreiung, § 120 I Var. 3 StGB

Indem F dem Walter (W) die Sägeblätter besorgte, könnte sie eine Gefangenenbefreiung gefördert haben.

1. Objektiver Tatbestand

a) Gefangener

Gefangener i.S.d. § 120 I StGB ist, wer zum Zweck der Ahndung einer Verfehlung auf behördliche bzw. gerichtliche Anordnung in einer deutschen Anstalt verwahrt wird, siehe auch § 120 IV StGB.[141]

hemmer-Methode: § 120 StGB schützt nicht die Rechtspflege, sondern die staatliche Verwahrungsgewalt über den Gefangenen.[142]

[141] Damit sind von § 120 StGB nicht Personen erfasst, die von einer Privatperson gem. § 127 I StPO festgenommen wurden, oder i.S.v. § 81a StPO zur Blutentnahme verbracht werden. Joecks, StGB, § 120 Rn. 4.

[142] BayObLG JZ 1984, 343; Rengier, BT II, § 54, Rn. 1.

W war Gefangener i.d.S.

b) Taterfolg

§ 120 StGB ist ein **reines Erfolgsdelikt**, d.h. der Tatbestand ist in allen Varianten nur dann erfüllt, wenn der amtliche Gewahrsam faktisch nicht mehr besteht.

Dies war hier aufgrund der gelungenen Flucht des W der Fall.

c) Tathandlung

Tathandlung ist jedes Verursachen der Befreiung des Gefangenen. Die in § 120 I StGB beschriebenen Varianten decken sämtliche Begehungsformen ab.

„**Befreien**" meint das **täterschaftliche** Herstellen der Freiheit des Gefangenen.

„**Verleiten**" zum Entweichen entspricht der **Anstiftung** zur Selbstbefreiung durch den Gefangenen.

Schließlich erfasst die „**Förderung**" die **Beihilfe** zur Selbstbefreiung.[143]

hemmer-Methode: Da der Gefangene grundsätzlich nicht Täter einer reinen Selbstbefreiung sein kann, musste der Gesetzgeber die Beihilfe und Anstiftung zu einer Selbstbefreiung als täterschaftliche Begehungsweisen in § 120 I StGB regeln. Ansonsten würde eine Strafbarkeit mangels einer rechtswidrigen Haupttat ausscheiden.
Allerdings greifen § 120 I Var. 2 und 3 StGB nur ein, wenn die „Anstiftung" oder „Beihilfe" gegenüber dem Gefangenen erfolgt. In den Fällen, in denen ein tauglicher Täter i.S.v. § 120 I StGB angestiftet oder ihm geholfen wird, verbleibt es bei den allgemeinen Regeln, d.h. eine Strafbarkeit kommt aus §§ 120 I, 26 StGB bzw. §§ 120 I, 27 I StGB in Betracht.
Der Grund für die Straflosigkeit des Gefangenen hinsichtlich seiner Selbstbefreiung liegt in der Berücksichtigung der notstandsähnlichen Lage, in der er sich aufgrund seiner eingeschränkten Bewegungsfreiheit befindet.

Indem F dem W die Sägeblätter zukommen ließ, hat sie dessen Ausbruch gefördert.

Der objektive Tatbestand ist erfüllt.

2. Subjektiver Tatbestand

F hat vorsätzlich gehandelt.

3. Rechtswidrigkeit und Schuld

Rechtswidrigkeit und Schuld liegen vor.

hemmer-Methode: Ist jemand unschuldig eingesperrt, kommt eine Rechtfertigung gem. § 32 StGB bzw. § 34 StGB in Betracht. § 32 StGB scheitert allerdings bei einem ordnungsgemäß begründenden Gewahrsam am fehlenden rechtswidrigen Angriff. § 34 StGB greift mangels Erforderlichkeit nicht ein, da die StPO Regelungen für die Entlassung von Gefangenen bei ordnungswidriger Ingewahrsamnahme bereithält. Jedenfalls ist die Gefangenenbefreiung in Hinblick auf die strafprozessualen Regelungen kein angemessenes Mittel.[144]

4. Ergebnis für F

F hat sich gem. § 120 I Var. 3 StGB strafbar gemacht.

[143] Joecks, § 120, Rn. 10.

[144] Joecks, § 120, Rn. 13.

hemmer-Methode: Die Tat der F ist aufgrund von § 258 VI StGB nicht gem. § 258 I StGB strafbar.
Dabei ist zu beachten, dass **§ 258 VI StGB** aufgrund seines Ausnahmecharakters **nicht auf § 120 StGB analog anwendbar** ist. Auch mit den §§ 303 I, 27 StGB besteht Idealkonkurrenz (§ 52 I StGB), da insoweit ein anderes Rechtsgut betroffen ist. Vorliegend war jedoch laut Bearbeitervermerk nicht auf diese Delikte einzugehen.

Strafbarkeit des W

Anstiftung zur Gefangenenbefreiung, §§ 120 I Var. 3, 26 StGB

Objektiver Tatbestand

Zunächst ist festzustellen, dass – obwohl Anstiftungs- und Beihilfehandlungen bei § 120 StGB als täterschaftliche Begehungsformen ausgestaltet sind – eine Beteiligung an § 120 StGB nach den allgemeinen Regeln möglich ist.

W hat bei F auch den Tatentschluss zur Begehung einer vorsätzlichen und rechtswidrigen Gefangenenbefreiung hervorgerufen.

Dementsprechend würde die Rechtsprechung eine Strafbarkeit des W gem. der §§ 120 I Var. 3, 26 StGB annehmen (BGHSt 17, 373).

Gegen diese Lösung spricht jedoch, dass es widersprüchlich wäre, die (täterschaftliche) Selbstbefreiung straflos zu belassen, während die Anstiftung eines anderen zum Zwecke der eigenen Befreiung als „geringerer“ Angriff auf das Rechtsgut strafbar wäre.

Hiergegen spricht auch der Rechtsgedanke des § 258 V StGB, nach dem der Vortäter nicht wegen Anstiftung zu einer ihm zugutekommenden Strafvereitelung bestraft werden kann.

Demzufolge hat W sich nicht gem. §§ 120 I Var. 3, 26 StGB strafbar gemacht (andere Ansicht mit dem BGH vertretbar).

D. Zusammenfassung

Sound: Gefangenenbefreiung; Staatliche Verwahrungsgewalt; Selbstbefreiung.

Der Gefangene kann nicht Täter des § 120 StGB sein. Nach nicht unumstrittener Auffassung ist er auch nicht wegen einer Beteiligung an der Haupttat eines anderen strafbar, soweit es dabei um seine eigene Befreiung geht.

E. Vertiefung

Zur Gefangenbefreiung

- Hemmer/Wüst, StrafR BT II, Rn. 180 ff.
- Hemmer/Wüst, Karteikarten StrafR BT II, Karten 67, 68.

Kapitel VII: Unerlaubtes Entfernen vom Unfallort

Fall 25: Frustsaufen

Sachverhalt:

Nachdem sein Lieblingsfußballverein zum ersten Mal in seiner Geschichte aus der Bundesliga abgestiegen ist, ertränkt Michael Spätzle seinen Frust mit Alkohol. Anschließend setzt er sich mit einer BAK von 3,3 Promille an das Steuer seines Autos. Auf halber Strecke kommt es zu einem Unfall, als Michael Spätzle kurzzeitig die Kontrolle über sein Fahrzeug verliert und ein geparktes Auto schrammt. Michael Spätzle hält jedoch nicht an, da er nicht noch zusätzlichen Stress mit seiner Versicherung haben will. Auch als er wieder vollkommen nüchtern ist, meldet Michael Spätzle den Unfall nicht, obwohl er sich noch gut an den Unfall erinnern kann.

Bearbeitervermerk:

Hat sich Michael Spätzle (M) nach dem StGB strafbar gemacht?
Auf §§ 315c, 316 StGB ist dabei nicht einzugehen.

A. Einordnung

Den Schwerpunkt des Falles bildet der Streit darüber, ob § 20 StGB ein Entschuldigungsgrund i.S.v. § 142 II Nr. 2 StGB ist.

B. Gliederung

Strafbarkeit des M

I. Unerlaubtes Entfernen vom Unfallort, § 142 I Nr. 2 StGB

1. Objektiver Tatbestand (+)

a) Unfall im Straßenverkehr (+)

b) Entfernen vom Unfallort (+)

c) Ohne angemessene Wartezeit (+)

2. Subjektiver Tatbestand (+)

3. Rechtswidrigkeit (+)

4. Schuld (-)

5. Ergebnis: § 142 I Nr. 2 StGB (-)

II. Vollrausch, § 323a I StGB

1. Objektiver Tatbestand (+)

2. Subjektiver Tatbestand (+)

3. Objektive Bedingung der Strafbarkeit (+)

4. Rechtswidrigkeit und Schuld (+)

5. Ergebnis: § 323a I StGB (+)

III. Unerlaubtes Entfernen vom Unfallort, § 142 II Nr. 2, III StGB

⇨ Objektiver Tatbestand (-)
(P) Ist § 20 StGB ein Entschuldigungsgrund i.S.v. § 142 II Nr. 2 StGB?

IV. Gesamtergebnis: § 323a I StGB (+)

C. Lösung

Strafbarkeit des M

I. Unerlaubtes Entfernen vom Unfallort, § 142 I Nr. 2 StGB

Da M nach dem Unfall weitergefahren ist, ohne eine angemessene Zeit zu warten, könnte er sich gem. § 142 I Nr. 2 StGB strafbar gemacht haben.

hemmer-Methode: Eine Strafbarkeit gem. § 142 I Nr. 1 StGB scheitert bereits daran, dass keine feststellungsbereiten Personen anwesend waren.

1. Objektiver Tatbestand

a) Unfall im Straßenverkehr

Ein **Unfall** ist jedes plötzliche Ereignis, durch das ein Mensch zu Schaden kommt oder ein nicht ganz belangloser Sachschaden verursacht wird.[145]

Hier kam es aufgrund des plötzlichen Zusammenstoßes mit dem parkenden Auto zu einem nicht unerheblichen Sachschaden. Ein Unfall liegt damit vor.

Der Unfall geschah auch im **öffentlichen**[146] Straßenverkehr.

Als Fahrer ist M zudem **Unfallbeteiligter** i.S.v. § 142 I Nr. 2, **V** StGB.

hemmer-Methode: Es ist strittig, ob ein Verkehrsunfall i.S.v. § 142 StGB vorliegt, wenn der Schaden **vorsätzlich** herbeigeführt wurde. Hier wird zum Teil vertreten, dass kein Verkehrsunfall vorliege, weil sich nicht das typische Straßenverkehrsrisiko realisiert habe.[147] Nach der h.M. soll es an der erforderlichen Realisierung des typischen Straßenverkehrsrisikos dagegen nur dann fehlen, wenn ein Fahrzeug nicht mehr als Transportmittel verwendet, sondern als Werkzeug für verkehrsfremde Zwecke missbraucht wird (Stichwort: „Auto als Waffe").[148]

b) Entfernen vom Unfallort

Sich entfernen ist das räumliche Verlassen des Unfallortes auf eine Distanz, die einen Zusammenhang zwischen der Person des Täters und dem Unfall nicht mehr ohne weiteres erkennen lässt.

Indem M weitergefahren ist, hat er sich i.S.v. § 142 I Nr. 2 StGB vom Unfallort entfernt.

c) Ohne angemessene Wartezeit

Da im Zeitpunkt des Unfalls keine feststellungsbereiten Personen anwesend waren, hätte M eine angemessene Zeit darauf warten müssen, dass eine solche Person[149] am Unfallort eintrifft. Die Länge der Wartezeit bestimmt sich nach einer Gesamtwürdigung aller Umstände des Einzelfalls.[150]

145 Joecks, § 142, Rn. 5.

146 „Öffentlich" ist der Straßenverkehr regelmäßig dann, wenn der Verkehrsraum allgemein zugänglich ist. Deshalb fällt nach h.M. unter „öffentlicher Straßenverkehr" auch der Verkehr auf solchen Privatwegen oder Plätzen, die mit Erlaubnis oder Duldung des Eigentümers durch die Allgemeinheit genutzt werden, z.B. Parkhäuser, Supermarktparkplätze, etc. Joecks, § 142, Rn. 9.

147 Schönke/Schröder, § 142, Rn. 18.

148 Vgl. Joecks, § 142, Rn. 15.

149 Feststellungsbereite Personen können Geschädigte und Unfallbeteiligte, aber auch andere Personen sein, die zugunsten der Geschädigten bzw. Unfallbeteiligten handeln, vgl. Joecks, § 142, Rn. 39.

150 Joecks, § 142, Rn. 46.

In diesem Fall hat M überhaupt keine Wartezeit eingehalten. Somit ist auch dieses Tatbestandsmerkmal gegeben.

Der objektive Tatbestand ist erfüllt.

2. Subjektiver Tatbestand

Der subjektive Tatbestand ist ebenfalls verwirklicht. Insbesondere schließt die BAK nicht ein vorsätzliches Handeln des M aus.

3. Rechtswidrigkeit

Rechtfertigungsgründe greifen nicht ein.

4. Schuld

M könnte gem. § 20 StGB entschuldigt sein. Zum Zeitpunkt der Tat hatte M eine BAK von 3,3 Promille. Da ab einer BAK von 3,0 Promille[151] regelmäßig eine krankhafte seelische Störung angenommen wird, ist die Tat des M entsprechend § 20 StGB entschuldigt.

5. Ergebnis

M ist nicht gem. § 142 I Nr. 2 StGB strafbar.

II. Vollrausch, § 323a I StGB

1. Objektiver Tatbestand

M hat sich in einen Rausch versetzt.

2. Subjektiver Tatbestand

Weiterhin hat M den Rausch zumindest fahrlässig herbeigeführt, da er hätte erkennen können und erkennen müssen, dass sein Alkoholkonsum zu einem derartigen Rausch führen würde.

3. Objektive Bedingung der Strafbarkeit

Eine rechtswidrige Tat, wegen der M aufgrund seines Rausches nicht bestraft werden kann, liegt vor, s.o.

4. Rechtswidrigkeit und Schuld

M hat rechtswidrig und schuldhaft gehandelt.[152]

5. Ergebnis

Die Voraussetzungen einer Strafbarkeit gem. § 323a I StGB liegen damit vor.

III. Unerlaubtes Entfernen vom Unfallort, § 142 II Nr. 2, III StGB

hemmer-Methode: Unterscheiden Sie zwischen den verschiedenen Anknüpfungspunkten einer möglichen Straftat: zum einen den Zeitpunkt des Unfalls im Vollrausch, zum anderen das Unterlassen der Ermöglichung späterer Feststellungen im nüchternen Zustand.

Dadurch, dass M auch zu einem späteren Zeitpunkt, als er wieder nüchtern war, die Feststellungen nicht unverzüglich nachträglich ermöglicht hat, könnte er sich gem. § 142 II Nr. 2, III StGB strafbar gemacht haben.

[151] Bei Tötungsdelikten wird wegen der höheren Hemmschwelle eine Schuldunfähigkeit erst bei einer BAK von ca. 3,3 Promille angenommen.

[152] Bei § 323a I StGB bezieht sich die Schuld nur auf die Herbeiführung des Rausches, nicht auf die im Rauschzustand begangene Tat.

1. Objektiver Tatbestand

M hat die Feststellungen nicht unverzüglich nachträglich ermöglicht.

Gemäß § 142 II Nr. 2 StGB müsste er sich weiterhin berechtigt oder entschuldigt vom Unfallort entfernt haben.

Teilweise wird angenommen, dass bei fehlender Schuldfähigkeit ein entschuldigtes Entfernen vom Unfallort anzunehmen sei. Begründet wird dies teilweise mit dem **Wortlaut** des § 142 II Nr. 2 StGB, der nicht zwischen einzelnen Entschuldigungsgründen unterscheide und damit auch die Fälle der Entschuldigung wegen hochgradiger Trunkenheit unter § 142 II Nr. 2 StGB fielen.[153]

Dann muss aber die Strafbarkeit wegen § 323a I StGB zurücktreten, da andernfalls M härter bestraft würde – nämlich wegen § 323a I **und** § 142 II Nr. 2 StGB –, als wenn er nicht betrunken gewesen wäre (dann nur Bestrafung wegen § 142 I Nr. 2 StGB).

Dagegen lässt eine andere Ansicht Fälle vorübergehender Schuldunfähigkeit i.S.v. § 20 StGB nicht dem § 142 II Nr. 2 StGB unterfallen.[154]

Sie geht davon aus, dass ein Entfernen im Zustand des § 20 StGB kein entschuldigtes Entfernen i.S.v. § 142 II Nr. 2 StGB ist, vielmehr liege diesbezüglich stets ein Fall des § 323a I StGB vor (Vgl. JOECKS, § 142, Rn. 57).

Für diese Ansicht spricht, dass § 142 II StGB nur eingreifen soll, wenn eine Strafbarkeit gem. § 142 I StGB nicht gegeben ist.

Zwar hat sich M nicht unmittelbar gem. § 142 I Nr. 2 StGB strafbar gemacht, jedoch hat M eine tatbestandsmäßige und rechtswidrige Tat i.S.v. § 142 I Nr. 2 StGB begangen, die als Anknüpfungspunkt für eine Strafbarkeit gem. § 323a I StGB herangezogen werden kann. Im Ergebnis liegt damit eine „mittelbare Strafbarkeit“ gem. § 142 I Nr. 2 StGB vor, so dass eine Strafbarkeit gem. § 142 II Nr. 2 StGB aus **systematischen** Gesichtspunkten abzulehnen ist.

Die Voraussetzungen des § 142 II Nr. 2 StGB liegen folglich nicht vor. Es fehlt an einem entschuldigten Entfernen vom Unfallort i.S.v. § 142 II Nr. 2 StGB.

hemmer-Methode: Ein ähnliches Problem taucht auf, wenn der Täter den Unfallort unvorsätzlich und damit straflos verlässt, weil er den Unfall zunächst nicht bemerkt hat, später allerdings Kenntnis von dem Unfall erlangt und dann nicht die entsprechenden Feststellungen ermöglicht. Lange Zeit bejahte der BGH die Anwendbarkeit des § 142 II Nr. 2 StGB in diesem Falle, wenn der Täter die Kenntnis innerhalb eines räumlichen und zeitlichen Zusammenhangs mit dem Unfall erlangte (BGHSt 28, 129). Dem ist das BVerfG entgegengetreten (vgl. BVerfG, NJW 2007, 1666 ff. = Life&Law 08/2007, 540 ff.).
Ein unvorsätzliches Entfernen vom Unfallort ist mit dem möglichen Wortsinn der Begriffe „berechtigt oder entschuldigt“ nicht vereinbar und verstößt deshalb gegen Art. 103 II GG. Auch in teleologischer Hinsicht distanziert sich das BVerfG von der vorherigen Rechtsprechung. Es könne nicht überzeugen, dass die nach § 142 II StGB begründeten höheren Pflichten auch bei einem bloß unvorsätzlichen Entfernen zu erfüllen seien.

---

153 Vgl. Nachweise bei Fischer, § 142, Rn. 48.

154 Beulke, JuS 1982, 816;
BayObLG, NJW 1989, 1685 = **juris**byhemmer.

2. Ergebnis

M hat sich nicht gem. § 142 II Nr. 2 StGB strafbar gemacht.

IV. Gesamtergebnis

M hat sich gem. § 323a I StGB strafbar gemacht.

D. Zusammenfassung

Sound: Vorsatzloses bzw. entschuldigtes Entfernen vom Unfallort.

Soweit eine tatbestandsmäßige und rechtswidrige Tat i.S.v. § 142 I StGB zumindest gem. § 323a I StGB strafbar ist, scheidet eine Strafbarkeit gem. § 142 II Nr. 2 StGB aus. § 20 StGB ist kein Entschuldigungsgrund i.S.v. § 142 II Nr. 2 StGB (str.).

E. Vertiefung

Zum unerlaubten Entfernen vom Unfallort

- Hemmer/Wüst, StrafR BT II, Rn. 190 ff.
- Hemmer/Wüst, Karteikarten StrafR BT II, Karten 70, 71, 72, 73, 74.

Aus der Rechtsprechung zur Unfallflucht

- Der Tatbestand des § 142 I Nr. 1 StGB ist auch dann erfüllt, wenn der Täter den Unfallort erst nach der letzten feststellungsberechtigten Person verlässt, sofern er zuvor seine Vorstellungspflicht verletzt hat, BGH, Urteil vom 11.04.2018 – 4 StR 583/17 = Life&Law 11/2018, 744 ff.
- Es liegt kein „Verkehrsunfall“ im Sinne des § 142 I StGB vor, wenn im stehenden Verkehr beim Be- oder Entladen ein Gegenstand von einem Lkw auf einen danebenstehenden Pkw fällt. Siehe dazu AG Berlin-Tiergarten, NJW 2008, 3728 ff. = Life&Law 02/2009, 99 ff.

Kapitel VIII: Straftaten gegen die Rechtspflege

Fall 26: Familienbande

Sachverhalt:

Petra sieht Oskar stark blutend und bewusstlos auf der Straße liegen. Ein Arzt ist bereits vor Ort und versorgt Oskar. Petra glaubt, ihr gewalttätiger Sohn Stefan, der mit Oskar verfeindet ist, habe diesen verprügelt. Um ihrem Sohn eine weitere Haftstrafe zu ersparen, geht sie zur Polizei und behauptet, sie habe Oskar geschlagen, weil dieser immer so gemein zu ihrem Sohn gewesen sei. In Wirklichkeit war Oskar im betrunkenen Zustand vom Balkon gestürzt.

Bearbeitervermerk:

Hat sich Petra (P) nach dem StGB strafbar gemacht?

A. Einordnung

Der Fall beschäftigt sich mit dem Vortäuschen einer Straftat i.S.v. § 145d StGB. Den Schwerpunkt des Falles bildet der Streit darüber, ob i.R.d. § 145d II Nr. 1 StGB die rechtswidrige Tat tatsächlich begangen worden sein muss.

B. Gliederung

Strafbarkeit der P

I. Falsche Verdächtigung, § 164 I StGB

⇨ Objektiver Tatbestand (-)

II. Strafvereitelung, § 258 I StGB

⇨ Objektiver Tatbestand (-)

III. Versuchte Strafvereitelung, § 258 I, IV StGB

1. Vorprüfung (+)

2. Tatentschluss (+)

3. Unmittelbares Ansetzen (+)

4. RW und Schuld (+)

5. Angehörigenprivileg, Strafbarkeit (-)

IV. Vortäuschen einer Straftat, § 145d StGB

1. § 145d I Nr. 1 StGB

a) Objektiver Tatbestand (+)

b) Subjektiver Tatbestand (-)

2. § 145d II Nr. 1 StGB

a) Objektiver Tatbestand (+)
(P) Erforderlichkeit einer rechtswidrigen Tat

b) Subjektiver Tatbestand (+)

c) Rechtswidrigkeit und Schuld (+)

V. Ergebnis:
§ 145d II Nr. 1 StGB (+)

C. Lösung

Strafbarkeit der P

I. Falsche Verdächtigung, § 164 I StGB

Objektiver Tatbestand

P müsste **einen anderen** einer rechtswidrigen Tat verdächtigt haben.

Verdächtigen ist das Hervorrufen eines Verdachts oder das Umlenken oder Verstärken eines bereits bestehenden Verdachts.[155]

Geschehen kann dies durch ausdrückliche oder konkludente Behauptung von Tatsachen, aber auch durch die Erzeugung einer Verdacht erregenden Beweislage.[156]

Hier fehlt es aber bereits am Tatbestandsmerkmal „einen anderen“, weil P sich selbst einer Straftat bezichtigte.

Der objektive Tatbestand des § 164 I StGB ist folglich nicht erfüllt.

II. Strafvereitelung, § 258 I StGB

§ 258 I StGB setzt das Vorliegen einer Straftat voraus. Da Oskar nicht das Opfer einer Straftat geworden ist, fehlt es an dieser Voraussetzung. Der objektive Tatbestand ist nicht erfüllt.

III. Versuchte Strafvereitelung, §§ 258 I, IV, 22, 23 I StGB

1. Vorprüfung

§ 258 I StGB ist nicht vollendet (s.o.) und der Versuch ist strafbar, vgl. § 258 IV i.V.m. § 23 I Alt. 2 StGB.

2. Tatentschluss

P ging davon aus, dass Oskar von ihrem Sohn S niedergeschlagen wurde. Indem sie sich selbst bei der Polizei als Täterin bezichtigte, wollte sie ihrem Sohn eine weitere Haftstrafe ersparen. P ging es daher gerade darum, eine Bestrafung des S zu vereiteln, vgl. § 258 I StGB.

3. Unmittelbares Ansetzen

Indem P sich selbst bei der Polizei als Täterin bezichtigt, hat sie aus ihrer Sicht die Schwelle zum „Jetzt geht´s los“ überschritten. Des Weiteren wäre das geschützte Rechtsgut der Strafrechtspflege unmittelbar dadurch gefährdet, wenn man ihre Sicht der Dinge zugrunde legt.

Eine objektive Gefährdung der Strafrechtspflege ist gerade nicht erforderlich, vielmehr ist allein auf die Sicht der P abzustellen.

Denn auch der untaugliche Versuch ist strafbar, wie dem § 23 III StGB als allgemeiner Rechtsgedanke entnommen werden kann. P hat dementsprechend unmittelbar zur Verwirklichung einer Strafvereitelung angesetzt.

4. Rechtswidrigkeit und Schuld

P handelte auch rechtswidrig und schuldhaft.

5. Angehörigenprivileg

Jedoch gehört P als Mutter des S zu seinen Angehörigen, vgl. § 11 I Nr. 1 a) StGB. Gemäß § 258 VI StGB kann daher P nicht wegen versuchter Strafvereitelung bestraft werden.

IV. Vortäuschen einer Straftat, § 145d StGB

1. § 145d I Nr. 1 StGB

a) Objektiver Tatbestand

P hat bei der Polizei, also einer zur Entgegennahme von Anzeigen zuständigen Behörde[157], behauptet, dass sie eine Körperverletzung begangen habe.

155 BGHSt 14, 246 = **juris**byhemmer.
156 Joecks, § 164, Rn. 6.
157 Eine weitere Behörde i.d.S. ist die Staatsanwaltschaft.

b) Subjektiver Tatbestand

P ging allerdings tatsächlich davon aus, dass eine Straftat vorliegt. Insoweit fehlt es am erforderlichen Täuschungsvorsatz (Merkmal „wider besseres Wissen").

Der subjektive Tatbestand ist nicht erfüllt.

2. § 145d II Nr. 1 StGB

a) Objektiver Tatbestand

P müsste über den Beteiligten an einer rechtswidrigen Tat zu täuschen gesucht haben.

Hier hat P behauptet, sie habe eine Körperverletzung an O begangen.

Da P aber nicht die Täterin einer solchen Körperverletzung war, würde ihr Verhalten grundsätzlich dafür ausreichen, eine tatbestandsmäßige Handlung anzunehmen.

Problematisch ist hier jedoch, dass tatsächlich **überhaupt keine rechtswidrige Tat** begangen worden ist, sondern O sich selbst verletzt hat.

Nach einer Ansicht muss die rechtswidrige Tat tatsächlich begangen worden sein. Diese Meinung stützt sich dabei auf den Wortlaut „Beteiligten einer rechtswidrigen Tat".[158]

Gegen diese Ansicht spricht jedoch, dass die von § 145d StGB geschützte **Funktionsfähigkeit der staatlichen Rechtspflege** auch in solchen Fällen beeinträchtigt wird, da hier die Ermittlungsbehörden gleichfalls unnütz tätig werden.[159]

Zudem lässt es der Normtext („zu täuschen sucht") ebenso zu, den Begriff der „rechtswidrigen Tat" dahingehend zu verstehen, dass diese nur im Vorstellungsbild des Täters existieren muss.[160]

Zudem wird von einigen Autoren[161] noch verlangt, dass zumindest konkrete Verdachtsmomente für eine rechtswidrige Tat vorliegen müssen, die Anknüpfungspunkt für Ermittlungstätigkeiten sein können.

Eine Auseinandersetzung mit dieser Ansicht ist vorliegend jedoch nicht erforderlich, da aufgrund des auf der Straße liegenden Verletzten O auch konkrete Verdachtsmomente für eine Straftat vorliegen.

Im Ergebnis kann daher festgestellt werden, dass P, indem sie sich selbst einer Straftat bezichtigte, eine objektiv falsche Behauptung über den Beteiligten einer rechtswidrigen Tat i.S.v. § 145d II Nr. 1 StGB gemacht hat.[162]

Der objektive Tatbestand ist erfüllt.

b) Subjektiver Tatbestand

P handelte vorsätzlich hinsichtlich aller objektiven Tatbestandsmerkmale.

Darüber hinaus hatte sie positive Kenntnis darüber, dass ihre Behauptung unrichtig ist.

c) Rechtswidrigkeit und Schuld

Rechtswidrigkeit und Schuld liegen vor.

V. Ergebnis

P hat sich gem. § 145d II Nr. 1 StGB strafbar gemacht. Zwar ist § 145d StGB aufgrund gesetzlicher Anordnung gegenüber den §§ 164 bzw. 258 StGB subsidiär.

---

158 Krey, BT 1, Rn. 607.

159 Schönke/Schröder, § 145d, Rn. 13.

160 Joecks, § 145d, Rn. 14.

161 Joecks, § 145d, Rn. 14; LK, § 145d, Rn. 10.

162 Andere Ansicht gut vertretbar. Zum Meinungsstand vgl. Fischer, § 145d, Rn. 7 ff.

Mangels einer Strafbarkeit von P gemäß §§ 164, 258 StGB ist § 145d StGB insoweit anwendbar.

hemmer-Methode: § 164 I StGB setzt im Gegensatz zu § 145d StGB voraus, dass eine bestimmte Person vom Täter bezeichnet wird. Eigenständige Bedeutung hat § 145d StGB damit vor allem, wenn es an einer derartigen Bezeichnung fehlt oder der Täter sich selbst bezichtigt.

D. Zusammenfassung

Sound: Falsche Verdächtigung; Selbstbezichtigung; Vortäuschen einer Straftat; Funktionsfähigkeit der staatl. Rechtspflege.

§ 145d StGB ist gegenüber den §§ 164, 258, 258a StGB subsidiär.

Es ist umstritten, ob § 145d II Nr. 1 StGB voraussetzt, dass tatsächlich eine rechtswidrige Tat begangen wurde. Die besseren Gründe sprechen dafür, auf diese Voraussetzung zu verzichten.

E. Vertiefung

Zur Vortäuschung einer Straftat

- Hemmer/Wüst, StrafR BT II, Rn. 202 ff.
- Hemmer/Wüst, Karteikarten StrafR BT II, Karten 76 f.

Zu den Anschlussdelikten – Begünstigung, Strafvereitelung und Hehlerei

- Berberich/Löper, in Life&Law 07/2014, 534 ff.

Aus der Rechtsprechung zur Vortäuschung einer Straftat

- § 145d I Nr. 1 StGB schützt die Strafrechtspflege vor unnützer Inanspruchnahme und der damit verbundenen Schwächung ihrer Verfolgungseffektivität. Bei § 145d I Nr. 1 StGB handelt es sich um ein abstraktes Gefährdungsdelikt. An eine teleologisch restriktive Auslegung wegen Fehlens eines verursachten Ermittlungsaufwands sind hohe Anforderungen zu stellen, vgl. OLG Oldenburg, Beschluss vom 07.09.2010 – 1 Ss 124/10 = Life&Law 03/2011, 176 ff.

Aus der Rechtsprechung zur falschen Verdächtigung

- Die Bestimmung einer anderen Person zu einer straflosen Selbstbezichtigung bezüglich einer Ordnungswidrigkeit ist – ohne Hinzutreten weiterer, eine Tatherrschaft begründender Umstände – nicht als falsche Verdächtigung in mittelbarer Täterschaft zu qualifizieren, sondern mangels teilnahmefähiger Haupttat als straflose Anstiftung, vgl. OLG Stuttgart, Beschluss vom 07.04.2017 – 1 Ws 42/17 = Life&Law 12/2017, 836 ff.

Aus der Rechtsprechung zur Begünstigung

- Vorteile der Tat i.S.d. Begünstigung nach § 257 I StGB sind nicht nur die Früchte der Vortat, sondern sie umfassen vielmehr auch den (vorab) an einen Tatbeteiligten gezahlten Tatlohn. Das Erfordernis, dass bei der Begünstigung der Vorteil unmittelbar durch die Vortat erlangt sein muss, dient dazu, Ersatzvorteile (Vorteilssurrogate) auszuklammern; bei der Entlohnung für die Tatbeteiligung handelt es sich jedoch nicht um einen derartigen Ersatzvorteil, sondern vielmehr um einen unmittelbaren Vorteil der Tat, vgl. BGH, Beschluss vom 03.11.2011 – 2 StR 302/11 = Life&Law 12/2012, 880 ff.

Aus der Rechtsprechung zur Strafvereitelung

- Überschreitet ein Strafverteidiger die Grenzen zulässiger Verteidigung, so erfüllt dies bei Vorliegen der übrigen Voraussetzungen den Tatbestand der Strafvereitelung. Ein solcher Fall liegt vor, wenn ein Strafverteidiger die Beschlagnahme von Geschäftsunterlagen seines Mandanten, die keinem Beschlagnahmeverbot unterliegen, durch bewusst falsche Angaben über seinen Besitz daran vereitelt, vgl. BGH, Beschluss vom 08.08.2018 – 2 ARs 121/18 = = Life&Law 05/2019, 310 ff.
- Ein Zeuge ist in dieser Eigenschaft Garant für die staatliche Strafrechtspflege, sodass eine unberechtigte Verweigerung des Zeugnisses zu einer Strafbarkeit wegen Strafvereitelung durch Unterlassen führen kann. Die Garantenstellung folgt aus der besonderen strafprozessualen Pflichtenstellung des Zeugen, OLG Hamm, Beschluss vom 09.11.2017 – 4 RVs 127/17 = Life&Law 10/2018, 681 ff.

Fall 27: Der hilfreiche Boris

Sachverhalt:

Arthur war an einer Schlägerei auf einem Volksfest beteiligt, bei der er unter anderem auch eine Körperverletzung an Olaf begangen hat. Als die Polizei eintrifft und die Beteiligten zu fassen versucht, flieht Arthur zu seinem Bruder Boris, der ihn vor der Polizei versteckte, nachdem ihm Arthur von dem Vorfall berichtet hatte. Aufgrund der guten Personenbeschreibung des Olaf kann Arthur jedoch nach vier Wochen von der Polizei als der betreffende Täter ermittelt werden. In der anschließenden Gerichtsverhandlung wird Arthur dann auch zu einer Geldstrafe verurteilt. Boris, der eine gut gehende Werbeagentur betreibt, findet, dass die Justiz viel zu hart mit Arthur umgegangen ist und bezahlt daher die Geldstrafe des Arthur aus seiner Portokasse.

Bearbeitervermerk:

Hat sich Boris (B) gem. § 258 StGB strafbar gemacht?

A. Einordnung

Der Fall setzt sich mit der Frage auseinander, ob ein Vereiteln i.S.v. § 258 StGB eine endgültige Verhinderung der Aburteilung bzw. der Vollstreckung voraussetzt. Einen weiteren Schwerpunkt des Falles bildet das Problem der „Vollstreckungsvereitelung“ bei Zahlung fremder Geldstrafen.

B. Gliederung

Strafbarkeit des B

I. Strafvereitelung, § 258 I StGB

1. Objektiver Tatbestand (+)

a) Rechtswidrige und schuldhafte Straftat eines anderen (+)

b) Ganze oder teilweise Vereitelung der Ahndung der Vortat (+)

2. Subjektiver Tatbestand (+)

3. Rechtswidrigkeit und Schuld (+)

4. Strafausschließungsgrund des § 258 VI StGB (+)

II. Vollstreckungsvereitelung, § 258 II StGB

⇨ Objektiver Tatbestand (-)

III. Gesamtergebnis: § 258 I StGB (-), § 258 II StGB (-)

C. Lösung

Strafbarkeit des B

I. Strafvereitelung, § 258 I StGB

Indem B den Arthur (A) vor der Polizei versteckt hat, könnte er sich gem. § 258 I StGB strafbar gemacht haben.

1. Objektiver Tatbestand

a) Rechtswidrige und schuldhafte Straftat eines anderen

A hat eine rechtswidrige und schuldhafte Körperverletzung i.S.v. § 223 I StGB begangen. Eine rechtswidrige und schuldhafte Straftat eines anderen liegt damit vor.

hemmer-Methode: Im Gegensatz zu den §§ 26, 27 I StGB, bei welchen der Grundsatz der limitierten Akzessorietät gilt, setzt § 258 StGB auch eine schuldhaft begangene Straftat voraus. Eine Strafvereitelung kann nämlich nur dann in Betracht kommen, wenn es wegen der Vortat zu einer Verurteilung kommen kann.

b) Ganze oder teilweise Vereitelung der Ahndung der Vortat

Vereiteln bedeutet jede Besserstellung des Täters hinsichtlich der Strafverfolgung (§ 258 I StGB) oder der Strafvollstreckung (§ 258 II StGB).[163]

B hat A vor der Polizei versteckt. Dies hatte zur Folge, dass A erst zwei Wochen später von der Polizei als Täter ermittelt werden konnte.

Eine Verurteilung des A wegen der Körperverletzung hat B im Ergebnis jedoch nicht verhindert. Es stellt sich somit die Frage, ob ein Vereiteln i.S.v. § 258 StGB nur das endgültige Verhindern der Aburteilung erfasst, oder auch eine zeitliche Verzögerung hierfür ausreichend ist.

Nach einer Mindermeinung liegt in den hier fraglichen Fällen nur eine versuchte Strafvereitelung vor.[164]

Diese Ansicht verkennt jedoch, dass die von § 258 I StGB geschützte staatliche Rechtspflege, unter die auch die Realisierung des staatlichen Strafanspruchs fällt, bereits dann beeinträchtigt ist, wenn eine Strafverfolgung über einen längeren Zeitraum verzögert wird.[165]

Fraglich ist dabei nur, wann man von einem „längeren Zeitraum" i.d.S. sprechen kann.

Für diese Frage gibt es keine festen Richtwerte. Die überwiegende Ansicht lässt einen Zeitraum ab ca. drei Wochen (in Orientierung an § 229 I StPO) ausreichen.[166]

Da die Verzögerung der Verurteilung vorliegend vier Wochen betrug, kann im konkreten Fall von einer hinreichenden Verzögerung der Strafverfolgung ausgegangen werden.

Der objektive Tatbestand des § 258 I StGB ist damit erfüllt.

2. Subjektiver Tatbestand

A hatte den B in alles eingeweiht. Daher kannte B alle nach dem objektiven Tatbestand relevanten Tatbestandsmerkmale. Der subjektive Tatbestand ist erfüllt.

3. Rechtswidrigkeit und Schuld

B hat rechtswidrig und schuldhaft gehandelt.

4. Strafausschließungsgrund des § 258 VI StGB

B ist der Bruder des A und damit ein Angehöriger i.S.d. §§ 258 VI, 11 I Nr. 1 a) StGB. Der Strafausschließungsgrund des § 258 VI StGB greift somit ein.

B ist nicht gem. § 258 I StGB strafbar.

163 Joecks, §§ 258, 258a, Rn. 11.
164 Samson, JA 1982, 181.
165 Joecks, §§ 258, 258a, Rn. 12.
166 Vgl. Fischer, § 258, Rn. 8.

II. Strafvereitelung, § 258 II StGB

Indem B die Geldstrafe[167] des A gezahlt hat, könnte er die Vollstreckung einer Strafe i.S.v. § 258 II StGB vereitelt haben.

Objektiver Tatbestand

Fraglich ist, ob sich derjenige gem. § 258 II StGB strafbar macht, der für einen anderen eine Geldstrafe bezahlt.

Für eine Strafbarkeit gem. § 258 II StGB könnte sprechen, dass A nach dem Sinn der Geldstrafe diese als Strafübel empfinden soll.[168] Dieser Zweck wird vereitelt, wenn A die Sanktion überhaupt nicht zu spüren bekommt. Andererseits ist die Wirkung einer Geldstrafe auf den Verurteilten von Fall zu Fall unterschiedlich. Eine persönliche Betroffenheit kann nicht mit Vollzugsmitteln durchgesetzt werden, sondern nur die Zahlung einer bestimmten Geldsumme.

Außerdem könnte eine Strafbarkeit leicht umgangen werden, indem der Täter dem Vortäter einen entsprechenden Geldbetrag überlässt und der Vortäter von diesem Geld die Strafe bezahlt (JOECKS, § 258, Rn. 13). Diese Vorgehensweise unterfällt unstreitig nicht dem § 258 II StGB. Folglich würde man mit der Annahme einer Strafbarkeit gem. § 258 II StGB wegen der Bezahlung einer fremden Geldstrafe nur die „Ungeschickten“ bestrafen, was dem Charakter des Strafrechts als ultima ratio zuwiderläuft. Daher ist das Vorliegen des objektiven Tatbestandes zu verneinen. Die Bezahlung einer fremden Geldstrafe stellt keine Strafvereitelung dar.

III. Gesamtergebnis

B hat sich nicht gem. § 258 StGB strafbar gemacht.

D. Zusammenfassung

Sound: Strafvereitelung;
Bezahlung fremder Geldstrafen.

Die Vereitelung einer Strafverfolgung ist bereits bei einer hinreichenden zeitlichen Verzögerung der Aburteilung gegeben. Eine hinreichende Verzögerung kann in der Regel ab einem Zeitraum von drei Wochen angenommen werden.

Die Bezahlung einer fremden Geldstrafe erfüllt nicht den Tatbestand des § 258 II StGB.

E. Vertiefung

Zur Strafvereitelung

- Hemmer/Wüst, StrafR BT II, Rn. 213 ff.
- Hemmer/Wüst, Karteikarten StrafR BT II, Karten 79-82.

Zu den Straftaten gegen die Rechtspflege

- Hemmer/Wüst, StrafR BT II, Rn. 202 ff.

[167] Die Strafe muss rechtskräftig verhängt sein; Joecks, §§ 258, 258a, Rn. 5.

[168] Vgl. hierzu Fischer, § 258, Rn. 32 m.w.N.

Kapitel IX: Aussagedelikte

Fall 28: Späte Einsicht

Sachverhalt:

Anton sagt als Zeuge im Prozess gegen Bertram aus, dass Bertram mit ihm zum Zeitpunkt der Tat unterwegs gewesen sei und daher den ihm zur Last gelegten Diebstahl nicht begangen haben könne. Tatsächlich hat Bertram jedoch den Diebstahl begangen. Anton war sich bei seiner Aussage nicht sicher, dass er wirklich mit Bertram zur fraglichen Zeit zusammen gewesen ist. Diese Zweifel hat er dem Gericht bewusst nicht offenbart, da er Bertram keine unnötigen Schwierigkeiten bereiten wollte. Als er nach Vernehmungsende allerdings vereidigt werden soll, kommen Anton in Hinblick auf die Konsequenzen eines Meineids erhebliche Bedenken. Um auf Nummer sicher zu gehen, sagt Anton, bevor er zur Eidesformel ansetzen soll, dass seine Aussage auf seiner Erinnerung beruhe und er selbst erhebliche Zweifel an deren Richtigkeit hat. Dies beschwört Anton daraufhin.

Bearbeitervermerk:

Hat sich Anton (A) gem. der §§ 153 ff. StGB strafbar gemacht?

A. Einordnung

Der Fall bietet einen guten Einstieg in die Aussagedelikte. Er setzt sich u.a. mit dem Wahrheitsbegriff und der Vollendung von § 153 StGB auseinander.

B. Gliederung

Strafbarkeit des A

I. Meineid, § 154 I StGB

⇨ Objektiver Tatbestand (-)
Beeidigung einer falschen Aussage (-)

II. Falsche uneidliche Aussage, § 153 I StGB

1. Objektiver Tatbestand (+)
2. Subjektiver Tatbestand (+)
3. Rechtswidrigkeit und Schuld (+)
4. Strafmilderung, § 158 I StGB (+)

III. Versuchter Meineid, §§ 154 I, 22, 23 I, 12 I StGB

1. Vorprüfung
a) Strafbarkeit des Versuchs (+)
b) Nichtvollendung (+)
2. Tatentschluss (+)
3. Unmittelbares Ansetzen (-)

C. Lösung

Strafbarkeit des A

I. Meineid, § 154 I StGB

Mit der Ableistung des Eides könnte sich A gem. § 154 I StGB strafbar gemacht haben.

A hat seine Aussage beeidigt. Fraglich ist, ob diese Aussage falsch ist.

Die h.M. beurteilt die Richtigkeit einer Aussage nach der **objektiven Theorie**, d.h., die Aussage ist falsch, wenn sie mit der objektiven Wirklichkeit nicht übereinstimmt.[169]

Die **subjektive Theorie** stellt darauf ab, ob der Täter selbst seine Aussage für richtig hält.

Demnach wäre eine Aussage auch dann nicht „falsch", wenn sie objektiv der Wirklichkeit widerspricht, der Aussagende aber davon ausgeht, die Wahrheit zu sagen.[170]

A hat als Zeuge vor Gericht ausgesagt, dass er mit Bertram zum Tatzeitpunkt zusammen gewesen ist.

Diese Aussage ist für sich genommen objektiv falsch, weil dies nicht zutreffend war. Allerdings hat A seine Aussage, die er dann beeidigt hat, insoweit ergänzt, dass es sich hierbei nur um seine Erinnerung handele und er selbst diese in Zweifel ziehe. Da A tatsächlich dachte, dass sich die Ereignisse so zugetragen haben und er auch seine Zweifel offenbarte, war seine Aussage nach allen Ansichten richtig.

Der Meinungsstreit muss daher nicht entschieden werden.

hemmer-Methode: Falls Sie den Meinungsstreit entscheiden müssen, sollten Sie der objektiven Theorie folgen. Hierfür spricht insbesondere, dass der Gesetzgeber von der Möglichkeit einer fahrlässigen Falschaussage ausgeht, vgl. § 161 StGB. Nach dem rein subjektiven Verständnis wäre dies begrifflich nicht möglich.

A hat keinen Meineid geleistet.

[169] BGHSt 7, 146.

[170] OLG Bremen, NJW 1960, 1827.

II. Falsche uneidliche Aussage, § 153 I StGB

A könnte sich aufgrund seiner ursprünglichen Aussage gem. § 153 I StGB strafbar gemacht haben.

1. Objektiver Tatbestand

Zunächst hat A ausgesagt, dass er mit B zusammen gewesen ist.

Dabei hat er nicht offenbart, dass er in dieser Hinsicht erhebliche Zweifel hatte.

Die Wahrheitspflicht umfasst aber auch die Pflicht solche Zweifel offen zu legen, die den Gegenstand der Vernehmung (Aufenthalt des B) betreffen, § 69 I S. 1 StPO.[171] Die Aussage war daher falsch.

Allerdings hat A seine Aussage berichtigt, nachdem er sie beschwören sollte.

Fraglich ist deshalb, ob diese Berichtigung hier noch berücksichtigt werden kann, oder ob die Tat nicht bereits vollendet ist.

Die **Vollendung** wird mit dem **Abschluss der Aussage** angenommen.

Eine Aussage ist abgeschlossen, wenn der Richter zu erkennen gibt, dass er von dem Zeugen keine weiteren Ausführungen zur Sache erwartet und der Zeuge seinerseits nicht mehr den Eindruck erweckt, noch etwas sagen zu wollen.

Dies ist dann der Fall, wenn die Frage der Vereidigung erörtert wird. Nur wenn der Zeuge vor diesem Zeitpunkt seine Aussage berichtigt, ist § 153 I StGB nicht vollendet.

Hier hat A seine Aussage jedoch erst berichtigt, als er diese beeidigen sollte, also die Frage der Vereidigung bereits entschieden war.

[171] Schönke/Schröder, vor §§ 153 ff., Rn. 14, 16.

Der objektive Tatbestand ist somit vollendet.

2. Subjektiver Tatbestand

A hat bewusst nicht alle Umstände offenbart. Nach h.M. trifft den Zeugen nicht nur eine generelle Aussagepflicht, vielmehr hat der Zeuge auch auf bestehende Zweifel ausdrücklich hinzuweisen. Dies hat A vorliegend gerade nicht getan, so dass von einem vorsätzlichen Verhalten ausgegangen werden kann, zumal bei § 153 StGB dolus eventualis ausreichend ist.[172]

3. Rechtswidrigkeit und Schuld

Rechtswidrigkeit und Schuld liegen vor.

4. Strafmilderung, § 158 I StGB

Allerdings liegen die Voraussetzungen einer Strafmilderung bzw. eines Absehens von Strafe gem. § 158 I StGB angesichts einer rechtzeitigen Berichtigung (vgl. § 158 II StGB) vor.

III. Versuchter Meineid, §§ 154 I, 22, 23 I, 12 I StGB

1. Vorprüfung

a) Strafbarkeit des Versuchs

Der Versuch ist gem. der §§ 154 I, 23 I, 12 I StGB strafbar.

b) Nichtvollendung

Ein nicht vollendeter Meineid liegt vor, siehe oben.

2. Tatentschluss

Hinsichtlich des Tatentschlusses kann hier nur an die ursprüngliche Aussage des A angeknüpft werden.

Hierbei ist bereits sehr fraglich, ob A zumindest billigend in Kauf genommen hat, dass er seine ursprüngliche Aussage auch beeidigen wird.

3. Unmittelbares Ansetzen

Ein unmittelbares Ansetzen könnte dann angenommen werden, wenn hierfür die Aussage selbst ausreichend wäre.

Der Versuch des Meineides **beginnt** allerdings **erst mit dem Sprechen der Eidesformel**; selbst das Erheben der Schwurhand ist nicht ausreichend (BGHSt, 4, 172; Krey, StrafR BT Bd. 1 Rn. 556). Hier hat A seine Aussage vor dem Sprechen der Eidesformel berichtigt, so dass ein unmittelbares Ansetzen nicht angenommen werden kann.

Eine Strafbarkeit wegen versuchten Meineids scheidet damit vorliegend aus.

IV. Ergebnis

A hat sich gem. § 153 I StGB strafbar gemacht, indem er seine Zweifel bei der Aussage bewusst nicht offenbarte.

D. Zusammenfassung

Sound: Falsche uneidliche Aussage; Meineid; Abschluss der Aussage.

Eine Aussage ist nach der objektiven Theorie falsch, wenn sie objektiv nicht der Wahrheit entspricht.

---

172 Joecks, § 153. Rn. 7.

§ 153 I StGB ist vollendet, wenn keine Ausführungen zur Sache mehr zu erwarten sind und die Frage der Vereidigung erörtert wird.

Ein unmittelbares Ansetzen ist bei § 154 I StGB erst gegeben, wenn der Täter mit dem Sprechen der Eidesformel beginnt.

E. Vertiefung

Zu den Aussagedelikten

- Hemmer/Wüst, StrafR BT II, Rn. 221 ff. StGB.
- Hemmer/Wüst, Karteikarten StrafR BT II, Karten 84 bis 89.

Fall 29: Der Tagesausflug

Sachverhalt:

Andreas, der wegen eines Banküberfalls angeklagt ist, bittet seine Freundin Frieda vor Gericht auszusagen, dass sie beide zur fraglichen Tatzeit gemeinsam auf einem Ausflug waren. Frieda kommt dem Ansinnen nach, obwohl sie die Unwahrheit ihrer Aussage kennt und sich schon über den bei Andreas neu ausgebrochenen Wohlstand gewundert hat. Andreas hielt die Frieda dagegen für gutgläubig.

Bearbeitervermerk:

Haben sich Frieda (F) und Andreas (A) gem. der §§ 153 ff. StGB strafbar gemacht?

A. Einordnung

Der Fall beschäftigt sich mit einer klausurrelevanten Irrtumsproblematik bei § 160 StGB.

B. Gliederung

Strafbarkeit der F

I. Falsche uneidliche Aussage, § 153 I StGB

1. Objektiver Tatbestand (+)

2. Subjektiver Tatbestand (+)

3. Rechtswidrigkeit und Schuld (+)

4. Strafmilderung, § 157 I StGB (-)

II. Ergebnis: § 153 I StGB (+)

Strafbarkeit des A

I. Anstiftung zur Falschaussage, §§ 153 I, 26 StGB

1. Objektiver Tatbestand (+)

a) Haupttat (+)

b) Bestimmung zur Haupttat (+)

2. Subjektiver Tatbestand (-)

II. Verleitung zur Falschaussage, § 160 I HS 2 Alt. 2 StGB

1. Objektiver Tatbestand
(P) Auslegung des Tatbestandsmerkmals „Verleiten“

2. Subjektiver Tatbestand (+)

3. Rechtswidrigkeit und Schuld (+)

III. Ergebnis: §§ 153 I, 26 StGB (-);
§ 160 I HS 2 Alt. 2 StGB (+)

C. Lösung

Strafbarkeit der F

F könnte sich aufgrund ihres Verhaltens gem. §§ 153 ff. StGB strafbar gemacht haben.

I. Falsche uneidliche Aussage, § 153 I StGB

1. Objektiver Tatbestand

Frieda (F) hat als Zeugin vor Gericht falsch ausgesagt, indem sie angab, mit Andreas (A) zum fraglichen Tatzeitpunkt zusammen gewesen zu sein, obwohl dies nicht der Wahrheit entsprach.

2. Subjektiver Tatbestand

F hat vorsätzlich gehandelt. Es kommt nicht darauf an, dass F (wohl) keine positive Kenntnis von dem Banküberfall hatte.

Ihre Aussage bezog sich nämlich insbesondere auf den Aufenthaltsort des A.

3. Rechtswidrigkeit und Schuld

Rechtswidrigkeit und Schuld liegen vor.

4. Strafmilderung, § 157 I StGB

Der Strafmilderungsgrund des § 157 I StGB ist nicht zugunsten von F einschlägig. Als Freundin des A steht sie nicht mit diesem in einem Angehörigenverhältnis i.S.v. § 11 I Nr. 1 StGB.

II. Ergebnis für F

F hat sich gem. § 153 I StGB strafbar gemacht.

hemmer-Methode: Im Übrigen kommt noch eine Strafbarkeit gem. § 258 I StGB in Betracht, wonach vorliegend aber nicht gefragt ist.

Strafbarkeit des A

I. Anstiftung zur Falschaussage, §§ 153 I, 26 StGB

1. Objektiver Tatbestand

a) Haupttat

Eine vorsätzliche und rechtswidrige Haupttat liegt vor, siehe oben.

b) Bestimmung zur Haupttat

A hat die F auch zu dieser Tat bestimmt, da er bei ihr einen entsprechenden Tatentschluss hervorgerufen hat.

hemmer-Methode: Nach h.M. genügt für ein „Bestimmen" eine kommunikative Willensbeeinflussung im Wege eines offenen geistigen Kontakts. Zu den abweichenden Auffassungen siehe Fall 30 aus den 34 wichtigsten Fällen zum StrafR-AT.

2. Subjektiver Tatbestand

A müsste vorsätzlich gehandelt haben bezüglich der Verwirklichung des objektiven Tatbestandes (sog. **„doppelter Anstiftervorsatz"**). A ging nicht davon aus, dass F vorsätzlich uneidlich falsch aussagen würde. Ein Vorsatz bezüglich einer vorsätzlich rechtswidrigen Haupttat liegt damit nicht vor.

Zu beachten ist jedoch, dass A vorhatte, F als ein „Werkzeug" für seine Zwecke einzusetzen. Der Vorsatz hinsichtlich der Begehung „durch einen anderen" könnte den Vorsatz hinsichtlich einer Anstiftung vom Unrechtsgehalt (als „Minus") mit enthalten. Ein solches Stufenverhältnis nimmt grundsätzlich die h.M. an: Der fehlende Anstiftervorsatz könne durch den schwerer wiegenden Willen einer mittelbaren Täterschaft ersetzt werden.[173]

Dieser Argumentation kann jedoch i.R.d. Aussagedelikte nicht gefolgt werden. Da die mittelbare Täterschaft gem. § 25 I Alt. 2 StGB bei den Aussagedelikten als eigenhändigen Delikten ausscheidet, hat der Gesetzgeber in § 160 StGB das Verleiten zur Falschaussage unter Strafe gestellt. Bei einem Vergleich der Strafrahmen zwischen einer Anstiftung zur Falschaussage (§ 26 StGB: „gleich einem Täter") und der Verleitung zur uneidlichen Falschaussage gem. § 160 I Var. 1 StGB fällt auf, dass der Strafrahmen des § 160 StGB niedriger ist.

---

173 Schönke/Schröder, vor § 25 Rn. 79. Ein Fallbeispiel finden Sie bei den 34 wichtigsten Fällen zum StrafR-AT, Fall 30.

Der Argumentation, der Vorsatz, mittelbarer Täter sein zu wollen, erfasse auch den Anstiftervorsatz, kann demnach jedenfalls bei den Aussagedelikten nicht gefolgt werden.

A fehlt somit bereits der erforderliche Vorsatz hinsichtlich der Haupttat.

3. Ergebnis

A hat sich nicht gem. der §§ 153 I, 26 StGB strafbar gemacht.

II. Verleitung zur Falschaussage, § 160 I HS 2 Alt. 2 StGB

1. Objektiver Tatbestand

A müsste die F zu einer in § 160 I StGB aufgeführten Tat verleitet haben. Mit der falschen uneidlichen Aussage, § 153 I StGB, der F liegt eine solche Tat vor, § 160 I HS 2 Alt. 2 StGB.

Verleiten ist jede Einwirkung auf den Willen der Beweisperson, die diese dazu bestimmt, die von dem Täter gewollte Tat zu verwirklichen.[174]

Offen ist dabei jedoch, ob A die F überhaupt i.S.d. Tatbestandes verleiten konnte, da er nur irrtümlicherweise deren Gutgläubigkeit annahm, diese also tatsächlich bösgläubig war.

Ein Teil der Literatur würde in diesem Falle nur eine versuchte Verleitung zur Falschaussage, §§ 160 I HS 2 Alt. 2, II, 22, 23 I StGB, annehmen.[175] Begründet wird dies damit, dass § 160 StGB nur einen Ausgleich dafür schaffen soll, dass bei den Aussagedelikten aufgrund ihrer Eigenschaft als eigenhändige Delikte eine mittelbare Täterschaft i.S.v. § 25 I Alt. 2 StGB nicht möglich ist.

Daher erfasse § 160 I StGB nur die Fälle, bei denen die Konstellation einer mittelbaren Täterschaft auch objektiv vorliege.

Dagegen vertritt der BGH die Ansicht, dass der Begriff des „Verleitens“ auch Fälle erfassen könne, bei denen der Haupttäter entgegen der Vorstellung des Hintermannes vorsätzlich handelt.[176]

Für die Literatur kann angeführt werden, dass ihre Sichtweise der Funktion des § 160 StGB als Ersatzvorschrift für eine fehlende Strafbarkeit der mittelbaren Täterschaft am ehesten gerecht wird. Zudem ist die hier vorliegende Konstellation zumindest von § 160 II StGB erfasst, so dass das Entstehen untragbarer Strafbarkeitslücken nicht zu befürchten ist.[177]

Im Ergebnis ist jedoch dem BGH zu folgen. Denn der maßgebliche Strafgrund bei § 160 StGB liegt darin, dass es zu einer vom Täter veranlassten falschen Aussage kommt und dadurch die Rechtspflege gefährdet wird. Weiterhin kommt es dem Hintermann im Ergebnis nur darauf an, dass eine objektiv falsche Aussage erfolgt. Insoweit erkennt der Täter, dass er die Rechtspflege gefährdet, unabhängig davon, ob der Zeuge vorsätzlich falsch aussagt oder nicht.

Das „Verleiten“ i.S.d. § 160 I StGB wird dementsprechend weit verstanden, so dass davon ein Steuern i.S.d. mittelbaren Täterschaft ebenso umfasst ist wie das Hervorrufen eines Tatentschlusses. Dabei kommt § 160 I StGB nur eine subsidiäre Auffangfunktion gegenüber einer Anstiftung zu § 153 / § 154 / § 156 StGB zu, wie der mildere Strafrahmen des § 160 I StGB zum Ausdruck bringt.

174 RGSt 15, 149.

175 Vgl. Fischer, § 160. Rn. 7.

176 BGHSt, 21, 116 = jurisbyhemmer.

177 Krey, BT 1, Rn. 572.

hemmer-Methode: In der umgekehrten Konstellation (= Täter hält ein gutgläubiges Opfer für bösgläubig) scheitert eine Bestrafung wegen einer Anstiftung zur Falschaussage am fehlenden Vorsatz des Haupttäters und damit an einer vorsätzlich rechtswidrigen Haupttat. Da der Täter aber zumindest den doppelten Anstiftervorsatz besitzt, kann er nach h.M. gem. §§ 159 i.V.m. 30 I StGB wegen einer versuchten Anstiftung zur Falschaussage bestraft werden.

Damit ist festzustellen, dass A die F zu einer falschen uneidlichen Aussage verleitet hat, § 160 I HS 2 Alt. 2 StGB (andere Ansicht – d.h. Strafbarkeit gem. § 160 I HS 2 Alt. 2, II, 22 23 I StGB – ebenfalls gut vertretbar).

2. Subjektiver Tatbestand

Der subjektive Tatbestand ist erfüllt. Da es im objektiven Tatbestand nicht darauf ankommt, dass der Haupttäter unvorsätzlich handelt, ist es hier ebenso irrelevant, dass A dies irrtümlich annahm.

3. Rechtswidrigkeit und Schuld

A hat rechtswidrig und schuldhaft gehandelt.

III. Ergebnis für A

A hat sich gem. § 160 I HS 2 Alt. 2 StGB strafbar gemacht.

D. Zusammenfassung

Sound: Verleitung zur Falschaussage; Bösgläubiges bzw. gutgläubiges Werkzeug.

Es ist umstritten, ob auch ein nur vermeintlich gutgläubiges Werkzeug i.S.v. § 160 I StGB verleitet werden kann. Der BGH interpretiert den Wortlaut weit, so dass eine Strafbarkeit wegen Vollendung gem. § 160 I StGB möglich ist.

E. Vertiefung

Zu den Irrtumskonstellationen bei § 160 StGB

- Hemmer/Wüst, StrafR BT II, Rn. 233.
- Hemmer/Wüst, Karteikarten StrafR BT II, Karten 90, 92.

Fall 30: Verhandlungspause

Sachverhalt:

August hat einen Einbruchdiebstahl begangen. Als er deswegen angeklagt wird, bittet er seinen Freund Detlef, ihm als Zeuge vor Gericht ein Alibi zu verschaffen. Nachdem Detlef ihm dies zugesagt hat, benennt August den Detlef bei Gericht als Zeugen. In der Hauptverhandlung macht Detlef auch die von August gewünschten Angaben. Der vorsitzende Richter zweifelt jedoch von vorneherein an den Angaben des Detlef. Nachdem Detlef auch nach einer eindringlichen Befragung weiterhin bei seiner Version bleibt, ordnet der Richter eine Verhandlungspause an. Er kündigt an, Detlef anschließend vereidigen zu wollen. August und Detlef, die beide nicht mit einer Vereidigung gerechnet haben, stehen in der Pause miteinander auf dem Flur, sprechen jedoch nicht miteinander. Anschließend beeidigt Detlef seine Aussage.

Bearbeitervermerk:

Haben sich August (A) und Detlef (D) gem. der §§ 153 ff. StGB strafbar gemacht?

A. Einordnung

Der Fall beschäftigt sich mit Fragen der Unterlassung hinsichtlich der Aussagedelikte.

B. Gliederung

Strafbarkeit des D

Meineid, § 154 I StGB

1. Objektiver Tatbestand (+)
2. Subjektiver Tatbestand (+)
3. Rechtswidrigkeit und Schuld (+)
4. Ergebnis: § 154 I StGB (+)

Strafbarkeit des A

I. Anstiftung zum Meineid des D durch Tun, §§ 154 I, 26 StGB

1. Objektiver Tatbestand (+)
2. Subjektiver Tatbestand (-)

II. Anstiftung zur falschen uneidlichen Aussage des D durch Tun, §§ 153 I, 26 StGB

1. Objektiver Tatbestand (+)
2. Subjektiver Tatbestand (+)
3. Rechtswidrigkeit und Schuld (+)

III. Anstiftung zum Meineid des D durch Unterlassen, §§ 154 I, 26, 13 I StGB

⇨ Objektiver Tatbestand (-)

IV. Beihilfe zum Meineid des D durch Unterlassen, §§ 154 I, 27, 13 I StGB

⇨ Objektiver Tatbestand (-)

V. Ergebnis: §§ 153 I, 26 StGB (+)

C. Lösung

Strafbarkeit des D

Meineid, § 154 I StGB

1. Objektiver Tatbestand

D hat i.S.v. § 154 I StGB als Zeuge vor Gericht falsch geschworen.

2. Subjektiver Tatbestand

Der subjektive Tatbestand ist erfüllt.

3. Rechtswidrigkeit und Schuld

Rechtswidrigkeit und Schuld liegen vor.

4. Ergebnis für D

D hat sich gem. § 154 I StGB strafbar gemacht.

Strafbarkeit des A

I. Anstiftung zum Meineid des D durch Begehen, §§ 154 I, 26 StGB

1. Objektiver Tatbestand

a) Eine vorsätzliche rechtswidrige Tat eines anderen liegt vor.

b) Durch seine Bitte an D, ihm ein Alibi zu verschaffen, hat A bei D den Tatentschluss zu dessen Meineid hervorgerufen.

2. Subjektiver Tatbestand

A hat bei seiner Bitte an D nicht damit gerechnet, dass D auch vereidigt werden könnte. Demzufolge fehlt es am Vorsatz des A hinsichtlich der Haupttat. Der erforderliche doppelte Anstiftervorsatz ist insoweit nicht gegeben.

II. Anstiftung zur falschen uneidlichen Aussage des D durch Begehen, §§ 153 I, 26 StGB

1. Objektiver Tatbestand

A hat den Tatentschluss des D, eine falsche uneidliche Aussage zu begehen, hervorgerufen.

Die falsche uneidliche Aussage ist auch erfolgt, da in dem von D begangenen Meineid als „Minus" eine falsche uneidliche Aussage enthalten ist.

2. Subjektiver Tatbestand

Hinsichtlich der falschen uneidlichen Aussage liegt der erforderliche doppelte Anstiftervorsatz vor.

3. Rechtswidrigkeit und Schuld

Rechtswidrigkeit und Schuld liegen vor.

A ist strafbar wegen Anstiftung zum Meineid, §§ 154 I, 26 StGB.

III. Anstiftung zum Meineid des D durch Unterlassen, §§ 154 I, 26, 13 I StGB

Objektiver Tatbestand

Eine **Anstiftung** zu § 154 I StGB **durch Unterlassen** ist nach allgemeiner Ansicht möglich, wenn jemand vorsätzlich einen Meineid geschehen lässt, obwohl er als Garant verpflichtet ist, das Aussagedelikt zu verhindern.[178]

hemmer-Methode: Die Beteiligung „durch" Unterlassen ist streng zu trennen von der Anstiftung zu einem Unterlassungsdelikt: Bei der Beteiligung durch Unterlassen schreitet der „Hintermann" nicht gegenüber dem Handeln eines „Vordermannes" ein, obwohl er dazu kraft einer Garantenstellung verpflichtet wäre. Bei einer Teilnahme zu einem Unterlassungsdelikt wirkt der „Hintermann" dagegen aktiv auf das Unterlassen des „Vordermannes" ein.

Eine entsprechende Haupttat liegt vor.

178 Krey, BT 1, 572.

Problematisch ist, wann eine Garantenstellung angenommen werden kann.

Hier könnte sich eine Garantenstellung aus **Ingerenz** ergeben. Das **vorausgehende gefahrbegründende Tun** des A könnte in der Benennung des D als Zeugen sowie in der vorher an D geäußerten Bitte, falsch für ihn auszusagen, liegen.

Der BGH war mit der Annahme einer Garantenstellung in dieser Hinsicht zunächst recht großzügig. So wurde bereits das unwahre Bestreiten des Tatvorwurfs durch den Beschuldigten im Strafprozess als pflichtbegründende Vorhandlung angesehen.[179] Diese Rechtsprechung wurde jedoch auf Kritik des Schrifttums hin eingeschränkt.[180]

Mittlerweile verlangt der BGH, dass der Beschuldigte die Aussageperson in eine **prozessunangemessene besondere Gefahr** der Falschaussage bringen muss. Dabei müssen besondere Umstände vorliegen, die für den Zeugen aufgrund des Verhaltens des Unterlassenden die Gefahr eines Meineids erhöhen.

Die bloße Benennung des Zeugen allein genügt hierfür nicht.[181]

Die Gegenauffassung der Literatur nimmt in derartigen Fallkonstellationen dagegen eine Garantenstellung nur bei fehlender Verantwortlichkeit des Aussagenden an.

Hier hat A nicht nur die Vernehmung des D als Zeuge beantragt, sondern ihn darüber hinaus zu einer Falschaussage angestiftet, obwohl er wusste, dass er den D hierdurch in eine schwierige Lage bringen würde, die zu einem Meineid führen könnte. Damit kann man von einer Schaffung einer besonderen Gefahr eines Meineides durch A im Sinne der Ansicht des BGH ausgehen.

Die Literatur würde dagegen keine Garantenstellung des A annehmen, da D voll verantwortlich gehandelt hat.

Im Ergebnis ist allerdings dem BGH zu folgen, denn die Literatur vermengt die Kriterien der mittelbaren Täterschaft und der Garantenstellung miteinander.

Fraglich ist jedoch, woran der Unterlassungsvorwurf anzuknüpfen ist. Hierbei ist zu beachten, dass die StPO dem Angeklagten schon aus unverzichtbaren rechtsstaatlichen Erwägungen ein Schweigerecht gewährt (vgl. etwa §§ 243 V S. 1, 136 I S. 2 StPO), also keine Verpflichtung auferlegt, sich zur Richtigkeit einer falschen Zeugenaussage zu äußern.

Aufgrund dieser Beschuldigtenrechte kann von A nicht verlangt werden, dass er in der Verhandlung auf den Aussagenden (D) einwirkt.

Im vorliegenden Fall standen A und D jedoch in der Verhandlungspause zusammen auf dem Flur. In diesem Moment hätte A auf den D einwirken können, die Aussage zu berichtigen. Insoweit bestand für den Garanten A auch eine konkrete Handlungsmöglichkeit. Diese hat A nicht genutzt.

Allerdings könnte die Vollendung des Tatbestandes an einer fehlenden Kausalität scheitern. Es müsste mit an Sicherheit grenzender Wahrscheinlichkeit feststehen, dass der tatbestandsmäßige Erfolg – nämlich der Meineid seitens des D – nicht eingetreten wäre, wenn A seiner Handlungspflicht nachgekommen wäre.

Hieran bestehen Zweifel, D blieb bei seiner Version, obwohl er eindringlich vom Richter befragt worden war. Es ist nicht auszuschließen, dass D auch einer Einwirkung seitens A widerstanden hätte.

179 BGH, MDR/D 1953, 272.

180 Vgl. Schönke/Schröder, vor §§ 153 ff., Rn. 39 f.

181 BGHSt 14, 230 = **juris**byhemmer.

Daher kann vorliegend keine hypothetische Kausalität angenommen werden.

hemmer-Methode: Eine andere Ansicht ist gut vertretbar mit der Begründung, dass D keine Gründe hätte, bei seiner bisherigen Aussage zu bleiben, wenn A – dem er helfen möchte – dies gerade nicht mehr wünscht. Dem ist allerdings entgegenzuhalten, dass D möglicherweise doch bei seiner bisherigen Aussage bleibt, weil er hofft, dass noch alles „gut geht".

Der objektive Tatbestand der §§ 154 I, 26, 13 I StGB ist mangels hypothetischer Kausalität nicht erfüllt.

IV. Beihilfe zum Meineid des D durch Unterlassen, §§ 154 I, 27, 13 I StGB

Objektiver Tatbestand

Durch die Nichtvornahme der rechtlich gebotenen und tatsächlich möglichen Einwirkungshandlung könnte A den Tatentschluss des D „gestärkt" haben.

Ob sich D allein durch das Schweigen des A psychisch gestärkt fühlte, kann vorliegend nicht eindeutig festgestellt werden. Daher ist eine psychische Beihilfe zu verneinen.

Der objektive Tatbestand der §§ 154 I, 27, 13 I StGB ist nicht erfüllt.

V. Ergebnis für A

A hat sich wegen einer Anstiftung zur Falschaussage strafbar gemacht, indem er bei D den Tatentschluss weckte, eine uneidliche Falschaussage zu begehen.

D. Zusammenfassung

Sound: Beihilfe zum Meineid durch Unterlassen;
Garantenstellung aus Ingerenz.

Eine Garantenstellung aus Ingerenz bezüglich einer Beihilfe zum Meineid durch Unterlassen setzt die Schaffung einer prozessunangemessenen, besonderen Gefahr der Falschaussage voraus.

E. Vertiefung

Zur Täterschaft und Teilnahme bei Aussagedelikten

- Hemmer/Wüst, StrafR BT II, Rn. 230.

Aus der Rechtsprechung zu den Aussagedelikten

- Wird ein Zeuge in einem späteren Abschnitt der Hauptverhandlung nochmals vernommen, bedarf es einer neuen Entscheidung über die Vereidigung. Diese bezieht sich grundsätzlich auf die gesamte bis dahin getätigte Aussage, vgl. BGH, Urteil vom 20.07.2010 – 3 StR 193/10 = Life&Law 02/2011, 138 ff.

Kapitel X: Urkundendelikte

Fall 31: Der Bierdeckel

Sachverhalt:

Barney ist ein Stammkunde des Barbetreibers Moe. Daher lässt ihn Moe auch auf einem Bierdeckel Getränke anschreiben. Als Barney einen finanziellen Engpass erleidet, nutzt er bei seinem nächsten Kneipenbesuch einen unbeobachteten Moment und radiert drei der Striche auf seinem Bierdeckel aus. Diesen legt er dann wieder zurück.

Bearbeitervermerk:

Hat sich Barney (B) gem. der §§ 267 ff. StGB strafbar gemacht?

A. Einordnung

Der Fall setzt sich mit dem Begriff der Urkunde auseinander.

B. Gliederung

Strafbarkeit des B

I. Urkundenfälschung, § 267 I StGB

1. Objektiver Tatbestand (+)

a) **Urkunde** (+)

aa) Perpetuierungsfunktion (+)

bb) Beweisfunktion (+)

cc) Garantiefunktion (+)

b) **Verfälschen einer echten Urkunde** (+)

aa) Echtheit der Urkunde (+)

bb) Verfälschen einer Urkunde (+)

c) Gebrauchmachen von der Urkunde (+)

2. Subjektiver Tatbestand (+)

3. Rechtswidrigkeit und Schuld (+)

II. Urkundenunterdrückung, § 274 I Nr. 1 StGB

1. Objektiver Tatbestand (+)

a) Echte Urkunde (+)

b) Beweisführungsrecht (+)

c) Tathandlung (+)

2. Subjektiver Tatbestand (+)

3. Rechtswidrigkeit und Schuld (+)

III. **Ergebnis:** § 267 I StGB verdrängt § 274 I Nr. 1 StGB in Gesetzeskonkurrenz

C. Lösung

Strafbarkeit des B

I. Urkundenfälschung, § 267 I StGB

Indem B die Striche auf dem Bierdeckel entfernt hat, könnte er eine Urkundenfälschung i.S.v. § 267 I StGB begangen haben.

1. Objektiver Tatbestand

a) Urkunde

Zunächst müsste eine Urkunde vorliegen.

Eine **Urkunde** i.S.d. materiellen Strafrechts ist jede allgemein oder für Eingeweihte verständliche, dauerhaft verkörperte Gedankenerklärung (Perpetuierungsfunktion), die zum Beweis im Rechtsverkehr bestimmt und geeignet ist (Beweisfunktion) und die ihren Aussteller erkennen lässt (Garantiefunktion).[182]

hemmer-Methode: Einen Teil dieser Definition finden Sie in § 268 II StGB. Unterschiede ergeben sich insoweit, als § 268 II StGB nicht auf eine menschliche Gedankenerklärung, sondern auf ein technisches Gerät abstellt, welches die Aufzeichnung ganz oder teilweise selbsttätig bewirkt.

aa) Die Striche auf dem Bierdeckel enthalten die Gedankenerklärung des Moe (M), dass er B entsprechend viele Getränke verkauft hat. Eine verkörperte menschliche Gedankenerklärung damit vor.

Hinsichtlich der Erfüllung der Perpetuierungsfunktion könnten hier insoweit Zweifel entstehen, als es sich bei den Strichen auf dem Bierdeckel nicht um ein Schriftstück handelt. Allerdings ist nach allgemeiner Meinung für den Urkundenbegriff im materiell–strafrechtlichen Sinne eine Schriftform nicht erforderlich. Nach der ständigen Rechtsprechung kann die Verkörperung der Gedankenerklärung auch durch Zeichen (Striche) oder Symbole erfolgen.

Bei den Strichen auf dem Bierdeckel handelt es sich damit um eine hinreichend verkörperte menschliche Gedankenerklärung.

hemmer-Methode: Aufgrund des Verzichts auf die Schriftform fallen unter den materiell-strafrechtlichen Urkundenbegriff auch so genannte **Beweiszeichen**, also verkörperte Gedankenerklärungen, die kein Schriftstück darstellen, ansonsten aber sämtliche Anforderungen an eine Urkunde erfüllen *(Bsp.: Fahrgestellnummer auf einem Kfz)*. Dies ist beim **Urkundenbegriff im strafprozessualen Sinne** anders. Der Urkundenbegriff im strafprozessualen Sinne ist einerseits weiter und andererseits enger: Er ist enger, weil er nur Schriftstücke und damit keine Beweiszeichen umfasst. Auf der anderen Seite ist er weiter, da bei einer Urkunde im strafprozessualen Sinne der Aussteller nicht zu erkennen sein muss und diese auch nicht zum Beweis im Rechtsverkehr geeignet und bestimmt sein muss.

Des Weiteren sind Beweiszeichen auch von so genannten **Kennzeichen** zu unterscheiden. Kennzeichen fehlt die Beweisfunktion.

Sie dienen lediglich der Unterscheidung verschiedener Gegenstände, dem Herkunftsnachweis oder dem Verschluss von Sachen (Bsp.: Fabriknummer auf Erzeugnissen).[183]

bb) Die Striche können und sollen Auskunft über die Höhe der Forderung des M gegen B geben. Sie sind also gerade dazu geeignet und bestimmt, im Rechtsverkehr Beweis zu erbringen. Die Beweisfunktion ist erfüllt.

cc) Aus den Gesamtumständen ist auch erkennbar, dass der M der Aussteller ist (Garantiefunktion). Dieser muss nicht ausdrücklich genannt sein.

Eine Urkunde liegt damit vor.

182 BGHSt 3, 84.

183 Hemmer/Wüst, StrafR BT II, Rn. 254.

b) Verfälschen einer echten Urkunde

B könnte eine echte Urkunde verfälscht haben.

aa) Eine Urkunde ist **echt**, wenn der zu erkennende Aussteller mit dem tatsächlichen Aussteller identisch ist. Dies war hier der Fall.

bb) Verfälscht wird eine echte Urkunde, wenn sie durch unbefugte nachträgliche Änderungen etwas anderes aussagt, als der Aussteller erklärt hat.[184]

Dies ist hier durch das Ausradieren einzelner Striche geschehen.

hemmer-Methode: Denkbar wäre es, vorliegend auch von einer Gesamturkunde auszugehen. Eine solche liegt vor, wenn mehrere Einzelurkunden so zu einem sinnvollen Ganzen zusammengefasst sind, dass gerade diese Zusammenfassung einen über den gedanklichen Inhalt der Einzelurkunden hinausgehenden eigenen Erklärungs- und Beweisinhalt aufweist.[185] Ein Beispiel hierfür ist etwa eine Gerichtsakte: die darin enthaltenen Dokumente sind für sich genommen jeweils eine Urkunde. Der Akte zusammen mit den einzelnen Dokumenten kommt darüber hinaus noch eine besondere Beweisrichtung zu, nämlich dass alle relevanten Dokumente vollständig in der Akte enthalten sind.
Wird ein einzelnes Dokument unbefugt herausgenommen, liegt diesbezüglich eine Urkundenunterdrückung vor sowie eine Urkundenfälschung hinsichtlich der Gesamturkunde. Überträgt man diese Einordnung auf den Bierdeckel mit den einzelnen Strichen, dann ist es vertretbar, jeden einzelnen Strich für sich genommen als Gedankenerklärung und damit als Urkunde zu behandeln. Der Bierdeckel wäre dann im Zusammenhang mit den einzelnen Strichen als Gesamturkunde einzustufen.

c) Gebrauchmachen von der verfälschten Urkunde

B könnte auch die Tatbestandsvariante des Gebrauchmachens einer verfälschten Urkunde erfüllt haben.

Ein **Gebrauchmachen** liegt vor, wenn die verfälschte Urkunde der sinnlichen **Wahrnehmung** zugänglich gemacht wird, wobei es genügt, wenn der zu Täuschende die **Möglichkeit** hat, die Urkunde wahrzunehmen. Es kommt nicht darauf an, dass der zu Täuschende die Urkunde tatsächlich wahrnimmt.[186]

Da B den Bierdeckel zurückgelegt hat, erhielt M die Möglichkeit, diesen wahrzunehmen. B hat daher auch Gebrauch von der verfälschten Urkunde gemacht.

2. Subjektiver Tatbestand

B hat alle nach dem objektiven Tatbestand relevanten Umstände ins Auge gefasst. Es genügt, dass B aufgrund seiner Parallelwertung in der Laiensphäre erkannte, dass der Bierdeckel die betreffenden Urkundenfunktionen aufweist. Es ist dabei unerheblich, ob B davon ausging, dass es sich bei dem Bierdeckel um eine Urkunde im strafrechtlichen Sinne handelte.

Weiterhin müsste B zur **Täuschung im Rechtsverkehr** gehandelt haben.

Dieses Merkmal liegt vor, wenn ein Irrtum über Echtheit der Urkunde erregt und der Getäuschte durch den gedanklichen Inhalt zu einem rechtlich erheblichen Verhalten bestimmt werden soll.[187]

184 Lackner/Kühl, § 267, Rn. 20 f.
185 Schönke/Schröder, § 267, Rn. 30 ff.
186 Joecks, § 267, Rn. 81.
187 Schönke/Schröder, § 267, Rn. 85.

Dies war hier der Fall, da es B darauf ankam, dass M aufgrund der verfälschten Urkunde auf einen Teil seiner Forderungen verzichten sollte.

3. Rechtswidrigkeit und Schuld

Rechtswidrigkeit und Schuld sind gegeben.

B hat sich gem. § 267 I Var. 2 und Var. 3 StGB strafbar gemacht.

II. Urkundenunterdrückung, § 274 I Nr. 1 StGB

1. Objektiver Tatbestand

a) Die Striche auf dem Bierdeckel bilden eine Urkunde und damit ein taugliches Tatobjekt i.S.v. § 274 I Nr. 1 StGB.

b) Diese hat dem B nicht **gehört**, da ihm an dieser kein alleiniges Beweisführungsrecht zustand.[188]

hemmer-Methode: Demzufolge ist bei § 274 StGB eine Einwilligung (des Beweisführungsberechtigten) denkbar. Anders ist dies bei §§ 267, 268, 269 StGB, welche den Rechtsverkehr und damit die Allgemeinheit schützen. Insoweit liegt kein disponibles Rechtsgut vor.

c) Die Urkunde hat B zwar nicht vernichtet, jedoch hat B durch das Ausradieren der drei Striche die Urkunde so verändert, dass sie in ihrem Wert als Beweismittel beeinträchtigt ist.

Somit liegt eine Beschädigung einer Urkunde vor.

2. Subjektiver Tatbestand

B hat alle nach dem objektiven Tatbestand relevanten Merkmale ins Auge gefasst (dolus eventualis genügt).

Des Weiteren hatte B auch die **Absicht** dem M einen **Nachteil** zuzufügen. Nachteil kann dabei jede Beeinträchtigung fremder Rechte sein; dabei kommen nicht nur vermögensrechtliche Nachteile in Betracht. Nach der h.M. genügt dolus directus 2. Grades für die Nachteilszufügungsabsicht (Joecks, StGB, § 274 Rn. 23).

3. Rechtswidrigkeit und Schuld

Rechtswidrigkeit und Schuld liegen vor.

III. Ergebnis

B hat die Tatbestände des § 267 I Var. 2 StGB und § 267 I Var. 3 StGB erfüllt. Da B von Anfang an vorhatte, die verfälschte Urkunde auch zu gebrauchen, kommt nur eine einmalige Strafbarkeit wegen Urkundenfälschung in Betracht (nach BGH ein Fall der sog. tatbestandlichen Handlungseinheit).

Damit hat sich B aufgrund seines Verhaltens gem. § 267 I StGB strafbar gemacht.

hemmer-Methode: Hat der Täter bei der Verwirklichung des § 267 I Var. 1 bzw. 2 StGB noch keine konkrete Vorstellung hinsichtlich des Gebrauchs der Urkunde, nimmt die h.M. Tatmehrheit (§ 53 I StGB) zwischen den § 267 I Var. 1 bzw. 2 StGB und § 267 I Var. 3 StGB an (Krey, StrafR BT Bd. 1 Rn. 691).

Im Übrigen hat B auch eine Urkundenunterdrückung, § 274 StGB begangen.

188 Vgl. Joecks, § 274, Rn. 4.

Da dieser Tatbestand typischerweise beim Verfälschen einer echten Urkunde mitverwirklicht wird, tritt § 274 I StGB hinter § 267 I Var. 2 StGB zurück.

Eine ebenfalls verwirklichte Sachbeschädigung (§ 303 StGB) tritt hinter der Urkundenunterdrückung in Gesetzeskonkurrenz zurück.

Eine Urkunde ist eine allgemein oder für Eingeweihte verständliche verkörperte menschliche Gedankenerklärung (Perpetuierungsfunktion), die dazu geeignet und bestimmt ist im Rechtsverkehr Beweis zu erbringen (Beweisfunktion) und ihren Aussteller zu erkennen gibt (Garantiefunktion).

D. Zusammenfassung

Sound: Perpetuierungsfunktion, Beweisfunktion, Garantiefunktion; Beweiszeichen; Urkundenunterdrückung.

E. Vertiefung

Allgemein zu den Urkundendelikten

- Berberich/Dunker in Life&Law 01/2012, 57 ff.
- Hemmer/Wüst, StrafR BT II, Rn. 240 ff.
- Hemmer/Wüst, Karteikarten StrafR BT II, Karten 94, 95, 100.

Zu Beweiszeichen, zusammengesetzter Urkunde und Gesamturkunde

- Hemmer/Wüst, StrafR BT II, Rn. 254 ff.

Aus der Rechtsprechung zu den Urkundendelikten

- Die Nutzung eines mit falschen amtlichen Kennzeichen versehenen Fahrzeugs im öffentlichen Straßenverkehr, die anderen Verkehrsteilnehmern die unmittelbare Kenntnisnahme der am Fahrzeug angebrachten Kennzeichen ermöglicht, stellt ein einheitliches Gebrauchen einer unechten zusammengesetzten Urkunde dar. Das jeweils tateinheitliche Zusammentreffen von Delikten mit der einheitlichen Urkundenfälschung bewirkt, dass alle Gesetzesverstöße zu einer Tat im materiell-rechtlichen Sinne verklammert werden. Dies gilt selbst dann, wenn eines der verklammerten Delikte einen höheren Unrechtsgehalt aufweist, vgl. BGH, Beschluss vom 28.01.2014 – 4 StR 528/13 = Life&Law 08/2014, 585 ff.
- Life&Law 04/2002, 242 ff.; OLG Köln, NJW 2002, 527 f.

Fall 32: Das Studentenabonnement

Sachverhalt:

Axel hat als Student eine bestimmte Tageszeitung über ein Studentenabonnement bezogen. Nachdem er jedoch im Lotto gewonnen hatte, brach er sein Jurastudium ab. Auf das kostengünstige Studentenabonnement wollte er allerdings nicht verzichten. Dies war jedoch problematisch, weil der Verlag halbjährlich eine Immatrikulationsbescheinigung für die Fortsetzung des Abonnements verlangte. Als der Verlag wieder die aktuelle Immatrikulationsbescheinigung anforderte, hatte Axel schon für entsprechenden Nachschub gesorgt. Er hatte an einer seiner alten Bescheinigungen entsprechende Papierschnipsel lose befestigt, welche er mit den passenden Daten beschriftet hatte. Die so präparierte Bescheinigung kopierte Axel sodann mit einem hochmodernen Kopierer. Die gewonnene Fotokopie war vom Original nicht zu unterscheiden. Dementsprechend verlängerte der Verlag das Studentenabonnement, nachdem Axel diesem die Kopie übermittelt hatte.

Bearbeitervermerk:

Hat sich Axel (A) gem. der §§ 267 ff. StGB strafbar gemacht?

A. Einordnung

Den Schwerpunkt des Falles bildet die Problematik der Urkundeneigenschaft von Kopien.

B. Gliederung

Strafbarkeit des A

I. Urkundenfälschung, § 267 I Var. 2 StGB

Objektiver Tatbestand (-)

a) Echte Urkunde (+)

b) Verfälschen (-)

II. Urkundenfälschung, § 267 I Var. 1 StGB

1. Objektiver Tatbestand (+)

2. Subjektiver Tatbestand (+)

3. Rechtswidrigkeit und Schuld (+)

III. Urkundenfälschung, § 267 Var. 3 StGB

1. Objektiver Tatbestand (+)

2. Subjektiver Tatbestand (+)

3. Rechtswidrigkeit und Schuld (+)

IV. Urkundenunterdrückung, § 274 I Nr. 1 StGB

⇨ Objektiver Tatbestand (-)

V. Fälschung technischer Aufzeichnung, § 268 I Nr. 1 StGB

⇨ Objektiver Tatbestand (-)

VI. Ergebnis: § 267 I StGB (+)

C. Lösung

Strafbarkeit des A

I. Urkundenfälschung, § 267 I Var. 2 StGB

Indem A die Immatrikulationsbescheinigung präpariert hat, könnte er eine echte Urkunde verfälscht haben.

a) Echte Urkunde

Die Immatrikulationsbescheinigung ist eine verkörperte menschliche Gedankenerklärung (Perpetuierungsfunktion). Sie ist dazu geeignet und bestimmt, im Rechtsverkehr Beweis zu erbringen (Beweisfunktion) und lässt auch einen Aussteller erkennen (Garantiefunktion). Eine echte Urkunde liegt damit vor.

b) Verfälschen

Ein Verfälschen liegt vor, wenn die Urkunde durch unbefugte nachträgliche Änderungen etwas anderes aussagt, als der Aussteller erklärt hat.[189]

Vorliegend hat die Immatrikulationsbescheinigung jedoch nach wie vor denselben Erklärungsinhalt. Die Papierschnipsel waren nämlich nur lose befestigt. An der Urkunde selbst wurden demnach keine Veränderungen vorgenommen, welche den Erklärungsinhalt hätten verändern können.

A hat somit keine echte Urkunde verfälscht.

II. Urkundenfälschung, § 267 I Var. 1 StGB

Mit der Fotokopie könnte A eine unechte Urkunde hergestellt haben.

1. Objektiver Tatbestand

Eine unechte Urkunde liegt vor, wenn sie nicht von demjenigen stammt, der in ihr als Aussteller bezeichnet ist, wenn also über die Identität des Ausstellers getäuscht wird.[190]

Die **Fotokopie** müsste die Eigenschaften einer Urkunde aufweisen.

Fotokopien wird nach der (nicht unumstrittenen) h.M. zu Recht die Urkundeneigenschaft abgesprochen. Zum einen lässt eine Kopie keinen Aussteller erkennen. Zum anderen enthält sie keine eigene Gedankenerklärung, sondern nur deren Abbild. Schließlich haben Kopien im Rechtsverkehr in der Regel keine Beweisfunktion, insoweit besteht kein schutzwürdiges Vertrauen, zumal sich niemand auf eine bloße Kopie verlassen muss.[191]

In diesem konkreten Fall ist jedoch zu beachten, dass die Fotokopie dem Original zum Verwechseln ähnlich sieht und als solche nicht erkennbar ist. Sie sollte im Rechtsverkehr als vermeintliches Original angesehen werden.

Dies hat zur Folge, dass die Kopie im allgemeinen Rechtsverkehr als Urkunde behandelt wird. Denn nach dem objektiven Empfängerhorizont weist die Kopie alle Urkundeneigenschaften auf.

Es ist daher festzuhalten, dass A eine unechte Urkunde hergestellt hat, § 267 I Var. 1 StGB.[192]

hemmer-Methode: Unterscheiden Sie zwischen Fotokopien, die als solche erkennbar sind (nach h.M. keine Urkunden), und Fotokopien, die nicht von Originalen zu unterscheiden sind. Bei diesen genügt es, wenn die Reproduktion der Originalurkunde soweit ähnlich ist, dass die Möglichkeit einer Verwechslung nicht auszuschließen ist, um eine Urkundeneigenschaft anzunehmen.

2. Subjektiver Tatbestand

A handelte auch vorsätzlich und mit der Absicht zur Täuschung im Rechtsverkehr.

---

189 Lackner/Kühl, § 267, Rn. 20 f.

190 Schönke/Schröder, § 267, Rn. 48.

191 Vgl. Krey, BT 1, Rn. 717.

192 Siehe hierzu BayObLG, JuS 1990, 850 f. = **juris**byhemmer.

3. Rechtswidrigkeit und Schuld

Rechtswidrigkeit und Schuld liegen vor.

III. Urkundenfälschung, § 267 Var. 3 StGB

1. Objektiver Tatbestand

Indem A die unechte Urkunde dem Verlag zur Wahrnehmung zugänglich machte, hat A von dieser auch Gebrauch gemacht.

2. Subjektiver Tatbestand

Der subjektive Tatbestand ist erfüllt.

3. Rechtswidrigkeit und Schuld

Rechtswidrigkeit und Schuld liegen vor.

IV. Urkundenunterdrückung, § 274 I Nr. 1 StGB

Durch die Manipulation an der Immatrikulationsbescheinigung könnte A eine Urkundenunterdrückung begangen haben.

Die Immatrikulationsbescheinigung ist eine Urkunde, an welcher A kein alleiniges Beweisführungsrecht hat, die ihm also i.S.v. § 274 I Nr. 1 StGB nicht ausschließlich gehört.

Diese Urkunde könnte A beschädigt haben, indem er Papierschnipsel an ihr befestigte. Eine **Beschädigung** i.S.v. § 274 I Nr. 1 StGB liegt aber nur vor, wenn die Urkunde derart verändert wird, dass sie in ihrem Wert als Beweismittel beeinträchtigt wird.[193]

Da die Papierschnipsel jedoch ohne weiteres von der Immatrikulationsbescheinigung entfernt werden konnten, wurde diese in ihrem Beweiswert nicht beeinträchtigt.

Der objektive Tatbestand ist nicht erfüllt.

V. Fälschung technischer Aufzeichnung, § 268 I Nr. 1 StGB

Bei der Fotokopie müsste es sich um eine technische Aufzeichnung i.S.v. § 268 II StGB handeln.

Nach e.A. sind Fotokopien (sowie Filme und Tonbandaufnehmen) technische Aufzeichnungen, wenn sie zur Beweiserbringung bestimmt sind.[194]

Die h.M. spricht dagegen Fotokopien die Eigenschaften einer technischen Aufzeichnung ab, da diese nicht i.S.v. § 268 II StGB von einem technischen Gerät „selbsttätig bewirkt" würden.[195]

Unabhängig von dieser Streitigkeit fehlt es hier jedoch zumindest an einer tatbestandsmäßigen Handlung i.S.v. § 268 I Nr. 1 StGB, da die Kopie weder verfälscht wurde, noch unecht ist.

Unecht wäre sie nämlich nur, wenn sie überhaupt nicht das Ergebnis eines selbstständigen und unbeeinflussten Herstellungsvorgangs ist.[196]

In diesem Fall hat A den technischen Kopiervorgang jedoch nicht beeinflusst. Die Manipulation an der Immatrikulationsbescheinigung genügt nicht für die Annahme der Herstellung einer unechten technischen Aufzeichnung bzw. Verfälschung.

Der objektive Tatbestand ist nicht erfüllt.

[193] Schönke/Schröder, § 274, Rn. 8.

[194] Schönke/Schröder, § 268, Rn. 17.
[195] Krey, BT 1, Rn. 719.
[196] Schönke/Schröder, § 268, Rn. 33.

VI. Gesamtergebnis

B hat die Tatbestände des § 267 I Var. 1 StGB und § 267 I Var. 3 StGB erfüllt. Da B von Anfang an vorhatte, die verfälschte Urkunde auch zu gebrauchen, liegt nur ein Delikt vor.

hemmer-Methode: Nach der Rechtsprechung handelt es sich insoweit um eine tatbestandliche Handlungseinheit. Nach anderer Auffassung ist das Verfälschen mitbestrafte Vortat bzw. das Gebrauchen mitbestrafte Nachtat (Fischer, § 267, Rn. 58). Jede dieser Auffassungen ist gut vertretbar. Wichtig ist allein, dass Sie überhaupt zu den Konkurrenzen Stellung beziehen.

In Tateinheit, § 52 I StGB, hierzu hat A auch einen Betrug, § 263 I StGB, zu Lasten des Verlags begangen.

D. Zusammenfassung

Sound: Fotokopien als Urkunden; Fälschung technischer Aufzeichnungen.

Fotokopien, die als solche erkennbar sind, haben keine Urkundenqualität. Sehen Fotokopien hingegen täuschend echt aus und kommt es hierauf dem Täter auch an, liegt eine Urkunde i.S.v. § 267 I StGB vor.

E. Vertiefung

Zum Verhältnis von Fotokopien und Urkunden

- Hemmer/Wüst, StrafR BT II, Rn. 253.
- Hemmer/Wüst, Karteikarten StrafR BT II, Karte 96.

Aus der Rechtsprechung zu den Urkundendelikten

- Wesentliches Merkmal einer Urkunde ist die dauerhafte Verkörperung einer Gedankenerklärung. Wird eine Empfangsbestätigung auf einem Touchscreen oder Notepad erzeugt und dort digital archiviert, so handelt es sich bei dem elektronischen Ablieferbeleg nicht um eine Urkunde, da das digitale Dokument nur im Speicher oder auf dem Bildschirm existiert, aber nicht auf einem Gegenstand dauerhaft verkörpert ist, vgl. OLG Köln, Beschluss vom 01.10.2013 – III-1 RVs 191/13 = Life&Law 09/2014, 656 ff.
- Ein beim Empfänger ankommendes Telefax eines existenten Schriftstücks enthält – nicht anders als bei einer gewöhnlichen Fotokopie – für den Adressaten und jeden Außenstehenden offensichtlich nur die bildliche Wiedergabe der in jenem Schriftstück verkörperten Erklärung und stellt daher keine Urkunde dar, vgl. BGH, Beschluss vom 27.01.2010 – 5 StR 488/09 = Life&Law 12/2010, 828 ff.
- Der Fahrzeugschein ist eine öffentliche Urkunde im Sinne des § 271 StGB, siehe BGH, NStZ 2009, 387 ff. = Life&Law 12/2009, 825 ff.
- Zur Frage, ob ein Telefax eine “Urkunde” im Sinne der §§ 267 ff. StGB darstellt, siehe OLG Oldenburg, NStZ 2009, 391 ff. = Life&Law 10/2009, 674 ff.
- Zum Falschparken mit fotokopiertem Schwerbehindertenausweis siehe OLG Stuttgart, NJW 2006, 2869 f. = Life&Law 11/2006, 758 ff.

Fall 33: Anti-Blitz-Folie

Sachverhalt:

Der Hobbyautobahnraser Michael Macher, Spitzname Turbo-Michi, überklebt das Kennzeichen seines Fahrzeugs mit einer sogenannten Anti-Blitz-Folie, um seine Spritztouren unbehelligt von polizeilichen Radarkontrollen durchführen zu können. Es handelt sich dabei um eine reflektierende Klarsichtfolie, die nach Anbringung auf dem Nummernschild dazu führt, dass bei polizeilichen Geschwindigkeitskontrollen eine Identifizierung des fotografierten Fahrzeugs wesentlich erschwert wird, weil das amtliche Kennzeichen durch die Folie nur noch unzureichend auf der Fotografie erkennbar ist.

Bearbeitervermerk:

Wie hat sich Michael Macher (M) nach dem StGB strafbar gemacht? Es wird auf folgenden Auszug aus der Fahrzeug-Zulassungsverordnung (FZV) hingewiesen.
§ 10 Ausgestaltung und Anbringung der Kennzeichen
(2) Kennzeichenschilder dürfen nicht spiegeln, verdeckt oder verschmutzt sein; (…)

A. Einordnung

Der Fall setzt sich mit dem Begriff der zusammengesetzten Urkunde auseinander.

B. Gliederung

Strafbarkeit des M

I. Urkundenfälschung, § 267 I Var. 2 StGB

Objektiver Tatbestand (-)

a) Vorliegen einer echten Urkunde (+)
(P) Zusammengesetzte Urkunde

b) Verfälschen (-)

II. Urkundenunterdrückung, § 274 I Nr. 1 StGB

1. Objektiver Tatbestand (+)

a) Echte Urkunde (+)

b) Kein alleiniges Beweisführungsrecht (+)

c) Beschädigung (+)

d) Vernichtung (-)

e) Unterdrückung (+)

2. Subjektiver Tatbestand (-)

a) Vorsatz (+)

b) Nachteilszufügungsabsicht (-)

III. Ergebnis: Strafbarkeit (-)

C. Lösung

Strafbarkeit des M

I. Urkundenfälschung, § 267 I Var. 2 StGB

Durch die Anbringung der Anti-Blitz-Folie könnte M eine echte Urkunde verfälscht haben.

a) Vorliegen einer echten Urkunde

Das amtliche Nummernschild könnte für sich genommen eine Urkunde sein.

Unerheblich ist dabei, dass dem Nummernschild die Schriftstückqualität fehlt.

Denn nach der h.M. muss die Gedankenerklärung nicht in Textform verkörpert werden. Soweit die übrigen Voraussetzungen einer Urkunde gegeben sind, kann eine Gedankenerklärung auch in Zeichen und Symbolen verkörpert werden. In diesem Fall spricht man von einem sogenannten Beweiszeichen.[197]

Das amtliche Nummernschild müsste eine verkörperte Gedankenerklärung darstellen, welche dazu geeignet und bestimmt ist, im Rechtsverkehr Beweis zu erbringen und die ihren Aussteller erkennen lässt.

Das amtliche Nummernschild besteht aus dem Kennzeichen, welches mit dem Stempel der Zulassungsstelle versehen ist. Es ist dazu geeignet und subjektiv bestimmt, Beweis im Rechtsverkehr zu erbringen, da es der Sinn des Nummernschildes ist, mittels des Zulassungsstempels zu beweisen, dass ein bestimmter, unter dieser Nummer registrierter Pkw ordnungsgemäß zugelassen ist (z.B. dass eine Kfz-Haftpflichtversicherung des Halters besteht).

Daneben könnte das amtliche Nummernschild mit dem Fahrzeug eine sog. zusammengesetzte Urkunde darstellen.

Eine zusammengesetzte Urkunde liegt vor, wenn eine verkörperte Gedankenerklärung (oder eine Urkunde) mit einem Bezugsobjekt, auf das sich der Erklärungsinhalt bezieht, hinreichend fest (Untrennbarkeit ist jedoch nicht erforderlich) verbunden ist, so dass sich gerade aus dieser Verbindung die Erfüllung der Urkundenmerkmale ergibt.[198]

Vorliegend besteht durch das Verschrauben des Nummernschildes mit dem Pkw eine solche hinreichend feste Verbindung.

Der Pkw ist dabei das Bezugsobjekt, auf das sich der Erklärungsinhalt des Nummernschildes bezieht.

Durch diese Verbindung ergibt sich auch gerade die dem Nummernschild als solchem fehlende Beweiseignung und -bestimmung, da hierdurch der Erklärungsinhalt („ordnungsgemäße Zulassung") konkret auf einen bestimmten Pkw bezogen wird.

Zudem ist auch (zumindest konkludent) die Zulassungsstelle als Ausstellerin erkennbar. Im Ergebnis ist daher festzustellen, dass das amtliche Nummernschild (Kennzeichen + Stempelplakette) für sich betrachtet sowie in Verbindung mit dem Fahrzeug eine zusammengesetzte Urkunde darstellt.

hemmer-Methode: Ein weiteres klausurrelevantes Beispiel für eine zusammengesetzte Urkunde ist ein Kaufgegenstand mit dem darauf befindlichen Preisschild, soweit dieses mit der Ware hinreichend fest verbunden ist (Hemmer/Wüst, StrafR BT II, Rn. 255).

Eine echte Urkunde i.S.v. § 267 I Var. 2 StGB liegt damit vor.

b) Verfälschen

Verfälscht wird eine echte Urkunde, wenn sie durch unbefugte nachträgliche Änderungen etwas anderes aussagt, als der Aussteller erklärt hat.[199] Auf den ersten Blick sorgt die Anti–Blitz–Folie nicht für einen anderen Erklärungsinhalt, sondern nur dafür, dass das Kennzeichen in bestimmten Fällen nicht bzw. schlecht lesbar ist. Allerdings könnte der Beweisinhalt noch über die Buchstaben-/Zahlenkombination hinausgehen.

197 Siehe zu den Beweiszeichen Fall 31.

198 Schönke/Schröder, § 267, Rn. 36a.

199 Lackner/Kühl, § 267, Rn. 20 f.

Es ist daher zunächst zu ermitteln, was der ursprüngliche Beweisinhalt der zusammengesetzten Urkunde war.

Die Kfz-Kennzeichen haben eine genaue, bis ins Einzelne gehende Regelung gefunden (vgl. StVZO).

Bestandteil der Zuteilung eines Kfz-Kennzeichens ist auch die amtliche Abstempelung des Kennzeichens, die durch Anbringung einer Stempelplakette erfolgen kann, vgl. § 10 II FZV.

Bei dieser Abstempelung muss die Zulassungsstelle prüfen, ob das Kennzeichen, insbesondere seine Ausgestaltung und Anbringung, ordnungsgemäß sind. Die Stempelplakette erbringt dabei unter anderem Beweis darüber, dass die Anforderungen an das Kennzeichen erfüllt sind. Hiernach dürfen Kennzeichen nicht spiegeln und nicht mit Folien versehen sein.

Die Beweisrichtung der Stempelplakette bezieht sich jedoch nur darauf, dass das Kennzeichen zum Zeitpunkt der Zulassung den Anforderungen der FZV entspricht.[200]

Schon aus diesem Grund muss ein Verfälschen der Urkunde durch das nachträgliche Aufbringen der Folie abgelehnt werden, da auf den genannten gedanklichen Inhalt der Urkunde durch eine nachträgliche Manipulation gar nicht mehr eingewirkt werden kann.

Darüber hinaus nimmt der BGH an, dass, selbst wenn die Stempelplakette Aussagen über den gegenwärtigen Zustand des Kennzeichens treffen würde, kein Verfälschen i.S.v. § 267 I Var. 2 StGB vorliegt.

Denn die Manipulationen (Überziehen des Kennzeichens mit Folie) ändern nichts an der Gedankenerklärung der Stempelplakette, vielmehr wirken sie sich nur auf das Kennzeichen aus, welches durch die Manipulationen schwerer ablesbar wird.

hemmer-Methode: Die Manipulation am Bezugsobjekt reicht somit nicht für die Tathandlung des Verfälschens aus. Dagegen liegt ein Verfälschen vor, wenn das Bezugsobjekt ganz ausgetauscht wird (Kennzeichen wird an einem anderen Kfz angebracht).

Somit wurde die zusammengesetzte Urkunde nicht i.S.v. § 267 I Var. 2 StGB verfälscht. Der objektive Tatbestand ist nicht erfüllt.

II. Urkundenunterdrückung, § 274 I Nr. 1 StGB

1. Objektiver Tatbestand

a) Eine Urkunde liegt vor, siehe oben.

b) An der zusammengesetzten Urkunde hat M auch kein ausschließliches Beweisführungsrecht. Dieses steht auch Dritten zu. Die Urkunde gehört dem M damit nicht i.S.v. § 274 I Nr. 1 StGB.

c) M könnte die Urkunde beschädigt haben. Ein Beschädigen i.S.v. § 274 I Nr. 1 StGB liegt vor, wenn an Substanz oder Inhalt der Urkunde Veränderungen vorgenommen werden, die sie in ihrem Wert als Beweismittel beeinträchtigen.[201]

Die Anti-Blitz-Folie ist durchsichtig. Die Beweiseignung der Gesamturkunde wird also eigentlich nicht beeinträchtigt, zumal die Urkunde nach wie vor ablesbar ist.

200 BGHSt 11, 165.

201 Schönke/Schröder, § 274, Rn. 8.

Allerdings führt die Anti-Blitz-Folie gerade für den wichtigen Fall der Erkennbarkeit bei polizeilichen Geschwindigkeitskontrollen zu einer wesentlichen Einschränkung der Ablesbarkeit des amtlichen Kennzeichens. Die Beweiseignung der Urkunde ist folglich in dieser Hinsicht beeinträchtigt.

Damit ist die Urkunde i.S.v. § 274 I Nr. 1 StGB beschädigt.

d) Eine „Vernichtung" der Urkunde kann dagegen nicht angenommen werden, da dies die vollkommene Beseitigung des Beweiswertes der Urkunde erfordern würde, was hier nicht der Fall war.

e) Weiterhin kommt ein Unterdrücken in Betracht.

Unterdrücken ist jede auch nur vorübergehende Verhinderung der Benutzung der Urkunde als ein Beweismittel durch den Berechtigten.[202]

Durch das Überkleben wurde das Nummernschild der Beweisnutzung durch die Polizei bei Geschwindigkeitskontrollen entzogen. Eine Unterdrückung einer Urkunde liegt somit vor.

2. Subjektiver Tatbestand

a) M hat vorsätzlich gehandelt.

b) Weiterhin müsste M mit Nachteilszufügungsabsicht gehandelt haben.

Hier wollte M jedoch „nur" staatlichen Sanktionen im Straf- und Bußgeldverfahren entgehen. Dies genügt nach allgemeiner Ansicht nicht für die Annahme einer Nachteilszufügungsabsicht im Sinne von § 274 I StGB.[203] Denn der Täter muss in der Absicht handeln, einem „anderen" Nachteil zuzufügen.

Aufgrund dieses Individualbezugs werden Interessen der Allgemeinheit hiervon nicht berührt (a.A. vertretbar).

Der subjektive Tatbestand ist damit nicht erfüllt. M hat sich nicht gem. § 274 I Nr. 1 StGB strafbar gemacht.

III. Gesamtergebnis

M hat sich nicht nach dem StGB strafbar gemacht.

Allerdings liegt eine Strafbarkeit gemäß § 22 I Nr. 3 StVG vor.

hemmer-Methode: Die Existenz von § 22 StVG zeigt bereits, dass insoweit Strafbarkeitslücken im StGB bestehen. Sonst hätte der Gesetzgeber nicht im „Nebenstrafrecht" einen entsprechenden Sondertatbestand geschaffen.

D. Zusammenfassung

Sound:
Zusammengesetzte Urkunden.

Eine **zusammengesetzte Urkunde** liegt vor, wenn eine verkörperte Gedankenerklärung (oder eine Urkunde) mit einem **Bezugsobjekt** (Kfz), auf das sich der Erklärungsinhalt bezieht, räumlich **fest** (Untrennbarkeit ist jedoch nicht erforderlich) **verbunden** ist, so dass sich gerade aus dieser Verbindung die Erfüllung der Urkundenmerkmale ergibt.

Eine Verfälschung liegt hier nur dann vor, wenn der Erklärungsinhalt der verkörperten Gedankenklärung nachträglich inhaltlich verändert wird. Manipulationen am Bezugsobjekt genügen nicht.

[202] Krey, BT 1, Rn. 538.
[203] Vgl. Fischer, § 274, Rn. 9.

Der Erklärungsinhalt einer Stempelplakette bezieht sich allein darauf, dass das Kennzeichen **zum Zeitpunkt der Zulassung** den Anforderungen des § 10 FZV entspricht.

E. Vertiefung

Zur zusammengesetzten Urkunde

- Hemmer/Wüst, StrafR BT II, Rn. 255 und 271.
- Hemmer/Wüst, Karteikarten StrafR BT II, Karte 97.

Zur Urkundenunterdrückung

- Hemmer/Wüst, Karteikarten StrafR BT II, Karte 102.

Aus der Rechtsprechung zu den Urkundendelikten

- Das Benutzen eines Kfz mit auf einem Kennzeichen angebrachter gefälschter Prüfplakette stellt nur dann eine Urkundenfälschung gem. § 267 I StGB dar, wenn auch die zum Kfz gehörende Zulassungsbescheinigung Teil I entsprechend gefälscht ist. Denn ohne eine entsprechende Eintragung ist kein Aussteller erkennbar, vgl. BayObLG, Beschluss vom 20.01.2020 – 207 StRR 2737/19 = Life&Law 11/2020, 748-751.
- „Blenden einer Verkehrsüberwachungsanlage“, OLG München, NJW 2006, 2132 f. = Life&Law 10/2006, 689 ff.: Das Anbringen von Reflektoren, mit denen die von der Kamera einer Verkehrsüberwachungsanlage gefertigte Aufnahme unbrauchbar gemacht wird, erfüllt nicht den Tatbestand des § 268 III StGB. Es soll jedoch eine Strafbarkeit wegen § 303 StGB in Betracht kommen (str.).
- Urkundenfälschung durch Übermalen von Kfz-Prüfplaketten mit rosafarbenem Nagellack: AG Waldbröl, NJW 2005, 2870.

Fall 34: Fernabsatzverträge

Sachverhalt:

David Dose bestellte dreimal per Postkarte beim Versandhaus „Qualle“ verschiedene technische Geräte, obwohl er von vornherein wusste, dass er nicht über die finanziellen Mittel zur Bezahlung des Kaufpreises verfügte. Er wusste auch, dass seine persönlichen Daten computermäßig hinsichtlich des Rufnamens, des Familiennamens und der Anschrift erfasst waren und dass beim Überschreiten der vom Versandhaus festgesetzten Bonitätsgrenze Bestellungen nicht mehr ausgeführt werden. Daher benutzte er bei seiner zweiten Bestellung seinen zweiten Vornamen Dieter neben seinem Rufnamen und gab bei der dritten Bestellung eine falsche Hausnummer an, da er damit rechnete, dass der Postbote den abweichenden Namen und die abweichende Zustellungsanschrift als unerheblich erachten und ihm die Geräte trotzdem zustellen würde, was auch geschah.

Bearbeitervermerk:

Hat sich David Dose (D) gem. § 267 StGB strafbar gemacht?

A. Einordnung

Der Fall beschäftigt sich mit der Herstellung einer unechten Urkunde trotz Verwendung des eigenen Namens.

B. Gliederung

Strafbarkeit des D

I. Urkundenfälschung, § 267 I StGB

1. Objektiver Tatbestand (+)

a) Urkunde (+)

b) § 267 I Var. 1 StGB (+)

c) § 267 I Var. 3 StGB (+)

2. Subjektiver Tatbestand (+)

3. Rechtswidrigkeit und Schuld (+)

II. Urkundenfälschung, § 267 I StGB

1. Objektiver Tatbestand (+)

2. Subjektiver Tatbestand (+)

3. Rechtswidrigkeit und Schuld (+)

III. Ergebnis:
§ 267 I StGB in zwei Fällen (+)

C. Lösung

Strafbarkeit des D

I. Urkundenfälschung durch Verwenden des zweiten Vornamens, § 267 I StGB

Indem D beim zweiten Bestellschreiben seinen zweiten Vornamen verwendete, könnte er eine Urkundenfälschung begangen haben.

1. Objektiver Tatbestand

a) Das zweite Bestellschreiben ist eine verkörperte menschliche Gedankenerklärung („Ich möchte dieses Gerät bestellen“), die im Rechtsverkehr Beweis erbringen kann und soll (Nachweis einer Willenserklärung) und einen Aussteller erkennen lässt.

b) In Betracht kommt die 1. Variante (Herstellen einer unechten Urkunde).

Voraussetzung hierfür ist eine Täuschung über die Identität des Ausstellers, also nicht eine bloße Täuschung über seinen Namen.

Daher kann auch eine mit dem richtigen Namen versehene Urkunde unecht sein, wenn damit der Anschein eines anderen Ausstellers erweckt wird.[204]

Diese Auslegung ist im Hinblick auf die von § 267 StGB geschützten Rechtsgüter (Sicherheit und Zuverlässigkeit des Rechtsverkehrs mit Urkunden) geboten.

In vorliegenden Fall wurde durch die Verwendung des zweiten Vornamens der Anschein erweckt, der Besteller unterscheide sich von demjenigen, den das Versandhaus bereits computermäßig erfasst hat.

Damit liegt eine Täuschung über den wahren Aussteller vor. Der objektive Tatbestand des § 267 I Var. 1 StGB ist erfüllt.

hemmer-Methode: Entscheidend für die Verwirklichung der Urkundenfälschung ist grundsätzlich die jeweilige Beweissituation unter Berücksichtigung des konkreten Verwendungszwecks der Urkunde und nicht die Frage, ob der Täter berechtigt ist, diesen Namen zu führen.

c) D hat das Bestellschreiben abgesendet. Damit liegt auch ein Gebrauchmachen von einer unechten Urkunde vor, § 267 I Var. 3 StGB.

Da D von Anfang an vorhatte, diese unechte Urkunde zu verwenden, liegt nur eine Urkundenfälschung vor (sog. tatbestandliche Handlungseinheit).

2. Subjektiver Tatbestand

D handelte auch vorsätzlich und mit der Absicht, eine Täuschung im Rechtsverkehr zu begehen.

3. Rechtswidrigkeit und Schuld

Rechtswidrigkeit und Schuld liegen vor.

II. Urkundenfälschung durch die Angabe der falschen Adresse, § 267 I StGB

Durch die Angabe einer falschen Adresse bei der dritten Bestellung könnte sich D wiederum wegen einer Urkundenfälschung strafbar gemacht haben.

1. Objektiver Tatbestand

Fraglich ist, ob auch die Angabe einer falschen Adresse eine Identitätstäuschung darstellt. Hierbei ist zu beachten, dass der Name zwar das wichtigste, keineswegs aber das einzige Identifikations- und Unterscheidungsmerkmal im Rechtsverkehr ist. Als weiteres Unterscheidungsmerkmal kommt z.B. im Versandhandel das Geburtsdatum in Betracht.[205]

Bei der Anschrift handelt es sich dagegen üblicherweise nicht um ein zur Identifizierung geeignetes Merkmal einer Person mit selbstständiger Bedeutung für die Identitätsbestimmung. Eine insoweit bewusst unrichtige Angabe erschwert zwar die Beweisführung im Rechtsverkehr, ist aber grundsätzlich keine Identitätstäuschung i.S.v. § 267 StGB, da nicht vorgegeben wird, der Aussteller sei eine andere Person als diejenige, die nach dem Wortlaut der Urkunde als solcher erscheint.

---

[204] Vgl. Schönke/Schröder, § 267, Rn. 52.

[205] BGHSt 1, 121.

Für Rechtsgeschäfte, die mittels Datenverarbeitungsanlagen abgewickelt werden, kann dies jedoch nicht uneingeschränkt gelten. Hier kommt es darauf an, ob diese Person bereits datenmäßig erfasst ist. Wenn eine andere Anschrift angegeben ist, gilt der Besteller als neuer Kunde. Daher ist in diesem Fall auch die Anschrift als Identifikations- und Unterscheidungskriterium anzusehen, so dass hier eine Identitätstäuschung und damit eine unechte Urkunde vorliegt.

Hinsichtlich des Gebrauchmachens von einer unechten Urkunde gelten die obigen Ausführungen entsprechend, so dass das Vorliegen des objektiven Tatbestandes des § 267 I Var. 3 StGB ebenfalls zu bejahen ist.

2. Subjektiver Tatbestand

Der subjektive Tatbestand ist erfüllt.

3. Rechtswidrigkeit und Schuld

Rechtswidrigkeit und Schuld liegen vor.

III. Ergebnis

D hat sich wegen einer Urkundenfälschung in zwei Fällen strafbar gemacht, §§ 267 I, 53 I StGB.

hemmer-Methode: Im Übrigen würde auch jeweils ein Eingehungsbetrug vorliegen, §§ 263 I, 53 I StGB.

D. Zusammenfassung

Sound: Identitätstäuschung; Aussteller; Identifikations- und Unterscheidungsmerkmale.

Bei § 267 I StGB kommt es nicht auf eine Täuschung über den Namen des Ausstellers an, sondern auf eine Täuschung über die Identität des Ausstellers.

Bei der Frage nach der Identität des Ausstellers ist der Name das wichtigste, keineswegs aber das einzige Identifikations- und Unterscheidungsmerkmal. Bei anderen in Betracht kommenden Identifikations- und Unterscheidungsmerkmalen ist auf die jeweilige Beweissituation unter Berücksichtigung des konkreten Verwendungszwecks der Urkunde abzustellen.

E. Vertiefung

Zur Identitätstäuschung

- Hemmer/Wüst, StrafR BT II, Rn. 260 ff.
- Hemmer/Wüst, Karteikarten StrafR BT II, Karte 98.

Fall 35: Der unsichtbare Beifahrer

Sachverhalt:

Der Lkw – Fahrer Manni war mit seinem Lkw älteren Baujahrs unterwegs. Bei Fahrtantritt legte er in den Fahrtenschreiber sowohl auf der Fahrer- als auch auf der Beifahrerseite jeweils eine Diagrammscheibe ein, obwohl sich kein Beifahrer im Lkw befand. Nachdem er eine längere Zeit unterwegs war, wechselte Manni bei einem kurzen Zwischenstopp die Diagrammscheiben gegeneinander aus. Auf der Scheibe, die nun im Fahrerfach lag, trug Manni spätestens zu diesem Zeitpunkt seinen Namen und das Datum der Fahrt ein. Die andere Scheibe blieb namenlos. Durch diese Vorgehensweise wollte Manni verschleiern, dass er keine ausreichende Ruhezeit eingehalten und dadurch die zulässige Lenkzeit überschritten hatte.

Bearbeitervermerk:

Hat sich Manni (M) nach dem StGB strafbar gemacht?

A. Einordnung

Der Fall befasst sich mit der Fälschung technischer Aufzeichnungen. Des Weiteren wird noch einmal die Problematik zusammengesetzter Urkunden behandelt.

B. Gliederung

Strafbarkeit des M

I. Fälschung technischer Aufzeichnungen, § 268 StGB

⇨ Objektiver Tatbestand (-)

a) **Technische Aufzeichnung i.S.v. § 268 II** StGB (+)

b) Herstellen einer unechten technischen Aufzeichnung, § 268 I Nr. 1 StGB (-)

c) Störende Einwirkung auf den Aufzeichnungsvorgang (-)

II. Urkundenfälschung, § 267 I StGB

⇨ Objektiver Tatbestand (-)

a) Tatobjekt (+)

b) Herstellen einer unechten Urkunde (-)

C. Lösung

Strafbarkeit des M

I. Fälschung technischer Aufzeichnungen, § 268 StGB

hemmer-Methode: Bei der Auslegung des § 268 StGB ist Sinn und Zweck der Vorschrift zu berücksichtigen:
„§ 268 StGB dient dem Schutz des Vertrauens in die Zuverlässigkeit technisch selbständiger Aufzeichnungen. Der Rechtsverkehr soll sich darauf verlassen, dass die Aufzeichnungen so wie sie vorliegen, aus einem Herstellungsvorgang stammen, der in seinem Ablauf durch die selbsttätige Arbeitsweise des betreffenden Geräts zwangsläufig vorgegeben ist, so dass hierdurch die Aufzeichnungen als das Ergebnis eines automatisierten Herstellungsvorgangs die Vermutung inhaltlicher Richtigkeit für sich haben“, vgl. BGHSt 40, 26.

Objektiver Tatbestand

a) Technische Aufzeichnung i.S.v. § 268 II StGB

Die Aufzeichnungen eines Fahrtenschreibers auf den eingelegten Diagrammscheiben sind technische Aufzeichnungen i.S.v. § 268 II StGB.

b) Herstellen einer unechten technischen Aufzeichnung, § 268 I Nr. 1 StGB

Durch das Eintragen seines Namens und das Austauschen der beiden Diagrammscheiben könnte sich M gem. § 268 I Nr. 1 StGB strafbar gemacht haben.

Dem Herstellen einer unechten technischen Aufzeichnung steht es gleich, wenn der Täter durch störende Einwirkung auf den Aufzeichnungsvorgang das Ergebnis der Aufzeichnung beeinflusst, § 268 III StGB.

An den Aufzeichnungen des Fahrtenschreibers als solchen hat M jedoch nicht manipuliert. Dass die beiden Diagrammscheiben gegeneinander ausgetauscht und wieder in das Gerät eingelegt wurden, war ein der technischen Eigenart und Verwendung des Geräts entsprechender Vorgang. Die technischen Aufzeichnungen auf den Diagrammscheiben blieben unberührt.

M hat somit keine unechte technische Aufzeichnung i.S.v. § 268 I Nr. 1, III StGB hergestellt.

c) Störende Einwirkung auf den Aufzeichnungsvorgang

M könnte eine störende Einwirkung auf den Aufzeichnungsvorgang i.S.v. § 268 III StGB vorgenommen haben.

Eine störende Einwirkung auf den Aufzeichnungsvorgang i.S.v. § 268 III StGB kann sich zum einen auf die Anzeigeeinrichtung, zum anderen auf den Gegenstand (Medium) der Darstellung beziehen. Da die technische Aufzeichnung durch die Selbsttätigkeit des technischen Vorganges gekennzeichnet ist, sind daher alle Eingriffe in diese Selbsttätigkeit als störende Einwirkung auf den Aufzeichnungsvorgang zu qualifizieren.[206]

Fremdbetätigungen des technischen Gerätes, die von seiner Funktionsweise her vorgesehen sind (wie z.B. Öffnen und Schließen des Gerätes), fallen demnach nicht hierunter.

Entscheidend ist somit nicht, ob das Gerät – bei Wahrung seiner ordnungsgemäßen technischen Funktionsweise, d.h. ohne störenden Eingriff auf die Technik des Gerätes – nicht so bedient werden darf.

Im vorliegenden Fall hat M nicht auf die technische Funktionsweise des Fahrtenschreibers eingewirkt. Mit dem Entnehmen und Einlegen der Diagrammscheiben hat M den Fahrtenschreiber vielmehr entsprechend seiner Funktionsweise bedient.

Der Umstand, dass M vortäuschen wollte, er habe die Lenk- und Ruhezeiten eingehalten, führt zu keiner anderen Beurteilung.

Darüber, ob im Fahrzeug tatsächlich mehrere Fahrer zur Verfügung stehen, sagen der Fahrtenschreiber und seine technischen Aufzeichnungen nichts aus. Das Gerät kann nämlich auch durch einen Fahrer so bedient werden, dass es Aufzeichnungen tätigt, die das Vorhandensein von zwei Fahrern indizieren, ohne dass er auf die technische Funktionsweise des Geräts einwirkt.

[206] Schönke/Schröder, § 268, Rn. 48.

Der Fahrtenschreiber dokumentiert nur, ob eine Diagrammscheibe auch im Beifahrerschacht eingelegt ist bzw. war und eine Ruhezeit aufgezeichnet wurde. Er misst also gerade nicht, ob auch tatsächlich zwei Fahrer anwesend gewesen sind.

Folglich wird nicht die Zuverlässigkeit des technischen Herstellungsvorgangs in Frage gestellt, sondern nur die Zuverlässigkeit entsprechender Bekundungen des auf dem Schaublatt eingetragenen Fahrers. Das Vertrauen auf die inhaltliche Richtigkeit der Bekundungen des M wird durch § 268 StGB aber nicht geschützt.

Eine störende Einwirkung i.S.v. § 268 III StGB liegt damit nicht vor.

hemmer-Methode: Die Rechtsprechung hat eine störende Einwirkung in folgenden Fällen angenommen: Verwenden gerätefremder Diagrammscheiben; Verbiegen des Geschwindigkeitsschreibers; Verstellen der Zeituhr eines Kontrollgerätes.

II. Urkundenfälschung, § 267 I StGB

1. Objektiver Tatbestand

a) Tatobjekt

aa) Die mit dem Namen des M versehene Diagrammscheibe ist eine Urkunde i.S.v. § 267 I StGB, wenn es sich dabei um eine verkörperte menschliche Gedankenerklärung handelt, die zum Beweis im Rechtsverkehr geeignet und bestimmt ist und ihren Aussteller zu erkennen gibt.

Dabei ist vorliegend zwischen den Aufzeichnungen auf den Diagrammscheiben, die durch den Fahrtenschreiber bewirkt werden und den Eintragungen auf den Diagrammscheiben, die durch den Fahrer vorgenommen werden, zu unterscheiden.

bb) Die Aufzeichnungen auf den Diagrammscheiben enthalten für sich genommen keine menschliche Gedankenerklärung. Sie sind sogenannte Augenscheinsobjekte, denen der Urkundencharakter fehlt.

Insoweit scheidet eine Urkundenfälschung aus.

cc) Indem M jedoch seinen Namen und das Datum der Fahrt auf der einen Scheibe eintrug, welche bereits Aufzeichnungen hinsichtlich des „Beifahrers“ enthielt, könnte M eine zusammengesetzte Urkunde hergestellt haben.

Eine zusammengesetzte Urkunde liegt vor, wenn eine verkörperte Gedankenerklärung (oder eine Urkunde) mit einem Bezugsobjekt, auf das sich der Erklärungsinhalt bezieht, hinreichend fest (Untrennbarkeit ist jedoch nicht erforderlich) verbunden ist, so dass sich gerade aus dieser Verbindung die Erfüllung der Urkundsmerkmale ergibt.[207]

Die Eintragungen (Name, Datum) haben für sich genommen noch keinen Gedankeninhalt.

Durch die Verbindung mit dem Bezugsobjekt (Diagrammscheibe) erlangen die Eintragungen jedoch den für den Urkundencharakter erforderlichen Gedankeninhalt, der darin besteht, dass der auf der Diagrammscheibe eingetragene Fahrer zu der eingetragenen Zeit das betreffende Fahrzeug geführt bzw. nicht geführt hat.

hemmer-Methode: Da dieser Gedankeninhalt nicht schriftlich ausformuliert ist, liegt insoweit ein Beweiszeichen vor.

[207] Schönke/Schröder, § 267 Rn. 36a.

Diese sich aus der zusammengesetzten Urkunde ergebende Gedankenerklärung ist auch zum Beweis im Rechtsverkehr objektiv geeignet und subjektiv bestimmt und lässt ihren Aussteller erkennen.

Damit liegt eine zusammengesetzte Urkunde vor.

b) Herstellen einer unechten Urkunde

Da M im Nachhinein an den Urkunden keine Veränderungen vorgenommen hat, könnte er allenfalls § 267 I Var. 1 StGB verwirklicht haben.

Allerdings hat M seinen zutreffenden Namen eingetragen und damit nicht über den wahren Aussteller getäuscht. Soweit dadurch die auf der Diagrammscheibe aufgezeichnete Ruhezeit, welche von M nicht eingehalten wurde, diesem zugerechnet wird, liegt nur eine „schriftliche Lüge" des wahren Ausstellers vor. Inhaltlich unwahre Angaben in echten Urkunden (schriftliche Lügen) sind aber nur bezüglich öffentlicher Urkunden (§§ 271, 348 StGB) strafbar.

M hat sich damit nicht nach dem StGB strafbar gemacht.

D. Zusammenfassung

Sound: Technische Aufzeichnungen; Zusammengesetzte Urkunde; Schriftliche Lüge.

Der Herstellung einer unechten technischen Aufzeichnung steht es gleich, wenn der Täter durch störende Einwirkung auf den Aufzeichnungsvorgang das Ergebnis der Aufzeichnung beeinflusst, § 268 III StGB.

Dabei kommt es nicht darauf an, ob sich die Eingriffe auf den Gegenstand (Medium) der Darstellung oder auf die Anzeigeeinrichtung beziehen.

Inhaltlich unwahre Angaben in echten Urkunden (schriftliche Lügen) sind nur bezüglich öffentlicher Urkunden (§§ 271, 348 StGB) strafbar.

E. Vertiefung

Zur Fälschung technischer Aufzeichnungen

- Hemmer/Wüst, StrafR BT II, Rn. 276 ff.
- Hemmer/Wüst, Karteikarten StrafR BT II, Karte 101.

Rechtsprechung zur Fälschung technischer Aufzeichnungen

- Eine technische Aufzeichnung verfälscht, wer die durch die Aufzeichnung ausgewählten und fixierten Zeichen durch imitierte Zeichen ergänzt, löscht oder (teilweise) ersetzt und damit den Eindruck erweckt, als seien diese das nach ordnungsgemäßem Herstellungsvorgang produzierte Ergebnis des Geräts. Die Verfälschung kann sich auf den Inhalt der Aufzeichnung oder auf den perpetuierten Beweisbezug beziehen, vgl. BGH, Beschluss vom 16.04.2015 – 1 StR 490/14 = Life&Law 11/2015, 827 ff.

Kapitel XI: Brandstiftungsdelikte

Fall 36: Borneo brennt!

Sachverhalt:

Nero ist Eigentümer eines Mehrfamilienhauses. Eine Wohnung bewohnt er selbst, eine andere hat er an die Familie Meyer vermietet. Die restlichen Wohnungen stehen leer. Als Familie Meyer in Urlaub fährt, entschließt sich Nero für einen „warmen Abbruch". Er sieht in allen Wohnungen nach, ob sich noch Menschen darin befinden. Nachdem er sichergestellt hat, dass sich niemand mehr im Haus befindet, zündet er seine Wohnungstür an. Als er diese in Flammen stehen sieht, überkommt ihn ein Sinneswandel, der ihn dazu bewegt, das Feuer zu löschen.

Bearbeitervermerk:

Hat sich Nero (N) gem. der §§ 306 ff. StGB strafbar gemacht?

A. Einordnung

Der Fall beschäftigt sich mit dem Tatbestandsmerkmal des Inbrandsetzens, der Möglichkeit einer Entwidmung und der Frage, ob § 306a I StGB teleologisch zu reduzieren ist, wenn im konkreten Fall keine Menschen gefährdet wurden.

B. Gliederung

Strafbarkeit des N

I. Brandstiftung, § 306 I Nr. 1 Alt. 1 StGB

⇨ Objektiver Tatbestand (-)

II. Schwere Brandstiftung, § 306a I Nr. 1 Var. 1 StGB

1. Objektiver Tatbestand (+)

a) Tatobjekt (+)
(P) Entwidmung

b) Inbrandsetzen (+)

c) Ganzes oder teilweises Zerstören (+)

d) Teleologische Reduktion? (-)

2. Subjektiver Tatbestand (+)

3. Rechtswidrigkeit und Schuld (+)

4. Tätige Reue gem. § 306e I StGB (+)

C. Lösung

Strafbarkeit des N

I. Brandstiftung, § 306 I Nr. 1 Alt. 1 StGB

Entgegen der Überschrift des 28. Abschnitts ist § 306 StGB keine gemeingefährliche Straftat, sondern ein besonderer Fall der Sachbeschädigung. Geschützt wird also nur das fremde Eigentum.[208]

Für N als Eigentümer des betreffenden Gebäudes fehlt es bereits an der erforderlichen Fremdheit des Tatobjekts. Der objektive Tatbestand ist nicht erfüllt.

[208] Joecks, § 306, Rn. 1.

II. Schwere Brandstiftung, § 306a I Nr. 1 Var. 1 StGB

Indem N seine Wohnungstür angezündet hat, könnte er eine schwere Brandstiftung i.S.v. § 306a I Nr. 1 Var. 1 StGB begangen haben.

1. Objektiver Tatbestand

a) Das Mehrfamilienhaus des N müsste ein Gebäude sein, welches der Wohnung von Menschen dient.

Das Gebäude wurde von N bewohnt. Allerdings hat er selbst das Feuer entzündet, so dass in dieser Hinsicht von einer Entwidmung auszugehen wäre. Zündet nämlich der Bewohner des Gebäudes dieses selbst an bzw. erteilt er seine Einwilligung hierzu, entfällt die Widmung des Gebäudes zu Wohnzwecken.[209]

Die Entwidmung muss jedoch durch alle Bewohner erfolgen. Es kommt nicht auf den Willen des Eigentümers an.

Hier bewohnte noch die Familie Meyer das betreffende Gebäude. Diese hat keine Einwilligung in das Abrennen des Hauses erteilt, so dass es insoweit an einem Entwidmungsakt fehlt.

Der Umstand, dass die Familie Meyer in Urlaub gefahren ist, ändert daran nichts, denn selbst bei längeren Reisen wird im Umkehrschluss zu § 306a I Nr. 3 StGB eine Entwidmung nicht angenommen.[210]

Damit liegt ein Gebäude vor, das der Wohnung von Menschen dient.

b) N könnte das Gebäude in Brand gesetzt haben.

In Brand gesetzt ist ein Tatobjekt, wenn zumindest Teile des Objektes so vom Feuer erfasst werden, dass das Feuer aus eigener Kraft, d.h. ohne Fortwirken des Zündstoffes, weiterbrennt.[211]

Bei Gebäuden wird weiterhin vorausgesetzt, dass es sich um Teile handelt, die für den bestimmungsgemäßen Gebrauch wesentlich sind.[212]

In diesem Fall hat N seine Wohnungstür angezündet. Diese brannte eigenständig ohne Fortwirkung des Zündstoffes, was sich zumindest daraus ergibt, dass N das entstandene Feuer durch aktives Tun löschen musste.

Die Wohnungstür ist auch ein Gebäudeteil, welcher für den bestimmungsgemäßen Gebrauch eines Wohnhauses wesentlich ist.

Anmerkung: Weitere Beispiele für wesentliche Teile: Fensterrahmen; Flurtreppe; Fußboden; Gegenbeispiele: Einrichtungsgegenstände; Gardinen; Tapeten; Regale.

N hat somit ein Gebäude, das der Wohnung von Menschen dient, in Brand gesetzt.

c) Weiterhin könnte er das Gebäude durch Brandlegung ganz oder teilweise zerstört haben.

Das Tatobjekt ist zerstört, wenn es vernichtet wird oder seine bestimmungsgemäße Brauchbarkeit völlig verliert.[213]

Dies war hier nicht der Fall.

Ein teilweises Zerstören liegt vor, wenn Teile des Tatobjekts, die für seinen bestimmungsgemäßen Gebrauch wesentlich sind, unbrauchbar geworden sind.[214] Für die Wesentlichkeit gelten dieselben Grundsätze wie für das Inbrandsetzen.[215]

---

209 Joecks, § 306a, Rn. 4.
210 Joecks, § 306a, Rn. 5.
211 Joecks, § 306, Rn. 18.
212 Joecks, § 306, Rn. 19.
213 Joecks, § 306, Rn. 22.
214 Joecks, § 306, Rn. 22.
215 Rengier, BT II, § 40 Rn. 8.

Geht man vorliegend davon aus, dass die Wohnungstür durch die Brandlegung unbrauchbar wurde, liegt auch ein teilweises Zerstören eines Gebäudes durch Brandlegung vor.

d) Fraglich ist jedoch, ob hier der objektive Tatbestand durch eine teleologische Reduktion eingeschränkt werden muss.

Hier bieten sich zwei Ansatzpunkte für eine teleologische Reduktion an:

Zum einen hat sich N vergewissert, dass sich niemand mehr in dem Gebäude befand, als er das Feuer legte. Es kam daher zu keiner konkreten Gefährdung eines Menschen.

Auf eine konkrete Gefährdung eines Menschen kommt es bei § 306a I Nr. 1 StGB jedoch nicht an. Bei § 306a I StGB handelt es sich nämlich um ein abstraktes Gefährdungsdelikt.

Allerdings liegt der Strafgrund des § 306a I StGB als abstraktes Gefährdungsdelikt gerade darin, dass zumindest die Möglichkeit bestehen muss, dass ein Mensch gefährdet werden könnte.

Ist eine Gefährdung aber von vorneherein **mit hinreichender Sicherheit** ausgeschlossen, fehlt es, insbesondere in Hinblick auf den Strafrahmen von bis zu 15 Jahren (vgl. § 38 II StGB), an der Strafwürdigkeit der Tat.

Umstritten ist jedoch, anhand welches Maßstabs eine derartige hinreichende Sicherheit bejaht werden kann.

So soll es nach einer Ansicht ausreichend sein, wenn sich der Täter vergewissert, dass sich keine Person mehr in dem Gebäude befindet und er dabei die größtmögliche Sorgfalt anwendet.[216]

Nach dieser Ansicht wäre eine teleologische Reduktion in diesem konkreten Fall möglich.

Dagegen hält der BGH eine teleologische Reduktion nur für möglich, wenn eine Gefährdung von Menschen durch absolut zuverlässige und lückenlose Maßnahmen ausgeschlossen wurde.[217] Dies könne aber nur für die Fälle angenommen werden, bei denen der Täter die Räumlichkeiten mit nur einem Blick übersehen und damit eine Gefährdung anderer ausschließen kann. Derartige Räumlichkeiten sollen dabei nur bei kleinen, insbesondere bei einräumigen Hütten oder Häuschen angenommen werden können. Da es sich bei dem fraglichen Gebäude um ein Mehrfamilienhaus handelte, wäre nach der Ansicht des BGH eine teleologische Reduktion ausgeschlossen.

Es ist demnach zu entscheiden, welcher Ansicht zu folgen ist.

Für die Literaturansicht könnte sprechen, dass es im Grunde keinen Unterschied macht, ob jemand einen Raum überprüft oder ein ganzes Gebäude nach Menschen durchsucht.[218]

Allerdings schränkt diese Ansicht den Tatbestand des § 306a I StGB zu sehr ein. Da es bei § 306a I StGB gerade nicht auf eine konkrete Gefahr ankommt (anders ist dies bei § 306a II StGB), muss vom Täter verlangt werden, dass er die Situation völlig unter Kontrolle hat und es von vorneherein ausgeschlossen ist, dass Menschen gefährdet werden könnten, um eine teleologische Reduktion anzunehmen.

Bei einem Mehrfamilienhaus hat der Täter diese Kontrolle nicht.

---

216 Schönke/Schröder, vor § 306, Rn. 3a.

217 BGHSt 26, 121 (124, 125) = **juris**byhemmer.

218 Siehe dazu Joecks, § 306a, Rn. 16.

Während er eine Wohnung durchsucht, können Personen bereits vom Täter durchsuchte Gebäudeteile unbemerkt betreten. Damit liegt zumindest die Möglichkeit einer Gefährdung vor, welche der Vornahme einer teleologischen Reduktion entgegensteht.[219]

Weiterhin könnte man an eine Einschränkung des Tatbestandes denken, weil N nur die Türe seiner eigenen Wohnung angezündet hat.

Hier ist allerdings zu beachten, dass die Wohnungstür nicht nur Bestandteil der Wohnung des N, sondern auch wesentlicher Bestandteil des gesamten Gebäudes ist. Deshalb ist hier ohne Bedeutung, dass die in Brand gesetzte Tür zur Wohnung des N gehörte. Eine entsprechende restriktive Auslegung greift daher vorliegend ebenfalls nicht durch.

Der objektive Tatbestand ist erfüllt.

2. Subjektiver Tatbestand

N hat vorsätzlich gehandelt.

3. Rechtswidrigkeit und Schuld

Rechtswidrigkeit und Schuld liegen vor.

4. Tätige Reue gem. § 306e I StGB

N hat das Feuer freiwillig gelöscht. Sollte dies geschehen sein, bevor ein erheblicher Schaden entstanden ist (bei einem Wohngebäude erst anzunehmen, wenn zur Schadensbeseitigung mindestens 2.500 € erforderlich sind)[220], kann das Gericht nach seinem Ermessen die Strafe mildern oder von einer Bestrafung absehen, § 306e I StGB.

D. Zusammenfassung

Sound: (Konkludente) Entwidmung der Wohnungseigenschaft;
Teleologische Reduktion eines abstrakten Gefährdungsdelikts.

Eine Räumlichkeit dient nicht mehr der Wohnung von Menschen, wenn sie nach dem Willen aller Bewohner diese Funktion nicht mehr erfüllen soll (Entwidmung).

Die Entwidmung kann auch durch konkludentes Verhalten (Brandlegung) erfolgen.

Ist die Gefährdung von Menschen durch absolut zuverlässige und lückenlose Maßnahmen ausgeschlossen, etwa weil der Täter die Räumlichkeiten mit nur einem Blick übersehen konnte (kleine einräumige Häuschen oder Hütten), ist § 306a I StGB teleologisch zu reduzieren.

219 Andere Ansicht vertretbar.
220 Vgl. Fischer, § 306e, Rn. 3.

E. Vertiefung

Zu den Brandstiftungsdelikten

- Hemmer/Wüst, StrafR BT II, Rn. 288 ff.
- Hemmer/Wüst, Karteikarten StrafR BT II, Karten 103, 104.
- Berberich/Löper, Brandstiftungsdelikte – Überblick, Systematik und typische Klausurprobleme, Life&Law 07/2016, 498 ff.

Zu der Einschränkung des § 306a I StGB

- Hemmer/Wüst, StrafR BT II, Rn. 294.

Aus der Rechtsprechung zu den Brandstiftungsdelikten

- Nach BGH kann § 306e StGB analog Anwendung finden, wenn § 306b II Nr. 1 StGB verwirklicht ist und bereits ein erheblicher Sachschaden entstanden ist, der Täter aber freiwillig die konkrete Lebensgefahr für das Opfer beseitigt, vgl. BGH, Beschluss vom 27.05.2020 – 1 StR 118/20 = Life&Law 02/2021, 102-108.
- Näher zur objektiven und subjektiven Tatseite der Brandstiftung siehe OLG Saarbrücken, NStZ-RR 2009, 80 ff. = Life&Law 05/2009, 319 ff.
- Handelt der Täter in der Absicht, einen Versicherungsbetrug zu ermöglichen, ist der Tatbestand des § 306b II Nr. 2 Var. 1 StGB verwirklicht. Eine restriktive Auslegung dahingehend, dass das Brandereignis mit seinen spezifischen Gefahren als Mittel zur Begehung eingesetzt worden sein muss, ist abzulehnen, vgl. BGH, NJW 2007, 2130 ff. = Life&Law 09/2007, 605 ff. sowie BGH, Beschluss vom 20.10.2011 – 4 StR 344/11 = Life&Law 04/2012, 305 f.

Fall 37: Das Feuerexperiment

Sachverhalt:

Sabrina wollte schon immer einmal ein richtiges Feuer miterleben. Dazu ist ihr auch jedes Mittel recht. So schüttet sie spät in der Nacht Benzin im Computerladen des Martin aus. Als sie dieses entzündet, fangen mehrere Computer zu brennen an. Es kommt zu einer starken Rauch- und Rußentwicklung. Da beim Bau des Gebäudes jedoch feuerfeste Materialien verwendet wurden, kann sich das Feuer nicht weiter ausbreiten. Für die Hausbewohner, welche die Wohnungen in den oberen Stockwerken bewohnen, bestand zu keinem Zeitpunkt eine konkrete Gefahr. Sabrina vertraute zudem darauf, dass der Wohnbereich schon nicht betroffen werde. Allerdings muss aufgrund der Rußschäden der Laden komplett saniert werden und ist für mehrere Wochen nicht benutzbar.

Bearbeitervermerk:

Hat sich Sabrina (S) gem. der §§ 306 ff. StGB strafbar gemacht?

A. Einordnung

Der Fall befasst sich mit der Tathandlung „ganz oder teilweise durch Brandlegung zerstören“ sowie mit der Problematik bei gemischt genutzten Gebäuden im Rahmen von § 306a I Nr. 1, 3 StGB.

B. Gliederung

Strafbarkeit der S

I. Brandstiftung, § 306 I Nr. 1 StGB

1. Objektiver Tatbestand (+)

a) Taugliches Tatobjekt (+)

b) Inbrandsetzung (-)

c) Zerstörung (-)

d) Teilweises Zerstören (+)

e) Durch Brandlegung (+)
(P) Mittelbare Herbeiführung von Schäden

2. Subjektiver Tatbestand (+)

3. Rechtswidrigkeit und Schuld (+)

II. Schwere Brandstiftung, § 306a I StGB

1. Objektiver Tatbestand (-)

a) § 306a I Nr. 3 StGB (-)

b) § 306a I Nr. 1 Var. 1 StGB (-)
(P) Gemischt genutzte Gebäude

2. Zwischenergebnis: § 306a I StGB (-)

III. Ergebnis: § 306 I Nr. 1 StGB

C. Lösung

Strafbarkeit der S

Zu prüfen ist die Strafbarkeit von S gem. der §§ 306 ff. StGB.

I. Brandstiftung, § 306 I Nr. 1 StGB

Indem S ein Feuer im Laden des Martin (M) gelegt hat, könnte sie sich gem. § 306 I Nr. 1 StGB strafbar gemacht haben.

1. Objektiver Tatbestand

a) Bei dem Gebäude, in welchem der Laden des M sich befindet, handelt es sich um ein für S fremdes Gebäude.

b) Dieses könnte S in Brand gesetzt haben.

Ein Inbrandsetzen liegt vor, wenn zumindest Teile des Tatobjektes so vom Feuer erfasst werden, dass das Feuer aus eigener Kraft, d.h. ohne Fortwirken des Zündstoffes, weiterbrennt.[221]

Hier fingen nur die Computer im Laden des M Feuer. Teile des Gebäudes wurden dagegen nicht in Brand gesetzt.

c) S hat das Tatobjekt auch nicht durch Brandlegung zerstört.

d) Allerdings könnte S das Tatobjekt durch Brandlegung teilweise zerstört haben. Ein teilweises Zerstören liegt vor, wenn Teile des Tatobjekts, die für seinen bestimmungsgemäßen Gebrauch wesentlich sind, unbrauchbar geworden sind.[222]

hemmer-Methode: Aufgrund der hohen Strafdrohung erfordert die Variante des „teilweisen Zerstörens“ eine Beeinträchtigung von einigem Gewicht. Dies ist zu bejahen, wenn wesentliche Gebäudeteile zerstört oder wenn eine Wohnung – etwa durch Verrußen – für längere Zeit unbewohnbar wird. Ein Eingriff in die Sachsubstanz ist nicht erforderlich.[223]

Hier wurde der Laden des M derart beschädigt, dass er komplett saniert werden musste. Somit wurden wesentliche Teile des Tatobjekts unbrauchbar. Da die Sanierung mehrere Wochen dauerte, wird auch einer restriktiven Auslegung des Merkmals „teilweises Zerstören“ Genüge getan.

e) Die teilweise Zerstörung muss gerade durch die Brandlegung erfolgt sein.

Hier kam es nicht unmittelbar aufgrund des Feuers zu den Schäden, diese entstanden vielmehr aufgrund der Ruß- und Rauchentwicklung.

Fraglich ist deshalb, ob auch eine mittelbare Verursachung für ein teilweises Zerstören durch Brandlegung ausreichend ist.

Der Gesetzgeber wollte mit der Variante des (teilweisen) Zerstörens durch Brandlegung gerade auch die Fälle erfassen, bei denen infolge der zunehmenden Verwendung von feuerbeständigen Baustoffen und Bauteilen wesentliche Gebäudebestandteile möglicherweise gar nicht mehr in Brand geraten, aber die von dem gelegten Feuer ausgehende Ruß-, Gas-, Rauch- und/oder Hitzeentwicklung vergleichbare Folgen hat.[224]

Damit sind auch die Fälle erfasst, bei denen entgegen der Vorstellung des Täters der Zündstoff, statt zu brennen, explodiert und hierdurch Schäden hervorgerufen werden.[225]

Folglich kommt es nicht darauf an, dass die Schäden unmittelbar durch das Feuer entstanden sind, vielmehr genügt es, wenn die Schäden durch eine vom Feuer verursachte Rauch- und Rußentwicklung verursacht werden.

Das Tatobjekt wurde daher durch Brandlegung teilweise zerstört.

hemmer-Methode: Bei einem Brand entstehen die größten Schäden oft erst durch den Einsatz von Löschmitteln oder Sprinkleranlagen.

221 Joecks, § 306, Rn. 18.
222 Joecks, § 306, Rn. 22.
223 Life&Law 07/2003, 490 ff.
224 Rengier, BT II, § 40 Rn. 9.
225 Rengier, BT II, § 40 Rn. 9.

Nach der Rechtsprechung sollen derartige massive Wasserschäden von § 306a I StGB erfasst sein.

Begründet wird dies damit, dass es sich dabei um eine typische und vorhersehbare Reaktion handelt, die durch die Brandlegung quasi herausgefordert wird und daher dem Täter zurechenbar ist.[226] Zu beachten ist jedoch, dass der Schutzgegenstand durch den Löschmitteleinsatz zerstört und nicht nur beschädigt werden muss. Voraussetzung ist deshalb, dass wesentliche Teile des Tatobjekts für dessen bestimmungsgemäßen Gebrauch untauglich werden.

2. Subjektiver Tatbestand

S hat vorsätzlich gehandelt. Die Vorstellung der S, dass das Tatobjekt in erster Linie durch ein Inbrandsetzen beeinträchtigt werden sollte, stellt nur ein unwesentliches Abweichen des vorgestellten vom tatsächlichen Kausalverlauf dar, welches hinsichtlich des Vorsatzes unbeachtlich ist.

3. Rechtswidrigkeit und Schuld

Rechtswidrigkeit und Schuld liegen vor.

4. Zwischenergebnis

S hat sich aufgrund seines Verhaltens gem. § 306 I Nr. 1 StGB strafbar gemacht.

II. Schwere Brandstiftung, § 306a I StGB

1. Objektiver Tatbestand

S hat den Laden des M durch Brandlegung teilweise zerstört, siehe oben.

[226] BGH, StV 2001, 576 f. = Life&Law 01/2002, 38 = jurisbyhemmer.

a) Hierdurch könnte sie überdies den objektiven Tatbestand des § 306a I Nr. 3 StGB verwirklicht haben.

Der Laden des M dient dem zeitweisen Aufenthalt von Menschen.

Allerdings hat S die Tat spät in der Nacht begangen. Zu diesem Zeitpunkt pflegen sich üblicherweise keine Menschen in dem Laden aufzuhalten.

§ 306a I Nr. 3 StGB ist damit nicht erfüllt.[227]

b) Fraglich ist aber, ob § 306a I Nr. 1 Var. 1 StGB erfüllt ist.

Dazu müsste das Gebäude der Wohnung von Menschen dienen.

Dies ist hier problematisch, weil einerseits der Laden eindeutig nicht der Wohnung von Menschen dient, andererseits andere Gebäudeteile zu Wohnzwecken genutzt werden.

Es handelt sich um ein so genanntes gemischt genutztes Gebäude.

Bei derartigen Gebäuden ist es umstritten, unter welchen Umständen das Vorliegen von § 306a I Nr. 1 Var. 1 StGB bejaht werden kann.

Ein Teil der Literatur geht davon aus, dass § 306a I Nr. 1 Var. 1 StGB erst dann einschlägig ist, wenn bewohnte Teile des Gebäudes selbst vom Feuer ergriffen wurden.[228] Dies war im hier vorliegenden Fall nicht geschehen.

Nach anderer Auffassung kommt der Tatbestand des § 306a I Nr. 1 Var. 1 StGB bei gemischt genutzten Gebäuden bereits dann in Betracht, wenn die eigentliche Brandlegung nicht in einer Räumlichkeit i.S.d. § 306a I Nr. 1 StGB erfolgt, dabei aber ein Übergreifen des Feuers auf den Wohnbereich nicht auszuschließen ist.[229]

[227] Vorliegend kann sicherlich auch gleich auf § 306a I Nr. 1 StGB abgestellt werden.

[228] SK, § 306, Rn. 11.

[229] BGHSt 34, 115; 35, 283 = jurisbyhemmer.

Im konkreten Fall war es nicht ausgeschlossen, dass das Feuer aufgrund der Rauch- und Rußentwicklung auch zu einer (teilweisen) Zerstörung des Wohnteiles führen könnte.

Nach dieser Ansicht wäre daher § 306a I Nr. 1 Var. 1 StGB von S grundsätzlich verwirklicht worden.

Für die erstgenannte Ansicht könnte möglicherweise der Wortlaut des § 306a I Nr. 1 Var. 1 StGB sprechen, wonach vorausgesetzt wird, dass ein Wohngebäude in Brand gesetzt bzw. durch Brandlegung zerstört wurde.

Andererseits ist diese Sichtweise problematisch, weil man dann jeweils darauf abstellen müsste, ob der betroffene Gebäudeteil tatsächlich der Wohnung von Menschen dient. So müsste eine Verwirklichung von § 306a I Nr. 1 Var. 1 StGB konsequenterweise auch abgelehnt werden, wenn das Feuer im Keller, Dachboden oder Treppenhaus gelegt wurde und ansonsten keine Wohnungen unmittelbar betroffen wurden. Diese Sichtweise würde dem Charakter des § 306a I StGB als einem abstrakten Gefährdungsdelikt nicht gerecht werden und zu erheblichen Abgrenzungsschwierigkeiten führen.

Ausschlaggebend muss vielmehr sein, dass die jeweiligen Gebäudeteile ein einheitliches Gebilde darstellen, wobei es nicht auf das äußere Erscheinungsbild, sondern auf die bauliche Beschaffenheit (gemeinsames Treppenhaus, sonstige Verbindungen) ankommt.[230]

Damit liegt bei einem gemischt genutzten Gebäude, welches wie vorliegend jedenfalls auch der Wohnung von Menschen dient, ein taugliches Tatobjekt i.S.v. § 306a I Nr. 1 StGB grundsätzlich vor.

Fraglich ist jedoch, ob insoweit ein bloßes (teilweises) Zerstören durch Brandlegung ausreichend sein kann, wenn – wie hier – nur der gewerbliche Teil des Gebäudes betroffen ist.

Angesichts der sehr hohen Strafandrohung ist § 306a I Nr. 1 StGB entsprechend verfassungskonform auszulegen.

Daher muss Berücksichtigung finden, dass bei einer bloßen Zerstörung durch Brandlegung keine vergleichbare abstrakte Gefahrensituation besteht wie bei einem Inbrandsetzen, bei dem das Tatobjekt als solches selbst brennt. Im Rahmen des § 306a I StGB als abstraktes Gefährdungsdelikt ist daher bei der Tathandlung Zerstören durch Brandlegung immanente Voraussetzung, dass gerade der Wohnungsteil hiervon betroffen sein muss.[231]

Anmerkung: Merken Sie sich, dass die Rechtsprechung gerade bei den §§ 306 ff. StGB angesichts der hohen Strafandrohung in unterschiedlicher Form verfassungskonform restriktiv auslegt. Dies ist gerade hinsichtlich der tauglichen Tathandlung nicht selten der Fall. Dabei ist jedoch stets genau nach dem konkreten Schutzzweck der jeweiligen Norm zu differenzieren:

- Bei § 306 StGB wird das Eigentum geschützt. Angesichts der recht hohen Strafandrohung muss hierbei ein wesentlicher Bestandteil des Tatobjekts betroffen sein.
- Bei § 306a I StGB wird die Allgemeinheit geschützt. Es handelt sich um ein abstraktes Gefährdungsdelikt bezogen auf besonders schützenswerte Tatobjekte wie Wohngebäude.

230 BGHSt 34, 115; 35, 283 = **juris**byhemmer.

231 Vgl. insoweit BGH, Beschluss vom 26.01.2010 – 3 StR 442/09 = Life&Law 11/2010, 749 ff.

- Nach BGH ist § 306a I StGB daher nur dann einschlägig, wenn bei gemischt genutzten Gebäuden gerade der Wohnbereich von der (teilweisen) Zerstörung durch Brandlegung betroffen ist (vgl. BGH, Beschluss vom 26.01.2010 – 3 StR 442/09 = Life&Law 11/2010, 749 ff.).
- Bei § 306a II StGB wird die Allgemeinheit geschützt. Allerdings handelt es sich – anders als bei § 306a I StGB – um ein konkretes Gefährdungsdelikt. Daraus zieht der BGH den Schluss, dass bei gemischt genutzten Gebäuden auch dann ein Zerstören durch Brandlegung angenommen werden kann, wenn nicht der Wohnbereich betroffen ist (vgl. BGH, Urteil vom 17.11.2010 – 2 StR 399/10 = Life&Law 10/2011, 726 ff. sowie BGH, Beschluss vom 20.10.2011 – 4 StR 344/11 = Life&Law 05/2012, 305 f.).

Der objektive Tatbestand des § 306a I Nr. 1 StGB ist somit vorliegend nicht erfüllt.

2. Zwischenergebnis

S hat sich nicht gemäß § 306a I Nr. 1 StGB strafbar gemacht.

hemmer-Methode: Da S ein Ausbreiten des Brandes auf den Wohnbereich vorliegend auch nicht billigend in Kauf nahm, scheidet eine Strafbarkeit wegen versuchter schwerer Brandstiftung gemäß §§ 306a I Nr. 1, 22, 23 I StGB aus.

III. Ergebnis

S hat sich gem. § 306 I Nr. 1 StGB strafbar gemacht.

hemmer-Methode: Hätte S vorliegend den gewerblich genutzten Gebäudeteil in Brand gesetzt, wäre § 306a I Nr. 1 Var. 1 StGB zu bejahen gewesen.
Nach h.L. tritt § 306 I Nr. 1 Alt. 1 StGB dann nicht hinter § 306a I Nr. 1 Var. 1 StGB zurück, da der § 306 I Nr. 1 Alt. 1 StGB einen anderen Schutzzweck (fremdes Eigentum) als § 306a I Nr. 1 Var. 1 StGB (Allgemeinheit) hat (str., a.A. BGH, NJW 2001, 765).

Mangels einer konkreten Gefahr für die Hausbewohner liegen die Voraussetzungen des § 306a II StGB nicht vor.

hemmer-Methode: Die ebenfalls verwirklichten, hier nicht zu prüfenden §§ 305, 303 I StGB treten in Gesetzeskonkurrenz hinter § 306 I Nr. 1 StGB zurück. Der Hausfriedensbruch, § 123 StGB, stünde hierzu in Tateinheit, § 52 StGB.

D. Zusammenfassung

Sound: Teilweises Zerstören;
Gemischt genutzte Gebäude.

Ein (teilweises) Zerstören kann auch dann angenommen werden, wenn Schäden mittelbar durch eine vom Feuer verursachte Rauch- und Rußentwicklung verursacht werden.

Bei gemischt genutzten Gebäuden genügt es für die Verwirklichung von § 306a I Nr. 1 StGB grundsätzlich, wenn die eigentliche Brandlegung nicht in einer Räumlichkeit i.S.d. § 306a I Nr. 1 StGB erfolgt, ein Übergreifen des Feuers auf den Wohnbereich aber nicht auszuschließen ist. Die Gebäudeteile müssen dabei in Hinblick auf ihre bauliche Beschaffenheit ein einheitliches Gebilde darstellen (str.).

E. Vertiefung

Zum (teilweisen) Zerstören durch Brandlegung

- Hemmer/Wüst, StrafR BT II, Rn. 290.

Zu gemischt genutzten Gebäuden

- Hemmer/Wüst, StrafR BT II, Rn. 292.

Aus der Rechtsprechung zur schweren Brandstiftung

- Ist das „Gebäude“ im Sinne von § 306a II StGB im Einzelfall zugleich „Wohngebäude“, dann müssen zur Vollendung der schweren Brandstiftung nicht notwendigerweise auch Wohnräume von der teilweisen Zerstörung durch Brandlegung betroffen sein, vgl. BGH, Urteil vom 17.11.2010 – 2 StR 399/10 = Life&Law 10/2011, 726 ff.
- Besteht der durch die Brandlegung in einem einheitlichen gemischt genutzten Gebäude bewirkte Erfolg nicht darin, dass wesentliche Teile der zu gewerblichen Zwecken dienenden Räume selbständig brennen, sondern allein in der ganzen oder teilweisen Zerstörung dieser Räume durch die Brandlegung, führt dies nicht zu einer vollendeten schweren Brandstiftung nach § 306a I Nr. 1 Alt. 2 StGB, vgl. auch BGH, Beschluss vom 26.01.2010 – 3 StR 442/09 = Life&Law, 11/2010, 749 ff., sowie BGH, Urteil vom 06.03.2013 – 1 StR 578/12 = Life&Law, 08/2013, 595 ff.

Fall 38: Werbung in eigener Sache

Sachverhalt:

Nachdem die Werbeagentur des Boris nicht mehr die gewünschten Gewinne abwarf, entschließt er sich, in das „Schutzgeldgewerbe“ einzusteigen. Als Kunden hat er sich Fridolin ausgesucht. Um diesen von seinen Qualitäten als Beschützer zu überzeugen, zündet er dessen Wohnung an, die auch vollständig ausbrennt. Die übrigen Hausbewohner können sich gerade noch über eine Feuertreppe retten, bevor es zu ernsthaften Gesundheitsschäden kommt. Boris, der nur dem abwesenden Fridolin eine Entscheidungshilfe geben wollte, hatte überhaupt nicht daran gedacht, dass die anderen Hausbewohner in Mitleidenschaft gezogen werden könnten.

Bearbeitervermerk:

Hat sich Boris (B) gem. der §§ 306 ff. StGB strafbar gemacht?

A. Einordnung

Der anspruchsvolle Fall beschäftigt sich mit einigen bei § 306a II StGB auftretenden Sonderproblemen. Des Weiteren wird die Bedeutung der Ermöglichungsabsicht bei § 306b II Nr. 2 Alt. 1 StGB erörtert.

B. Gliederung

Strafbarkeit des B

I. Brandstiftung, § 306 I Nr. 1 StGB

1. Objektiver Tatbestand (+)

2. Subjektiver Tatbestand (+)

3. Rechtswidrigkeit und Schuld (+)

II. Schwere Brandstiftung, § 306a I Nr. 1 StGB

1. Objektiver Tatbestand (+)

2. Subjektiver Tatbestand (+)

3. Rechtswidrigkeit und Schuld (+)

III. Schwere Brandstiftung, § 306a II StGB

1. Objektiver Tatbestand (+)

a) Herbeiführung der Gefahr einer Gesundheitsschädigung (+)

b) Durch Brandlegung (+)

c) Tatobjekt (+)
(P) Relevanz der Eigentumslage

2. Subjektiver Tatbestand (-)

IV. Fahrlässige Brandstiftung, § 306d I Var. 3 StGB

1. Tatbestand (+)

2. Rechtswidrigkeit und Schuld (+)

V. Besonders schwere Brandstiftung, § 306b I StGB

⇨ Objektiver Tatbestand (-)

VI. Besonders schwere Brandstiftung, § 306b II StGB

1. § 306b II Nr. 1 StGB (-)

2. § 306b II Nr. 2 Alt. 1 StGB

a) Objektiver Tatbestand (+)

b) Subjektiver Tatbestand (+)
(P) Ermöglichungsabsicht

c) Rechtswidrigkeit und Schuld (+)

VII. Ergebnis:
§§ 306b II Nr. 2 Alt. 1, 306d I Var. 3, 52 StGB (+)

C. Lösung

Strafbarkeit des B

I. Brandstiftung, § 306 I Nr. 1 StGB

1. Objektiver Tatbestand

B hat ein fremdes Gebäude in Brand gesetzt und durch Brandlegung (teilweise) zerstört, indem er die Wohnung des Fridolin (F) niedergebrannt hat.

Der objektive Tatbestand des § 306 I Nr. 1 StGB ist erfüllt.

2. Subjektiver Tatbestand

B hat vorsätzlich gehandelt.

3. Rechtswidrigkeit und Schuld

Rechtswidrigkeit und Schuld liegen vor.

II. Schwere Brandstiftung, § 306a I Nr. 1 Var. 1 StGB

1. Objektiver Tatbestand

B hat ein Gebäude, welches der Wohnung von Menschen dient, in Brand gesetzt und durch Brandlegung (teilweise) zerstört.

Damit liegen auch die Voraussetzungen des objektiven Tatbestandes des § 306a I Nr. 1 StGB vor.

2. Subjektiver Tatbestand

Der subjektive Tatbestand ist erfüllt.

3. Rechtswidrigkeit und Schuld

Rechtswidrigkeit und Schuld liegen vor.

III. Schwere Brandstiftung, § 306a II StGB

Des Weiteren könnte B den Straftatbestand des § 306a II StGB verwirklicht haben.

1. Objektiver Tatbestand

a) Herbeiführung der Gefahr einer Gesundheitsschädigung

Der Täter muss die konkrete Gefahr einer Gesundheitsschädigung für einen anderen Menschen verursacht haben.

Eine **konkrete Gefahr** einer Gesundheitsschädigung liegt vor, wenn eine nicht fern liegende Möglichkeit des Eintritts einer Gesundheitsschädigung besteht und es nur noch vom Zufall abhängt, dass es zu keinem Erfolgseintritt kommt.[232]

Vorliegend bestand für die Hausbewohner aufgrund des Feuers die Möglichkeit einer Gesundheitsschädigung. Durch die Flucht über die Feuertreppe konnten sie eine Gesundheitsschädigung gerade noch verhindern, so dass es nur vom Zufall abhing, dass es zu keiner Gesundheitsbeeinträchtigung kam.

Es bestand damit eine konkrete Gefahr einer Gesundheitsschädigung für die Hausbewohner.

b) Durch Inbrandsetzen bzw. Brandlegung

Die konkrete Gefahr entstand auch gerade durch das Inbrandsetzen der Wohnung des F durch B.

---

232 Vgl. Schönke/Schröder, vor § 306 ff., Rn. 5.

c) Tatobjekt

B hat ein in § 306 I Nr. 1 Alt. 1 StGB bezeichnetes Tatobjekt in Brand gesetzt.

Bei § 306a II StGB ist es jedoch umstritten, ob es insoweit auf die **Eigentumslage** hinsichtlich des Tatobjekts ankommt.

Würde man § 306a II StGB als Qualifikationstatbestand zu § 306 I StGB auffassen, könnte § 306a II StGB nur durch die Beeinträchtigung fremder Tatobjekte verwirklicht werden.

Da es sich hier für B um ein fremdes Tatobjekt handelte, wäre das Vorliegen des objektiven Tatbestandes zu bejahen.

Gegen diese Ansicht spricht jedoch schon der Wortlaut des § 306a II StGB, der sich nur auf die in § 306 I Nr. 1-6 StGB genannten Gegenstände, nicht aber auf den Einleitungssatz („Wer fremde") bezieht. Wäre eine andere Sichtweise vom Gesetzgeber gewollt gewesen, hätte er insgesamt auf § 306 I StGB (und nicht spezifisch auf Nr. 1-6) verweisen können.

Man könnte aber § 306a II StGB so verstehen, dass er allein die konkrete Gesundheitsgefährdung durch Brandstiftung an eigenen oder herrenlosen Sachen erfasst.

Mit dieser Ansicht müsste hier das Vorliegen von § 306a II StGB verneint werden.

Dafür könnte sprechen, dass eine andere Ansicht i.R.d. § 306d I Var. 3 StGB zu seltsamen Ergebnissen führt. Denn danach würde ein Täter, der ein fremdes Tatobjekt in Brand setzt und dabei fahrlässig eine Gesundheitsgefährdung verursacht (Strafbarkeit gem. der § 306d I Var. 3, 306a II, 306 I StGB „bis zu 5 Jahre oder Geldstrafe"), milder bestraft als einer, der nur ein fremdes Tatobjekt in Brand setzt (Strafbarkeit gem. § 306 I StGB „1 bis 10 Jahre").

Diese Vorgehensweise hätte jedoch zur Folge, dass ein Täter, der vorsätzlich fremde Tatobjekte in Brand setzt, um andere Menschen zu gefährden, nur gem. § 306 I StGB bestraft werden könnte (Strafrahmen: 1 bis 10 Jahre). Wer hingegen die gleiche Brandstiftung an eigenen oder herrenlosen Tatobjekten begeht, würde nach § 306a II StGB bestraft (Strafrahmen: nicht unter einem Jahr, d.h. 1 bis 15 Jahre, § 38 II StGB).

Daher kann auch diese Sichtweise nicht überzeugen.

Um diese widersprüchlichen Ergebnisse zu vermeiden, ist mit der h.M. der sogenannten Konkurrenzlösung zu folgen. Nach der Konkurrenzlösung kommt es bei § 306a II StGB auf die Eigentumslage nicht an, da dieser allein die Gesundheit anderer Menschen schützen soll.[233] Der Tatbestand umfasst sowohl das Inbrandsetzen eigener, als auch fremder Tatobjekte.[234] Wegen dieser eigenständigen Schutzrichtung besteht kein Qualifikationsverhältnis zu § 306 I StGB, der allein das fremde Eigentum schützt.

Damit hat B ein Tatobjekt i.S.v. § 306a II StGB in Brand gesetzt und dadurch andere Menschen in die Gefahr einer Gesundheitsschädigung gebracht.

Der objektive Tatbestand ist erfüllt.

---

233 Wessels/Hettinger, BT 1, Rn. 969.

234 Zwar werden auch Einwände gegen die Konkurrenzlösung vorgebracht, da auch diese gewisse Ungereimtheiten aufweist. Trotzdem erscheint sie als die beste Lösung.

2. Subjektiver Tatbestand

B hat das Gebäude vorsätzlich in Brand gesetzt.

Allerdings müsste er auch hinsichtlich der konkreten Gefährdung vorsätzlich gehandelt haben.

In vorliegenden Fall wusste B, dass F nicht zu Hause war. Des Weiteren rechnete B überhaupt nicht damit, dass auch andere Personen gefährdet werden könnten.

Der subjektive Tatbestand ist damit nicht erfüllt.

hemmer-Methode: Bei den Brandstiftungsdelikten ergeben sich insbesondere dadurch Schwierigkeiten, dass „echte“ Qualifikationen teilweise im selben Paragraphen mit Erfolgsqualifikationen vermischt sind (z.B. § 306b StGB).
Als Faustformel kann man sich hier merken, dass – soweit nur Gefahren hervorgerufen werden – diesbezüglich Vorsatz i.S.v. § 15 StGB erforderlich ist (z.B. bei §§ 306a II, 306b II Nr. 1 StGB).
Soweit die erhöhte Strafandrohung an den Eintritt einer schweren Folge anknüpft, handelt es sich um Erfolgsqualifikationen, so dass insoweit § 18 StGB gilt (z.B. bei §§ 306b I, 306c StGB).

IV. Fahrlässige Brandstiftung, § 306d I Var. 3 StGB

1. Tatbestand

Da B die Gefahr einer Gesundheitsschädigung in einem Fall des § 306a II StGB fahrlässig verursacht hat, liegen die Voraussetzungen des § 306d I Var. 3 StGB vor.

2. Rechtswidrigkeit und Schuld

Rechtswidrigkeit und Schuld liegen vor.

V. Besonders schwere Brandstiftung, § 306b I StGB

Der objektive Tatbestand des § 306b I StGB ist nicht erfüllt, da die Hausbewohner nicht in ihrer Gesundheit geschädigt wurden.

VI. Besonders schwere Brandstiftung, § 306b II StGB

1. § 306b II Nr. 1 StGB

Ob sich die Hausbewohner in einer Todesgefahr befunden haben, lässt sich nicht mit genügender Sicherheit feststellen. Daher ist in dubio pro reo das Vorliegen einer Todesgefahr abzulehnen.

2. § 306b II Nr. 2 Alt. 1 StGB

a) Objektiver Tatbestand

Ein Fall des § 306a I StGB liegt vor, siehe oben.

b) Subjektiver Tatbestand

Gemäß § 306b II Nr. 2 Alt. 1 StGB müsste B mit der Absicht gehandelt haben durch die schwere Brandstiftung eine andere Straftat zu ermöglichen.

B hatte die Absicht, durch die schwere Brandstiftung eine Schutzgelderpressung (§§ 255, 253 StGB) an F zu ermöglichen.

Problematisch ist hier jedoch, dass B die eigentliche Erpressung erst zu einem späteren Zeitpunkt begehen wollte. Es sollte folglich nicht die unmittelbare Brandsituation zur Begehung einer Straftat ausgenutzt werden.

Die Behandlung derartiger Konstellationen ist umstritten.

In der Literatur wird teilweise vertreten, dass eine hinreichende Ermöglichungsabsicht erst gegeben ist, wenn ein enger räumlicher und zeitlicher Zusammenhang zwischen Brandstiftung und geplanter Straftat besteht.[235]

Dagegen vertritt der BGH und die h.L. die Meinung, dass § 306b II Nr. 2 Alt. 1 StGB eine unmittelbare Ausnutzung der brandtypischen Gefahr nicht voraussetzt.[236] § 306b II Nr. 2 Alt. 1 StGB erfordere nur, dass der Täter bei einer Tathandlung i.S.v. § 306a I bzw. II StGB das Ziel verfolgt, durch die Tat eine andere Straftat zu ermöglichen bzw. zu erleichtern.

Für die restriktive Auslegung des § 306b II StGB führt die Gegenauffassung den hohen Strafrahmen des § 306b II StGB an.

Die hohe Strafandrohung ist jedoch gerechtfertigt, da sich die erhöhte Verwerflichkeit der schweren Brandstiftung bereits aus der Bereitschaft des Täters ergibt, zur Durchsetzung weiterer krimineller Ziele eine (schwere) Brandstiftung zu begehen.

Dementsprechend ist dem BGH und der h.L. zu folgen.

Der subjektive Tatbestand ist damit erfüllt.

c) Rechtswidrigkeit und Schuld

Rechtswidrigkeit und Schuld liegen vor.

VII. Ergebnis

§ 306b II Nr. 2 Alt. 1 StGB ist lex specialis gegenüber den §§ 306 und 306a StGB (Joecks, § 306b, Rn. 12).

Hierzu steht § 306d I Var. 3 StGB in Tateinheit, da nur so zum Ausdruck kommt, dass die Gefahr einer Gesundheitsschädigung verursacht wurde.

Damit hat sich B gem. §§ 306b II Nr. 2 Alt. 1, 306d I Var. 3, 52 StGB strafbar gemacht.

D. Zusammenfassung

Sound: Ermöglichungsabsicht; Eigentumslage bei § 306a II StGB.

Bei § 306a II StGB kommt es nach der h.M. nicht auf die Eigentumslage an. Der Tatbestand kann sowohl an eigenen bzw. herrenlosen Tatobjekten als auch an fremden Tatobjekten verwirklicht werden. Nur so lassen sich widersprüchliche Ergebnisse weitestgehend vermeiden.

Die Ermöglichungsabsicht i.S.v. § 306b II Nr. 2 Alt. 1 StGB setzt nicht voraus, dass der Täter die tatbestandsspezifische Brandgefahr unmittelbar zur Begehung einer weiteren Straftat ausnutzen will (str.).

---

235 Fischer, § 306b, Rn. 9; Joecks, § 306b, Rn. 6.

236 BGH, Life&Law 07/2000, 479 ff. = StV 2000, 133 = **juris**byhemmer; Schönke/Schröder, § 306b, Rn. 13.

E. Vertiefung

Zur besonders schweren Brandstiftung

- Hemmer/Wüst, StrafR BT II, Rn. 297 ff.

Zur Fahrlässigkeit und tätigen Reue bei den Brandstiftungsdelikten

- Hemmer/Wüst, StrafR BT II, Rn. 296

Zum (versuchten) Versicherungsbetrug sowie Versicherungsmissbrauch im Kontext mit den Brandstiftungsdelikten sowie zum prozessualen Tatbegriff

- BGH, Urteil vom 21.09.2011 – 1 StR 95/11 = Life&Law 03/2011, 186 ff.

Kapitel XII: Straßenverkehrsgefährdung

Fall 39: Der Fahrradrambo

Sachverhalt:

Rudolph ist begeisterter Radfahrer. Als er von seiner neuen Freundin Dorothea zum Kaffeetrinken eingeladen wird, kann es ihm nicht schnell genug gehen. Er schwingt sich auf sein Fahrrad und fährt auf kürzestem Weg zu seiner Freundin. Dazu war es jedoch erforderlich, in verkehrter Richtung durch eine Einbahnstraße zu fahren. Weiterhin missachtete Rudolph an einer unübersichtlichen Stelle ein Vorfahrt-Gewähren-Schild, was dazu führte, dass der vorfahrtsberechtigte Pkw mit dem Fahrer Paul scharf abbremsen musste und der hinter ihm fahrende Erich beinahe mit Paul zusammengestoßen wäre. Auch an einem Zebrastreifen wollte Rudolph nicht anhalten, obwohl dieser gerade von einer Kindergartengruppe überquert wurde. Ohne die Geschwindigkeit zu verringern schlängelte er sich durch die Kinder hindurch, die verschreckt zur Seite sprangen. Bei der ganzen Fahrt dachte Rudolph nur an seine Freundin, weshalb er es auch nicht für nötig hielt, Verkehrsregeln einzuhalten.

Bearbeitervermerk:

Hat sich Rudolph (R) gem. der §§ 315 ff. StGB strafbar gemacht?

A. Einordnung

Der Fall soll in die Verkehrsgefährdungsdelikte einführen und beschäftigt sich insbesondere mit § 315c I Nr. 2 StGB.

B. Gliederung

Strafbarkeit des R

I. Gefährdung des Straßenverkehrs, § 315c Nr. 2 StGB

1. Objektiver Tatbestand (+)

a) Führen eines Fahrzeugs im Straßenverkehr (+)

b) Verletzung einer der in § 315c I Nr. 2 a) bis g) geregelten Verkehrsregeln

aa) § 315c I Nr. 2 a) StGB

- Nichtbeachtung der Vorfahrt (+)
- Grob verkehrswidriges Verhalten (+)
- Konkrete Gefährdung (+)

bb) § 315c I Nr. 2 c) StGB

- Falsches Fahren an einem Fußgängerüberweg (+)
- Grob verkehrswidriges Verhalten (+)
- Konkrete Gefährdung (+)

cc) § 315c I Nr. 2 f) StGB
Fahren entgegen der Fahrtrichtung (-)

2. Subjektiver Tatbestand (+)
Vorsatz (+)
Rücksichtsloses Verhalten (+)

3. Rechtswidrigkeit und Schuld (+)

II. Gefährlicher Eingriff in den Straßenverkehr, § 315b I Nr. 3 StGB

⇨ Objektiver Tatbestand (-)

III. Ergebnis: § 315c Nr. 2 StGB (+)

C. Lösung

Strafbarkeit des R

R könnte sich aufgrund seines Verhaltens gem. §§ 315 ff. StGB strafbar gemacht haben.

I. Gefährdung des Straßenverkehrs, § 315c Nr. 2 StGB

1. Objektiver Tatbestand

a) Führen eines Fahrzeugs im Straßenverkehr

R müsste ein Fahrzeug im Straßenverkehr geführt haben.

Straßenverkehr ist der Verkehr, der auf jedermann zur Benutzung offenstehenden Wegen oder Plätzen stattfindet (also auch Bürgersteige, offene Parkplätze, Tankstellen und Parkhäuser).[237]

R hat mit seinem Fahrrad eine öffentliche Straße[238] benutzt.

Fraglich ist, ob ein Fahrrad ein Fahrzeug i.S.v. § 315c I Nr. 2 StGB ist.

hemmer-Methode: Wenn man § 315c I StGB genau liest, muss man feststellen, dass der Wortlaut des § 315c I Nr. 2 StGB „das Führen eines Fahrzeugs" nicht voraussetzt. Die Vorschrift macht aber nur Sinn, wenn man auch bei § 315c I Nr. 2 StGB das „Führen eines Fahrzeugs" für eine Erfüllung des objektiven Tatbestandes verlangt.

Fahrzeuge i.S.v. § 315c I StGB sind nicht nur Kraftfahrzeuge, sondern Fahrzeuge jeder Art, die zur Beförderung von Personen oder Sachen dienen und am Verkehr auf der Straße teilnehmen.[239]

Damit fallen auch Fahrräder unter den Fahrzeugbegriff des § 315c I StGB.

b) Verletzung einer der in § 315c I Nr. 2 a) bis g) normierten Verkehrsregeln

hemmer-Methode: § 315c I Nr. 2 a) bis g) StGB enthält die „sieben Todsünden" des Straßenverkehrs. Diese Vorschrift regelt grundsätzlich abschließend die Strafbarkeit von Verkehrsteilnehmern, während § 315b StGB Eingriffe „von außen" in den Straßenverkehr erfasst. Allerdings kann bei einer Pervertierung des Verkehrsvorganges im Einzelfall die Vorschrift des § 315b StGB trotzdem neben § 315c StGB herangezogen werden.[240] Beachten Sie jedoch, dass der BGH grundsätzlich eine Überlagerung dieser beiden Vorschriften vermeiden möchte. Deshalb fordert der BGH, dass § 315b StGB bei einer Pervertierung eines Verkehrsmittels (z.B. gezieltes Zufahren auf eine stehende Person) nur dann in Betracht kommt, wenn der Täter mit einem entsprechenden „Schädigungsvorsatz" handelt.[241] Ausführlich dazu Fall 42.

aa) § 315c I Nr. 2 a) StGB

(1) Nichtbeachtung der Vorfahrt

R hat das Vorfahrtsrecht des Paul (P) nicht beachtet.

---

237 Joecks, § 315c, Rn. 11.

238 Der Begriff des (öffentlichen) Straßenverkehrs ist bei § 142 StGB und den §§ 315c, 315b StGB identisch.

239 Schönke/Schröder, § 315c, Rn. 5.

240 Schönke/Schröder, § 315c, Rn. 14; siehe hierzu Fall 42.

241 BGH, NJW 2003, 1613 ff. = jurisbyhemmer.

(2) Grob verkehrswidriges Verhalten

hemmer-Methode: Durch die Voraussetzung des grob verkehrswidrigen und rücksichtlosen Verhaltens soll erreicht werden, dass nur solche Verkehrsverstöße Vergehen sind, die sich von den alltäglichen Verkehrsverstößen durch einen erhöhten Unrechtsgehalt abheben.[242]
Die grobe Verkehrswidrigkeit bezeichnet die objektiv besonders verkehrsgefährdende Bedeutung des Verhaltens, die Rücksichtslosigkeit hingegen einen besonderen Grad subjektiver Pflichtwidrigkeit.[243]
Demgemäß ist im Aufbau die Rücksichtslosigkeit erst im subjektiven Tatbestand zu prüfen.[244]

Ein Verkehrsverstoß ist grob verkehrswidrig, wenn ein besonders schwerer Verstoß gegen die Verkehrsvorschrift vorliegt.[245]

Eine grobe Verkehrswidrigkeit kann dabei noch nicht alleine aus dem Verkehrsverstoß (z. B. Missachtung der Vorfahrt) selbst bzw. der Gefährdung geschützter Rechtsgüter abgeleitet werden. Es müssen im Einzelfall jeweils noch besondere Umstände hinzukommen, die eine Gefährdung des Straßenverkehrs und damit einen schweren Verkehrsverstoß begründen.

Hier hat R die Vorfahrt missachtet, obwohl ein Vorfahrt-Gewähren-Schild vorhanden war. Darüber hinaus hat er die Vorfahrt an einer unübersichtlichen Stelle missachtet.

Folglich liegt ein besonders schwerer Verkehrsverstoß vor. R hat sich grob verkehrswidrig verhalten.

(3) Konkrete Gefährdung

R müsste durch seinen grob verkehrswidrigen Verkehrsverstoß i.S.v. § 315c I Nr. 2 a) StGB den Leib oder das Leben eines anderen Menschen oder eine fremde Sache von bedeutendem Wert konkret gefährdet haben.

Eine konkrete Gefahr für Leib oder Leben bzw. eine fremde Sache liegt vor, wenn es zu einem sogenannten Beinahe-Unfall kommt, bei dem die Verletzung der gefährdeten Rechtsgüter nur noch vom Zufall abhängt.

Vorliegend wäre es aufgrund der Vorfahrtsmissachtung des R beinahe zu einem Auffahrunfall zwischen P und Erich (E) gekommen, weil P wegen R stark abbremsen musste.

Es hing somit nur noch vom Zufall ab, dass E und P nicht in ihrer Gesundheit beeinträchtigt bzw. ihre Fahrzeuge bei einem Auffahrunfall beschädigt wurden.

Demnach lag aufgrund des Verkehrsverstoßes i.S.v. § 315c I Nr. 2 a) StGB eine konkrete Gefahr für den Leib von E bzw. P, sowie fremde Sachen von bedeutendem Wert[246] vor.

hemmer-Methode: Sowohl § 315c I Nr. 1 StGB als auch § 315c I Nr. 2 StGB setzen eine konkrete Gefährdung gerade durch die Trunkenheitsfahrt bzw. den Verkehrsregelverstoß voraus.

---

[242] Schönke/Schröder, § 315c, Rn. 28.
[243] Schönke/Schröder, § 315c, Rn. 28.
[244] Nach anderer Ansicht ist die Rücksichtslosigkeit erst in der Schuld als besonderes persönliches Schuldmerkmal zu prüfen.
[245] Schönke/Schröder, § 315c, Rn. 29.

[246] Eine Sache von bedeutendem Wert liegt ab ca. 750 € vor.

Der objektive Tatbestand des § 315c I Nr. 2 a) StGB ist erfüllt.

bb) § 315c I Nr. 2 c) StGB

(1) Falsches Fahren an einem Fußgängerüberweg

An Fußgängerüberwegen (Zebrastreifen) haben Fußgänger ein Vorrecht, die Straße zu überqueren.

Dieses Vorrecht hat R nicht beachtet, da er nicht vor dem Zebrastreifen angehalten hat, als die Kindergartengruppe diesen überqueren wollte.

Folglich ist R an einem Fußgängerüberweg falsch gefahren.

(2) Grob verkehrswidriges Verhalten

R hat nicht an dem Zebrastreifen angehalten und darüber hinaus noch nicht einmal seine Geschwindigkeit verringert.

Zudem wollte nicht nur eine einzelne Person den Zebrastreifen überqueren, welcher R möglicherweise mit seinem Fahrrad ohne weiteres hätte ausweichen können. Vielmehr wollte eine ganze Gruppe kleiner Kinder den Zebrastreifen überqueren, an welchen R sich vorbeischlängeln musste. Ein besonders schwerer Verkehrsverstoß liegt somit vor.

(3) Konkrete Gefährdung

Da sich die Kinder durch einen Sprung zur Seite in Sicherheit bringen mussten, lag auch eine konkrete Gesundheitsgefährdung aufgrund des falschen Fahrens an dem Fußgängerüberweg vor.

Der objektive Tatbestand des § 315c I Nr. 2 c) StGB ist erfüllt.

cc) § 315c I Nr. 2 f) StGB

R müsste auf einer Autobahn oder Kraftfahrtstraße entgegen der Fahrtrichtung gefahren sein. R ist in einer Einbahnstraße in verkehrter Richtung gefahren. Eine einfache Einbahnstraße im Stadtgebiet stellt aber weder eine Autobahn noch eine Kraftfahrtstraße i.S.v. § 315c I Nr. 2 f) StGB i.V.m. § 18 I S. 1 StVO dar.

Der objektive Tatbestand des § 315c I Nr. 2 f) StGB ist damit nicht erfüllt.

2. Subjektiver Tatbestand

R müsste hinsichtlich aller nach dem objektiven Tatbestand relevanten Merkmale vorsätzlich gehandelt haben, d.h. der Täter muss auch in Bezug auf die Gefährdung vorsätzlich handeln.

Hier hat R vorsätzlich gehandelt. Es kann davon ausgegangen werden, dass R auch die Gefährdung der von § 315c StGB geschützten Rechtsgüter jeweils zumindest billigend in Kauf genommen hat.

Des Weiteren müsste R rücksichtslos gehandelt haben.

Rücksichtslos handelt, wer sich aus eigensüchtigen Motiven über seine Pflichten gegenüber anderen Verkehrsteilnehmern hinwegsetzt oder aus Gleichgültigkeit von vornherein Bedenken gegen sein Verhalten nicht aufkommen lässt und unbekümmert drauflosfährt.[247]

Vorliegend hat R nur daran gedacht, schnell zu seiner Freundin zu gelangen. Aufgrund dieses eigensüchtigen Motivs hat er es auch nicht für nötig gehalten die Verkehrsregeln gegenüber anderen Verkehrsteilnehmern einzuhalten.

---

[247] Joecks, § 315c, Rn. 10.

Ein rücksichtsloses Verhalten ist damit sowohl bei der Missachtung der Vorfahrt als auch beim falschen Fahren am Fußgängerüberweg gegeben.

Auch der subjektive Tatbestand ist damit erfüllt.

3. Rechtswidrigkeit und Schuld

Rechtswidrigkeit und Schuld liegen vor.

II. Gefährlicher Eingriff in den Straßenverkehr, § 315b I Nr. 3 StGB

§ 315b StGB soll grundsätzlich von außen kommende Eingriffe in den Straßenverkehr unter Strafe stellen. Allerdings kann auch ein Verkehrsteilnehmer wie vorliegend R § 315b I StGB verwirklichen.

Dazu müsste R jedoch in verkehrsfeindlicher Gesinnung sein Fahrzeug verkehrswidrig eingesetzt haben, d.h. er müsste einen Verkehrsvorgang zu einem Eingriff in den Straßenverkehr pervertiert haben.[248]

Hier hat R sein Fahrrad jedoch nur zu Fortbewegungszwecken verwendet. Von einer Pervertierung eines Verkehrsvorganges kann nicht die Rede sein, insbesondere liegen keine Anhaltspunkte für einen Schädigungsvorsatz des R vor. Insoweit ist § 315c StGB eine abschließende Regelung.

III. Ergebnis

R hat sich gem. § 315c I Nr. 2 a) StGB sowie gem. § 315c I Nr. 2 c) StGB strafbar gemacht. Aufgrund der Einheitlichkeit der Fahrt liegt insgesamt nur eine Tat i.S.v. § 315c I StGB vor.[249]

D. Zusammenfassung

Sound: Grobe Verkehrswidrigkeit, Rücksichtslosigkeit; „Sieben Todsünden" des Straßenverkehrs.

§ 315c StGB ist ein konkretes Gefährdungsdelikt.

§ 315c I Nr. 2 StGB setzt in jeder Variante ein grob verkehrswidriges und rücksichtsloses Verhalten voraus.

Die grobe Verkehrswidrigkeit bezeichnet die objektiv besonders verkehrsgefährdende Bedeutung des Verhaltens, die Rücksichtslosigkeit einen besonderen Grad subjektiver Pflichtwidrigkeit. Die Gefährdung eines geschützten Rechtsguts bzw. die Verletzung der Verkehrsregeln allein genügt hierfür nicht. Es müssen im Einzelfall jeweils noch besondere Umstände hinzukommen, die eine Gefährdung des Straßenverkehrs und damit einen schweren Verkehrsverstoß begründen.

---

[248] Joecks, § 315b, Rn. 11.

[249] Andere Ansicht vertretbar; zu den Konkurrenzen bei § 315c StGB vgl. Fischer, § 315c, Rn. 23.

E. Vertiefung

Zur Gefährdung des Straßenverkehrs

- Hauburger in Life&Law 09/2010, 625 ff.
- Hemmer/Wüst, StrafR BT II, Rn. 311 ff.
- Hemmer/Wüst, Karteikarten StrafR BT II, Karte 107.

Aus der Rechtsprechung zur Straßenverkehrsgefährdung

- Bei riskanten Verhaltensweisen im Straßenverkehr, die nicht von vornherein auf die Verletzung einer anderen Person oder die Herbeiführung eines Unfalls angelegt sind, kann eine vom Täter erkannte Eigengefährdung dafür sprechen, dass er auf einen guten Ausgang vertraut. Die Feststellung, ob ein Täter vorsätzlich gehandelt hat, hat stets einzelfallbezogen zu erfolgen und lässt keine generalisierende Betrachtung zu, BGH, Urteil vom 01.03.2018 – 4 StR 399/17 (Berliner-Raser-Fall) = Life&Law 07/2018, 460 ff.
- Der Begriff des Überholens im Rahmen des § 315c I Nr. 2 lit. b StGB ist nicht auf Überholvorgänge im Sinne der Straßenverkehrsordnung beschränkt, sondern eigenständig durch Auslegung zu ermitteln. Ein Überholen i.d.S. erfordert kein Sich-Bewegen auf derselben Fahrbahn, sondern liegt auch bei einem Vorbeifahren von hinten an sich in derselben Richtung bewegenden oder verkehrsbedingt haltenden Fahrzeugen vor, welches unter Benutzung von Flächen erfolgt, die nach den örtlichen Gegebenheiten zusammen mit der Fahrbahn einen einheitlichen Straßenraum bilden, BGH, Beschluss vom 15.09.2016 – 4 StR 90/16 = Life&Law 04/2017, 249 ff.
- Ausnahmsweise können auch Handlungen innerhalb des Straßenverkehrs § 315b I Nr. 3 StGB erfüllen, wenn sich diese als verkehrsfremde Eingriffe darstellen. Anerkannt ist dies insbesondere, wenn der Täter das Fahrzeug in zweckwidriger Absicht gleichsam als gefährliches Werkzeug missbraucht („pervertiert"), vgl. BGH, Urteil vom 30.08.2012 – 4 StR 84/12 = Life&Law 07/2013, 515 ff.
- Die Sicherheit von Leib oder Leben eines anderen Menschen oder einer fremden Sache von bedeutendem Wert im Sinne des § 315b I StGB ist erst dann konkret gefährdet, wenn es nur noch vom Zufall abhängt, ob es zu einer Rechtsgutverletzung kommt. Dies ist bei einer kritischen Verkehrssituation in der Regel nur dann zu bejahen, wenn sich diese aus der Perspektive eines objektiven Betrachters als ein „Beinahe-Unfall" darstellt, vgl. BGH, Beschluss vom 26.07.2011 – 4 StR 340/11 = Life&Law 01/2012, 28 ff.
- Die von § 315b StGB geschützte Sicherheit des Straßenverkehrs bezieht sich nur auf den öffentlichen Verkehrsraum. Nicht jede Tathandlung, die vom öffentlichen Straßenraum ausgeht, erfüllt den Tatbestand des § 315b StGB. Voraussetzung ist, dass sich das Opfer in dem Zeitpunkt, in dem der Täter zur Verwirklichung des § 315b StGB durch zweckwidrigen Einsatz des Fahrzeugs als Schadenswerkzeug unmittelbar ansetzt, noch im öffentlichen Raum befindet, so dass die abstrakte Gefahr noch im öffentlichen Verkehrsraum entsteht, vgl. BGH, Beschluss vom 05.10.2011 – 4 StR 401/11 = Life&Law 04/2012, 280 ff.

Fall 40: Die Heimfahrt

Sachverhalt:

Thomas, dessen BAK 2,5 Promille betrug, befuhr nachts mit einem geliehenen, neuwertigen Pkw eine Bundesstraße. Begleitet wurde er von seiner Lebensgefährtin Sibel, die ihn noch auf seinen starken Alkoholkonsum hinwies und ihm von der Fahrt abraten wollte, schließlich aber doch mitfuhr, da dies ihr immer noch als die beste Möglichkeit erschien, nach Hause zu kommen. Thomas fuhr beschwingt durch den Alkohol in so starken Schlangenlinien, dass er in einem Graben landete. Eine Begegnung mit anderen Fahrzeugen fand nicht statt. Auch Sibel wurde nicht verletzt, da sie angeschnallt war und ihr Airbag funktionierte.

Bearbeitervermerk:

Hat sich Thomas (T) nach dem StGB strafbar gemacht?

A. Einordnung

Der Fall behandelt die Frage, ob das vom Täter benutzte Fahrzeug ein gefährdetes Rechtsgut i.S.v. § 315c StGB sein kann. Der Schwerpunkt des Falles liegt in der Problematik einer etwaigen rechtfertigenden Wirkung der Einwilligung des Opfers in die Gefährdung.

B. Gliederung

Strafbarkeit des T

I. Gefährdung des Straßenverkehrs, § 315c I Nr. 1 a) StGB

1. Objektiver Tatbestand (+)

a) Führen eines Fahrzeugs im Straßenverkehr in fahruntüchtigen Zustand (+)

b) Gefährdung einer fremden Sache (-)
(P) Täterfahrzeug als gefährdete fremde Sache

c) Gefährdung des Leibs oder Lebens eines anderen (+)

2. Subjektiver Tatbestand (-)

3. Fahrlässige Gefährdung, §§ 315c III Nr. 1, 11 II StGB (+)

4. Rechtswidrigkeit (+)
(P) Rechtfertigung durch Einwilligung

5. Schuld (+)

II. Ergebnis:
§ 315c III Nr. 1 StGB (+)

C. Lösung

Zu prüfen ist die Strafbarkeit des T nach dem StGB.

Strafbarkeit des T

I. Gefährdung des Straßenverkehrs, § 315c I Nr. 1 a) StGB

Indem T in betrunkenem Zustand den Pkw mit der Sibel (S) in den Graben gefahren hat, könnte er sich gem. § 315c I Nr. 1 a) StGB strafbar gemacht haben.

1. Objektiver Tatbestand

a) T hat ein Fahrzeug im Straßenverkehr geführt, obwohl er infolge des Genusses alkoholischer Getränke nicht mehr in der Lage war, ein Fahrzeug sicher zu führen.

Aufgrund seiner BAK von 2,5 Promille war T absolut fahruntüchtig.

hemmer-Methode: Der BGH zieht die Grenze der absoluten Fahruntauglichkeit bei 1,1 Promille. Ab diesem Grenzwert gilt die Fahruntüchtigkeit als erwiesen. Ein Gegenbeweis des Täters ist nicht zulässig.
Die relative Fahruntauglichkeit beginnt ab einer BAK von 0,3 Promille. Hier müssen noch weitere Umstände, sog. **Ausfallerscheinungen,** hinzukommen (z.B. Fahren in Schlangenlinien), um eine alkoholbedingte Fahruntüchtigkeit nachzuweisen.

b) T könnte eine fremde Sache von bedeutendem Wert gefährdet haben.

Der Pkw, mit dem T gefahren ist, war nur geliehen und damit für T eine fremde Sache.

Ein bedeutender Wert wird ab ca. 750 € angenommen. Hier kann davon ausgegangen werden, dass ein neuwertiger Pkw diesen Wert hatte.

Des Weiteren liegt auch eine konkrete Gefährdung vor, da T den Wagen in einen Graben gefahren hat.

Problematisch ist hier jedoch, dass das gefährdete Rechtsgut gleichzeitig das Tatwerkzeug ist.

Dementsprechend ist es umstritten, ob i.R.d. § 315c StGB die Gefährdung des vom Täter geführten, aber ihm nicht gehörenden Fahrzeugs ausreicht.

Nach e.A. bezweckt § 315c StGB gerade einen wirksamen Individualrechtsschutz, so dass auch die Gefährdung des (fremden) Fahrzeugs des Täters von § 315c StGB erfasst ist.[250]

Diese Ansicht ist jedoch mit der h.M. abzulehnen, da zwischen dem Objekt und dem Mittel der Gefährdung unterschieden werden muss.[251]

Zudem würde ansonsten die Strafbarkeit des Täters von Zufälligkeiten abhängen, beispielsweise wären auch Leasingnehmer und Eigentumsvorbehaltskäufer strafbar, obwohl diese eine vergleichbare Stellung wie ein Eigentümer innehaben.

c) Allerdings könnte T den Leib oder das Leben der S konkret gefährdet haben.

Eine konkrete Gefahr für Leib oder Leben liegt vor, wenn es zu einem sogenannten Beinahe–Unfall kommt, bei dem die Verletzung der geschützten Rechtsgüter nur noch vom Zufall abhängt.

Vorliegend ist T mit dem Pkw im Graben gelandet. Nur aufgrund der Tatsache, dass S angeschnallt war und der Airbag funktionierte, wurde sie nicht verletzt. Eine Beeinträchtigung des Leibes und des Lebens der S hing daher vom Zufall ab.

Somit liegt eine konkrete Gefährdung des Leibes und des Lebens der S vor, welche auch gerade durch die Trunkenheitsfahrt herbeigeführt worden ist.

Der objektive Tatbestand ist erfüllt.

hemmer-Methode: Ob und inwieweit schon die Anwesenheit eines Beifahrers generell eine konkrete Gefährdung in diesem Sinne ergeben kann, ist seit langem umstritten, siehe hierzu Hemmer/Wüst StrafR BT II Rn. 318.[252]

250 Hartung, NJW 1966, 15.

251 Schönke/Schröder, vor § 306 ff., Rn. 11.

252 Zur Gefährdung von tatbeteiligten Fahrzeuginsassen vgl. BGH, Beschluss vom 16.04.2012 – 4 StR 45/12.

Kann jedoch eine konkrete Gefährdung positiv festgestellt werden, wird allgemein eine tatbestandsmäßige Gefährdung angenommen, soweit, wie hier, die Beifahrerin nicht an der Tat selbst beteiligt ist.

2. Subjektiver Tatbestand

T müsste hinsichtlich aller nach dem objektiven Tatbestand relevanten Merkmale vorsätzlich gehandelt haben.

Hier kann davon ausgegangen werden, dass T zumindest billigend in Kauf genommen hat, dass er aufgrund seines erheblichen Alkoholkonsums nicht mehr fahrtauglich ist, zumal er darauf von S ausdrücklich hingewiesen worden ist.

Allerdings kann angesichts einer möglichen alkoholbedingten Überschätzung nicht hinreichend sicher davon ausgegangen werden, dass T hinsichtlich einer konkreten Gefährdung seiner Lebensgefährtin S vorsätzlich handelte.[253]

Insoweit ist der subjektive Tatbestand nicht erfüllt.

3. Fahrlässige Gefährdung, §§ 315c III Nr. 1, 11 II StGB

Gemäß § 315c III StGB genügt auch die fahrlässige Herbeiführung der Gefährdung.

T hat die Gefährdung der S fahrlässig verursacht, er hätte erkennen können und erkennen müssen, dass er ihren Leib und ihr Leben gefährden könnte, wenn er sie in seinem Zustand als Beifahrerin mitnimmt.

hemmer-Methode: Die §§ 315b und 315c StGB können auch jeweils durch eine Vorsatz-Fahrlässigkeitskombination (§ 315b IV StGB bzw. § 315c III Nr. 1 StGB) verwirklicht werden. Hier genügt hinsichtlich der Gefährdung fahrlässiges Verhalten. Diese Taten werden gem. § 11 II StGB wie Vorsatztaten behandelt.
Dies ist im Hinblick auf eine Teilnahme von besonderer Bedeutung, denn eine Beihilfe bzw. Anstiftung setzt das Vorliegen einer vorsätzlich begangenen Haupttat voraus.
Weiterhin besteht die Möglichkeit einer doppelten Fahrlässigkeitskombination (vgl. § 315b V StGB bzw. § 315c III Nr. 2 StGB). Hier ist § 11 II StGB nicht anwendbar. Es handelt sich insoweit um reine Fahrlässigkeitsdelikte.

4. Rechtswidrigkeit

Die Tat könnte durch eine Einwilligung der S in ihre Gefährdung gerechtfertigt sein.

Im konkreten Fall ist S mit T mitgefahren, obwohl sie erkannte, dass er aufgrund des Alkoholkonsums fahruntüchtig war. Hierin könnte eine konkludente Einwilligung in eine Gefährdung gesehen werden (sog. „einverständliche Fremdgefährdung").

Nach einer Auffassung hat die Einwilligung des gefährdeten Beifahrers keine rechtfertigende Wirkung, da § 315c StGB in erster Linie die Sicherheit des allgemeinen Straßenverkehrs schütze, welche nicht zur Disposition des Einzelnen stehe. Die Gefährdung des Einzelnen hat nach dieser Ansicht nur eine untergeordnete Rolle und soll die Strafbarkeit gem. § 315c StGB nur eingrenzen. Auch die Rechtsprechung teilt diese Auffassung.[254]

253 Andere Ansicht vertretbar.

254 Etwa BGHSt 23, 264 = **juris**byhemmer.

Die Gegenansicht (Disponibilitätstheorie) geht dagegen davon aus, dass eine Einwilligung des Gefährdeten stets eine Rechtfertigung des Täters hinsichtlich § 315c StGB ermöglicht (Schönke/Schröder, § 315c, Rn. 43).

Diese Ansicht wird damit begründet, dass § 315c StGB im Gegensatz zu § 315b StGB nicht auf die Beeinträchtigung der Sicherheit des Straßenverkehrs abstellt und daher auch nicht vorrangig die Allgemeinheit schützen soll.

Dem ist jedoch entgegen zu halten, dass schon die systematische Stellung im 28. Abschnitt („Gemeingefährliche Delikte") klarstellt, dass es vornehmlich um den Schutz des Straßenverkehrs geht. Damit überzeugt die Auffassung, welche eine fehlende Dispositionsbefugnis bei den Verkehrsdelikten annimmt (andere Auffassung vertretbar).

T handelte demzufolge rechtswidrig.

5. Schuld

T handelte auch schuldhaft.

Insbesondere handelte er auch subjektiv fahrlässig im Hinblick auf die Herbeiführung der Gefährdungslage für S.

Da T eine BAK von 2,5 Promille aufwies, kommt eine Strafmilderung gem. §§ 21, 49 I StGB in Betracht.

II. Ergebnis

T hat sich gem. § 315c III Nr. 1 StGB strafbar gemacht.

Anmerkung: Ein weiteres Straßenverkehrsdelikt stellt § 315d StGB dar („verbotene Kraftfahrzeugrennen"). § 315d I StGB ist als abstraktes Gefährdungsdelikt konzipiert, § 315d II StGB hingegen als konkretes Gefährdungsdelikt.
§ 315d IV StGB beinhaltet eine Vorsatz-Fahrlässigkeitskombination (vgl. § 11 II StGB). § 315d V SGB stellt eine Erfolgsqualifikation gem. § 18 StGB dar. Letztere soll eine als unbillig empfundene Strafbarkeitslücke schließen, die dann besteht, wenn bei verbotenen Kraftfahrzeugrennen ein Unbeteiligter zu Tode kommt, der Nachweis eines Tötungsvorsatzes jedoch nicht gelingt.

D. Zusammenfassung

Sound: Rechtfertigende Einwilligung; Geschütztes Rechtsgut.

Das Tatmittel des § 315c StGB kann nicht gleichzeitig das gefährdete Rechtsgut darstellen.

Eine wirksame Einwilligung ist bei § 315c StGB nicht möglich, da vornehmlich Rechtsgüter der Allgemeinheit geschützt werden (str.).

E. Vertiefung

Zur Beteiligung des Beifahrers

- Hemmer/Wüst, StrafR BT II, Rn. 319.

Zu Alkoholfahrten

- Hemmer/Wüst, Karteikarten StrafR BT II, Karten 107, 108.

Zur actio libera in causa bei § 315c StGB

- Hemmer/Wüst, StrafR BT II, Rn. 322.

Aus der Rechtsprechung zu den Straßenverkehrsdelikten

- Die in § 315d I Nr. 3 StGB vorausgesetzte Absicht, eine höchstmögliche Geschwindigkeit zu erreichen, setzt lediglich voraus, dass es dem Täter darauf ankommt, in der konkreten Verkehrssituation die durch sein Fahrzeug bedingte oder nach seinen Fähigkeiten oder den Wetter-, Verkehrs-, Sicht- oder Straßenverhältnissen maximal mögliche Geschwindigkeit zu erreichen. Der Wille des Täters, vor einem ihn verfolgenden Polizeifahrzeug zu fliehen, schließt die Absicht, eine höchstmögliche Geschwindigkeit zu erreichen, nicht aus, vgl. OLG Stuttgart, Beschluss vom 04.07.2019 – 4 Rv 28 Ss 103/19 = Life&Law 10/2019, 687-691.
- Täter i.S.v. § 315b StGB kann jeder - auch der Beifahrer - sein, der das tatbestandsmäßige Geschehen im Sinne der Nummern 1 bis 3 beherrscht. Dies gilt auch im Fall des sog. verkehrsfremden Inneneingriffs, OLG Hamm, Beschluss vom 31.01.2017 – III-4 RVs 159/16 = Life&Law 06/2017, 402 ff.
- Für die Annahme einer konkreten Gefahr für Leib und Leben eines anderen Menschen i.S.v. § 315c StGB ist eine Gefährdung des Tatbeteiligten (Täter oder Teilnehmer) nicht ausreichend, vgl. BGH, Beschluss vom 16.04.2012 – 4 StR 45/12 = Life&Law 10/2012, 736 ff.
- „Tödliches Autorennen“: Bei einer einverständlichen Fremdgefährdung (hier: des Beifahrers) kommt eine Behandlung als Einwilligung bei § 315c StGB nicht in Betracht, vgl. BGH, NJW 2009, 1155 ff. = Life&Law 03/2009, 179 ff.
- „Simulierter Herzinfarkt auf der Autobahn“: Bei einem Griff des Beifahrers in das Fahrzeuglenkrad liegt kein Eingriff „von außen“ in den Straßenverkehr vor, vgl. BGH, NZV 2006, 483 f. = Life&Law 02/2007, 103 ff.

Fall 41: Der Steinewerfer

Sachverhalt:

Chris war es langweilig. Um sich die Zeit zu vertreiben, lässt er von einer Brücke über einer Autobahn einen Gegenstand in Höhe der Frontscheiben auf der Autobahn vorbeifahrender Fahrzeuge herunterhängen. Der Pkw-Fahrer Friedrich konnte den Gegenstand aufgrund der schon eintretenden Dunkelheit erst spät erkennen, so dass der Gegenstand trotz eines verzweifelten Ausweichmanövers gegen die Frontscheibe prallte, die dabei zerstört wurde. Friedrich konnte sein Auto, welches aufgrund seines Ausweichmanövers ins Schleudern geriet, nur durch Glück ohne weitere Schäden zum Stehen bringen.

In der nächsten Nacht warf Chris eine Handvoll Kieselsteine von der Brücke herunter, die bei einem mit ca. 60 km/h vorbeifahrenden Minibus die Frontscheibe zum Splittern brachten. Dennoch konnte der Minibusfahrer Martin sein Fahrzeug sicher zum Stehen bringen.

In den genannten Fällen entstand jeweils ein Sachschaden in Höhe von mindestens ca. 1.000 €. Dass infolge seiner Handlungen die Fahrer die Kontrolle über ihre Fahrzeuge verlieren könnten, war dem Chris bewusst, ihm kam es auch jeweils darauf an, einen Unfall herbeizuführen. Allerdings hatte Chris nicht ins Auge gefasst, dass die Fahrer tödlich verunglücken könnten.

Bearbeitervermerk:

Hat sich Chris (C) gem. der §§ 315 ff. StGB strafbar gemacht?

A. Einordnung

Der Fall befasst sich mit gefährlichen Eingriffen in den Straßenverkehr, § 315b StGB. Es wird dabei insbesondere auf die Rechtsprechung des BGH zum Gefahrenzusammenhang zwischen dem verkehrsfremden Eingriff und dem Eintritt einer konkreten Gefährdung eingegangen.

B. Gliederung

Strafbarkeit des C

I. Gefährlicher Eingriff in den Straßenverkehr, §§ 315b I Nr. 1, 2, III, 315 III Nr. 1 a) StGB

1. Objektiver Tatbestand (+)

a) **Beschädigung eines Fahrzeugs**, § 315b I Nr. 1 StGB (-)

aa) Verkehrsfremder Eingriff i.S.v. § 315b I Nr. 1 StGB (+)

bb) Beeinträchtigung der Sicherheit des Straßenverkehrs (+)

cc) Herbeiführung eines Gefahrenerfolges durch den verkehrsfremden Eingriff (-)

b) **Bereitung eines Hindernisses**, § 315b I Nr. 2 StGB (+)

aa) Verkehrsfremder Eingriff i.S.v. § 315b I Nr. 2 StGB (+)

bb) Beeinträchtigung der Sicherheit des Straßenverkehrs (+)

cc) Herbeiführung eines Gefahrenerfolges durch den verkehrsfremden Eingriff (+)

2. Subjektiver Tatbestand (+)
3. **Qualifikation** gem. § 315b III StGB i.V.m. § 315 III Nr. 1 a) StGB (+)
4. Rechtswidrigkeit und Schuld (+)
II. **Gefährlicher Eingriff in den Straßenverkehr, §§ 315b I Nr. 1, 2, 3, III, 315 III Nr. 1 a) StGB**
1. Objektiver Tatbestand (+)
a) **Beschädigung eines Fahrzeugs**, § 315b I Nr. 1 StGB (-)
b) **Bereitung eines Hindernisses**, § 315b I Nr. 2 StGB (-)
Verkehrsfremder Eingriff (-)
c) **Ähnlich gefährlicher Eingriff**, § 315b I Nr. 3 StGB (+)
aa) Verkehrsfremder Eingriff (+)
bb) Beeinträchtigung der Sicherheit des Straßenverkehrs (+)
cc) Herbeiführung eines Gefahrenerfolges durch den verkehrsfremden Eingriff (+)
Geschütztes Rechtsgut (+)
2. Subjektiver Tatbestand (+)
3. **Qualifikation** gem. § 315b III StGB i.V.m. § 315 III Nr. 1 a) StGB (+)
4. Rechtswidrigkeit und Schuld (+)
III. **Ergebnis:** §§ 315b I Nr. 2, III, 315 III Nr. 1 a) StGB und §§ 315b I Nr. 3, III, 315 III Nr. 1 a) StGB in Tatmehrheit, § 53 StGB

C. Lösung

Zu prüfen ist die Strafbarkeit von C gem. §§ 315 ff. StGB.

Strafbarkeit des C

I. Gefährlicher Eingriff in den Straßenverkehr, §§ 315b I Nr. 1, 2, III, 315 III Nr. 1 a) StGB

hemmer-Methode: Im Sachverhalt ist klargestellt, dass C keinen Tötungsvorsatz hatte. Ohne diese Klarstellung und den Bearbeitervermerk wäre in einer Klausurlösung auch an einen heimtückischen Mordversuch bzw. an eine versuchte Körperverletzung zu denken.

Indem C einen Gegenstand von der Brücke hängen ließ, könnte er sich gem. der §§ 315b I Nr. 1, 2, III, 315 III Nr. 1a) StGB strafbar gemacht haben.

1. Objektiver Tatbestand

a) Beschädigung eines Fahrzeugs, § 315b I Nr. 1 StGB

aa) Verkehrsfremder Eingriff i.S.v. § 315b I Nr. 1 StGB

C hat das Fahrzeug des Friedrich (F) beschädigt, § 315b I Nr. 1 StGB.

bb) Beeinträchtigung der Sicherheit des Straßenverkehrs

Die Sicherheit des Straßenverkehrs wurde beeinträchtigt, da die Handlung des C generell dazu geeignet war, Verkehrsteilnehmer zu beeinträchtigen.

cc) Herbeiführung eines Gefahrenerfolges durch den verkehrsfremden Eingriff

§ 315b I Nr. 1 StGB setzt voraus, dass es durch die Beschädigung zu einer Gefahr für Leib, Leben oder fremde Sachen von bedeutendem Wert kommt.

Das bedeutet, dass die Beschädigung selbst nicht auch die Realisierung der Gefahr für eine Sache von bedeutendem Wert darstellen kann. Es muss vielmehr gerade durch die eingetretene Beschädigung (also den „Beschädigungserfolg“) zu einer weitergehenden Gefahr gekommen sein.

Vorliegend könnte F durch die zerstörte Frontscheibe die Sicht genommen worden sein, so dass möglicherweise eine Lebensgefahr entstand.

Hier kann jedoch mangels konkreter Anhaltspunkte nicht davon ausgegangen werden, dass F durch die zersplitterte Frontscheibe jede Möglichkeit der Orientierung genommen wurde. Die Gefährlichkeit der Situation ergibt sich vielmehr gerade daraus, dass F versuchte, dem Gegenstand auszuweichen, und dadurch sein Fahrzeug ins Schleudern geriet.

§ 315b I Nr. 1 StGB ist somit nicht erfüllt.

b) Bereitung eines Hindernisses, § 315b I Nr. 2 StGB

aa) Verkehrsfremder Eingriff i.S.v. § 315b I Nr. 2 StGB

Der herabhängende Gegenstand müsste ein Hindernis darstellen.

Ein Hindernis liegt vor, wenn durch körperliche Einwirkung der regelmäßige Verkehr gehemmt oder verzögert werden kann.[255]

Der Gegenstand befand sich auf dem Fahrweg. Unerheblich ist insoweit, dass sich der Gegenstand nicht auf der Fahrbahn befand und für F nicht unüberwindbar war, denn der Gegenstand hat auch so durch körperliche Einwirkung den regelmäßigen Verkehr gehemmt.

bb) Beeinträchtigung der Sicherheit des Straßenverkehrs

Die Sicherheit des Straßenverkehrs wurde beeinträchtigt.

cc) Herbeiführung eines Gefahrenerfolges durch den verkehrsfremden Eingriff

Aufgrund des verkehrsfremden Eingriffs müsste es zu einer konkreten Gefahr für das Fahrzeug des F und/oder F selbst gekommen sein. Wenn sich ein Gegenstand im Fahrweg in Höhe der Frontscheibe eines herannahenden Fahrzeugs befindet, hängt es nur noch vom Zufall ab, ob es zu einer Kollision kommt. Dementsprechend kam F wegen dem Hindernis ins Schleudern, so dass sowohl für die Gesundheit des F als auch für dessen Fahrzeug eine konkrete Gefahr bestand.

2. Subjektiver Tatbestand

C hat vorsätzlich gehandelt, insbesondere wollte C auch eine konkrete Gefahr herbeiführen.

3. Qualifikation gem. § 315b III StGB i.V.m. § 315 III Nr. 1 a) StGB

C könnte des Weiteren in der Absicht (bei § 315 III StGB ist dolus directus 1. Grades erforderlich) gehandelt haben, einen Unglücksfall herbeizuführen.

Unter einem **Unglücksfall** versteht man hier den Eintritt des Schadens, der durch die vom Täter geschaffene konkrete Gefahr zu entstehen droht.[256] Dem Täter muss es gerade darauf ankommen, dass der drohende Schaden auch tatsächlich eintritt.

C kam es gerade darauf an, einen Unfall herbeizuführen. Eine entsprechende Absicht liegt damit vor.

[255] Fischer, § 315b, Rn. 7.

[256] Fischer, § 315, Rn. 22.

4. Rechtswidrigkeit und Schuld

Rechtswidrigkeit und Schuld liegen vor.

II. §§ 315b I Nr. 1, 2, 3, III, 315 III Nr. 1 a) StGB

Durch das Herabwerfen der Kieselsteine könnte sich C gem. der §§ 315b I Nr. 1, 2, 3, III, 315 III Nr. 1 a) StGB strafbar gemacht haben.

1. Objektiver Tatbestand

a) Beschädigung eines Fahrzeugs, § 315b I Nr. 1 StGB

§ 315b I Nr. 1 StGB ist nicht erfüllt. Hier können die Ausführungen hinsichtlich des herabhängenden Gegenstandes entsprechend herangezogen werden.

b) Bereitung eines Hindernisses, § 315b I Nr. 2 StGB

Das Herabwerfen der Kieselsteine stellt auch nicht ein Bereiten eines Hindernisses dar, weil einige wenige kleine Kieselsteine als solche nicht geeignet waren, den reibungslosen Verkehrsablauf zu hemmen oder zu gefährden.

c) Ähnlich gefährlicher Eingriff, § 315b I Nr. 3 StGB

aa) Verkehrsfremder Eingriff

Ein ähnlicher, ebenso gefährlicher Eingriff setzt voraus, dass der Täter durch Verhaltensweisen, die ihrer Art nach den in Nr. 1 und Nr. 2 genannten verwandt und ebenso abstrakt gefährlich sind, auf Verkehrsvorgänge einwirkt.[257]

Durch das Herabwerfen der Kieselsteine auf den Minibus hat C von außen in den Straßenverkehr eingegriffen. Dieser Eingriff war auch den in Nr. 1 und Nr. 2 genannten spezielleren Formen vergleichbar und ebenso abstrakt gefährlich.

bb) Beeinträchtigung der Sicherheit des Straßenverkehrs

Die Sicherheit des Straßenverkehrs wurde beeinträchtigt.

cc) Herbeiführung eines Gefahrenerfolges durch den verkehrsfremden Eingriff

In diesem Fall ist fraglich, ob der verkehrsfremde Eingriff zu einer konkreten Gefährdung eines der geschützten Rechtsgüter geführt hat.

M konnte seinen Minibus sicher zum Stehen bringen. Der Aufprall der Kieselsteine auf die Frontscheibe führte somit nicht zu einer weitergehenden konkreten Gefahr für M bzw. seinen Minibus.

Allerdings stellte das Herabwerfen der Kieselsteine selbst eine konkrete Gefahr für das Fahrzeug dar.

Problematisch ist hierbei, dass der verkehrsfremde Eingriff und die konkrete Gefährdung zeitlich zusammenfallen und es deshalb an dem erforderlichen verkehrsspezifischen Gefahrenzusammenhang fehlen könnte.

Dementsprechend verneinte die bisherige Rechtsprechung § 315b I StGB in derartigen Fällen mit der Begründung, dass sich der Eingriff in der Gefährdung bzw. Beschädigung des Tatobjektes erschöpfe. Für die Annahme eines Gefahrenzusammenhanges sei eine weitergehende Gefährdung erforderlich.

---

257 Fischer, § 315b, Rn. 8.

Diese Rechtsprechung wurde jedoch mittlerweile aufgegeben. In den Fällen der vorliegenden Art soll es für die Annahme einer vollendeten Tat ausreichen, dass die durch den Eingriff verursachte verkehrsspezifische Gefahr zu einem bedeutenden Fremdschaden geführt hat.

Erforderlich ist, dass die Tathandlung eine abstrakte Gefahr für die Sicherheit des Straßenverkehrs bewirkt, die sich zu einer konkreten Gefahr für die genannten Schutzgüter verdichtet. Das Erfordernis einer zeitlichen Differenz zwischen Eingriff und konkreter Gefahr ist dem Wortlaut der Vorschrift dagegen nicht zu entnehmen. Der Tatbestand des § 315b StGB kann daher in sämtlichen Handlungsvarianten auch dann erfüllt sein, wenn die Tathandlung unmittelbar zu einer konkreten Gefahr oder Schädigung führt, sofern dieser Erfolg sich als Steigerung der abstrakten Gefahr darstellt.

Hieran fehlt es jedoch auch nach der Rechtsprechung, wenn der Täter losgelöst von einem Verkehrsgeschehen ein Fahrzeug beschädigt, ohne dass die so geschaffene abstrakte Gefahr für den Straßenverkehr in eine konkrete Gefahr umschlägt.

Bsp.: Bremsleitung eines parkenden Fahrzeugs wird durchgeschnitten. Solange das Fahrzeug nicht am Verkehr teilnimmt, ist § 315b StGB nicht verwirklicht.

Hiervon sind Tathandlungen zu unterscheiden, die zeitgleich mit der abstrakten Gefahr für den Verkehr auch eine konkrete Gefahr für ein geschütztes Rechtsgut hervorrufen.

In diesen Konstellationen fallen zwar die abstrakte und konkrete Gefahr zeitlich zusammen, sie sind jedoch nicht identisch und können gedanklich unterschieden werden. Dementsprechend ist es dann auch nicht mehr erforderlich, dass es zusätzlich noch zu einer weiteren konkreten Gefahr kommt.

Diese Rechtsprechung kann vor allem wertungsmäßig überzeugen, weil es keinen Unterschied machen kann, ob jemand ein Hindernis bereitet, welches zur Zerstörung einer Frontscheibe führen kann, oder einen Gegenstand auf ein Fahrzeug wirft und damit dieselbe konkrete Gefährdung verursacht.

Dabei handelt es sich hier auch um eine verkehrsspezifische Gefahr, denn die konkrete Gefahr der Beschädigung der Frontscheibe ergab sich hier gerade daraus, dass der Minibus in Bewegung war. Hätte C dieselbe Handlung bei einem stehenden Fahrzeug vorgenommen, wäre es nicht zu einer vergleichbaren Gefährdung gekommen.

Die Tatsache, dass über die durch die Steinwürfe an den Frontscheiben entstanden Schäden hinaus die konkrete Gefahr eines weiteren Unfallgeschehens nicht bestand, steht grds. der Annahme von § 315b I Nr. 3 StGB nicht entgegen.

dd) Geschütztes Rechtsgut

Eine konkrete Gefahr für Leib oder Leben des M bzw. Dritte lag nicht vor. Allerdings könnte eine fremde Sache von bedeutendem Wert gefährdet worden sein.

Die zerstörte Frontscheibe hatte einen Wert von 1.000 €. Es kann daher davon ausgegangen werden, dass insoweit auch eine hinreichende Gefährdung einer fremden Sache von bedeutendem Wert vorliegt.

hemmer-Methode: Der Minibus des M war insgesamt zu keinem Zeitpunkt konkret gefährdet, zumal er nicht ins Schleudern geriet. Dementsprechend stellt die h.M. bei der Frage nach dem Wert der gefährdeten fremden Sache nur auf die tatsächlich gefährdeten Teile oder Bereiche des jeweiligen Gegenstandes ab. Dem ist zu folgen, da nur so, wie vom Merkmal des „bedeutenden Wertes“ bezweckt, Bagatellfälle aus dem Bereich des § 315b StGB ausgeschieden werden können.

2. Subjektiver Tatbestand

C hat vorsätzlich gehandelt, insbesondere wollte C auch eine konkrete Gefahr herbeiführen.

3. Qualifikation gem. § 315b III StGB i.V.m. § 315 III Nr. 1 a) StGB

Des Weiteren hatte C die Absicht, einen Unglücksfall herbeizuführen.

4. Rechtswidrigkeit und Schuld

Rechtswidrigkeit und Schuld liegen vor.

III. Ergebnis

C hat sich gem. der §§ 315b I Nr. 2, III, 315 III Nr. 1 a), (303 I, 52 I) StGB in Tatmehrheit zu den §§ 315b I Nr. 3, III, 315 III Nr. 1 a), (303 I, 52 I) StGB strafbar gemacht.

D. Zusammenfassung

Sound: Gefährlicher Eingriff in den Straßenverkehr; Verkehrsspezifischer Gefahrenzusammenhang.

Greift der Täter in den fließenden Verkehr ein, indem er Hindernisse auf der Fahrbahn bereitet oder Gegenstände auf fahrende Fahrzeuge wirft, kann § 315b I Nr. 2 oder Nr. 3 StGB auch dann erfüllt sein, wenn die Tathandlung unmittelbar zu einem bedeutenden Fremdschaden führt und dieser Erfolg sich als Steigerung der durch die Tathandlung bewirkten abstrakten Gefahr für die Sicherheit des Straßenverkehrs darstellt.

Ein verkehrsspezifischer Gefahrenzusammenhang kann folglich auch dann gegeben sein, wenn die durch den verkehrsfremden Eingriff geschaffene abstrakte Gefahr für die Sicherheit des Straßenverkehrs zeitlich mit der dadurch geschaffenen konkreten Gefahr für eines der genannten Rechtsgüter zusammenfällt (str.).

E. Vertiefung

Zu diesem Fall

- Life&Law 05/2003, 340 ff.; NJW 2003, 836 ff.

Zur Einordnung von Gullydeckeln als Anlage i.S.v. § 315b Nr. 1 StGB

- Life&Law 02/2003, 103 ff.; NStZ 2002, 648.

Fall 42: Der perverse Kuno

Sachverhalt:

Kuno wird wegen diverser Straftaten von der Polizei per Haftbefehl gesucht. Als er mit seinem Auto unterwegs ist, wird er von einer Polizeistreife bemerkt, die seine Verfolgung aufnimmt. Als Kuno dies bemerkt, versucht er, seine Verfolger abzuschütteln. Nach einer längeren Verfolgungsjagd gelangt er schließlich an eine wegen ihm eingerichtete Polizeisperre, an der sich Polizist Paul aufgebaut hat. Da Kuno sich jetzt erst recht nicht mehr schnappen lassen will, fährt er ohne abzubremsen auf Paul zu. Kuno rechnet fest damit, dass Paul noch rechtzeitig zur Seite springen wird und dadurch eine Lücke für seine weitere Flucht freigibt. So geschieht es auch. Wie von Kuno erhofft, springt der Polizist Paul zur Seite und kann sich gerade noch retten.

Bearbeitervermerk:

Wie hat sich Kuno (K) nach dem StGB strafbar gemacht?
Auf Tötungs- und Körperverletzungsdelikte ist nicht einzugehen.

A. Einordnung

Der Fall setzt sich mit dem Problemfeld des gefährlichen Eingriffs in den Straßenverkehr durch die Benutzung eines Fahrzeugs als Waffe auseinander.

B. Gliederung

Strafbarkeit des K

I. Gefährdung des Straßenverkehrs, § 315c I Nr. 2 StGB

⇨ Objektiver Tatbestand (-)

II. Gefährlicher Eingriff in den Straßenverkehr, § 315b I Nr. 3 StGB

⇨ Objektiver Tatbestand (-)
Verkehrsfremder Eingriff (-)
(P) Verkehrsfremder Eingriff durch Verkehrsteilnehmer

III. Widerstand gegen Vollstreckungsbeamte, § 113 StGB

1. Objektiver Tatbestand (+)

a) Vollstreckungsbeamter und Vollstreckungsmaßnahme (+)

b) Gewaltanwendung (+)

2. Subjektiver Tatbestand (+)

3. Objektive Bedingung der Strafbarkeit, § 113 III S. 1 StGB (+)

4. Rechtswidrigkeit und Schuld (+)

5. Regelbeispiele des § 113 II S. 2 StGB; § 113 I S. 2 Nr. 1 Alt. 2 StGB (+)

IV. Tätlicher Angriff auf Vollstreckungsbeamte, § 114 StGB

Tätlicher Angriff (+)

Vorsatz, Rechtswidrigkeit und Schuld (+)

Regelbeispiel d. §§ 114 II, 113 II S. 2 Nr. 1 Alt. 2 StGB (+)

V. Ergebnis: § 315c I StGB (-), § 315b I StGB (-); §§ 114 I, II, 113 II S. 2 Nr. 1 Alt. 2 StGB (+)

C. Lösung

Zu prüfen ist die Strafbarkeit von K nach dem StGB.

Strafbarkeit des K

I. Gefährdung des Straßenverkehrs, § 315c I Nr. 2 StGB

K ist weder in fahruntüchtigem Zustand gefahren, noch hat er einen der in § 315c I Nr. 2 StGB genannten Verkehrsverstöße begangen.

Der objektive Tatbestand des § 315c StGB ist nicht erfüllt.

II. Gefährlicher Eingriff in den Straßenverkehr, § 315b I Nr. 3 StGB

Indem K auf den Polizisten (P) zugefahren ist, um ihn dazu zu bringen den Weg freizugeben, könnte sich K gem. § 315b I Nr. 3 StGB strafbar gemacht haben.

Verkehrsfremder Eingriff

Die Handlungsvarianten von § 315b I Nr. 1 und 2 StGB kommen vorliegend nicht in Betracht. Das Zufahren auf P könnte jedoch einen „ähnlichen, ebenso gefährlichen Eingriff" i.S.v. § 315b I Nr. 3 StGB darstellen.

In der hier vorliegenden Konstellation ist jedoch zu beachten, dass K selbst ein Verkehrsteilnehmer war.

Nach ständiger Rechtsprechung des BGH wird ein vorschriftswidriges Verkehrsverhalten im fließenden Verkehr nur dann von § 315b StGB erfasst, wenn ein Fahrzeugführer sein Fahrzeug in verkehrsfeindlicher Gesinnung bewusst zweckwidrig einsetzt, er mithin in der Absicht handelt, den Verkehrsvorgang zu einem Eingriff in den Straßenverkehr zu „pervertieren", und es ihm darauf ankommt, durch diesen in die Sicherheit des Straßenverkehrs einzugreifen.[258]

Das bedeutet der Verkehrsvorgang muss derart pervertiert werden, dass er quasi wie ein verkehrsfremder Eingriff von außen wirkt. Eine solche Pervertierung liegt insbesondere dann vor, wenn das Auto als „Waffe" eingesetzt wird.

Dagegen fällt ein bloß vorschriftswidriges Verkehrsverhalten grundsätzlich nicht unter § 315b StGB. Insoweit kann nur § 315c StGB eingreifen, dem in dieser Hinsicht dann eine Sperrwirkung zukommt.

Für eine trennscharfe Abgrenzung wird vom BGH i.R.d. § 315b StGB zusätzlich gefordert, dass zu dem bewusst zweckwidrigen Einsatz des Fahrzeugs in verkehrsfeindlicher Einstellung hinzukommen muss, dass das Fahrzeug **mit** (wenigstens bedingtem) **Schädigungsvorsatz** – etwa als Waffe oder Schadenswerkzeug – missbraucht wird.[259]

Nur unter dieser zusätzlichen Voraussetzung soll nunmehr eine verkehrsatypische Pervertierung des Verkehrsvorganges zu einem gefährlichen Eingriff in den Straßenverkehr i.S.d. § 315b StGB gegeben sein. Dies gilt für alle Varianten des § 315b StGB.

hemmer-Methode: Der BGH betont dabei, dass er nicht in Frage stellt, dass für den subjektiven Tatbestand des § 315b I StGB Gefährdungsvorsatz ausreicht; er will hierdurch lediglich die schon bisher geforderte „Absicht", den Verkehrsvorgang zu einem Eingriff in den Straßenverkehr zu „pervertieren", konkretisieren.

In diesem Fall hat K sein Fahrzeug als Fluchtmittel und damit zumindest auch zu „Verkehrszwecken" genutzt.

---

258 BGHSt 41, 231 [234] = **juris**byhemmer.

259 BGH, Life&Law 08/2003, 563 ff.; BGH, NJW 2003, 1613 ff. = **juris**byhemmer.

Zwar hat K sich darüber hinaus verkehrswidrig verhalten, indem er auf P zufuhr. Jedoch scheidet eine Einstufung als verkehrsfremdes Verhalten aus, wenn der Täter ohne Schädigungsvorsatz handelt.

Hier hat K vorausgesehen, dass er P gefährden könnte, da er aber fest damit rechnete, dass P nichts passieren würde, fehlt es an einem entsprechenden Schädigungsvorsatz.

Damit fehlt es an einem verkehrsfremden Eingriff.

Der objektive Tatbestand ist nicht erfüllt.

hemmer-Methode: Bei § 315b StGB ist es ganz wichtig zu beachten, dass die Voraussetzung „eines bewusst zweckwidrigen Einsatzes eines Fahrzeugs mit verkehrsfeindlicher Einstellung und zumindest bedingtem Schädigungsvorsatz" nur dann erfüllt sein muss, wenn ein Verkehrsteilnehmer die betreffende Handlung vornimmt. Nimmt der Täter dagegen nicht am fließenden Verkehr teil, kommt es auf diese Voraussetzungen bei § 315b StGB nicht an.

III. Widerstand gegen Vollstreckungsbeamte, § 113 StGB

K müsste P als Vollstreckungsbeamten bei der Ausführung einer konkreten rechtmäßigen Vollstreckungshandlung vorsätzlich Widerstand geleistet haben.

1. Objektiver Tatbestand

a) Bei P handelt es sich um einen Vollstreckungsbeamten, welcher mit dem Versuch der Ingewahrsamnahme des K auch eine Vollstreckungshandlung durchführte.

b) K müsste durch Gewalt Widerstand geleistet haben.

Gewalt i.S.v. § 113 StGB ist der Einsatz materieller Zwangsmittel gegen die Person des Vollstreckenden, die geeignet ist, die Vollstreckung zu erschweren.

Indem K auf P zufuhr und ihn zum Ausweichen zwang, übte er gegen den Polizisten einen physischen Zwang aus, welcher die Vornahme der Diensthandlung erschwerte.

2. Subjektiver Tatbestand

K handelte vorsätzlich.

3. Objektive Bedingung der Strafbarkeit, § 113 III S. 1 StGB

Die Diensthandlung des P war rechtmäßig. Die objektive Bedingung der Strafbarkeit liegt damit vor.

4. Rechtswidrigkeit und Schuld

Rechtswidrigkeit und Schuld liegen vor.

5. Regelbeispiele des § 113 II S. 2 StGB

Der Begriff der Waffe i.S.v. § 113 II S. 2 Nr. 1 StGB umfasst nach der h.M. nur Gegenstände, die zu Angriffs- bzw. Verteidigungszwecken hergestellt wurden (Waffen im technischen Sinne). Aufgrund der im Strafrecht strikt zu beachtenden Wortlautgrenze kann demzufolge ein Auto nicht als Waffe im Sinne von § 113 II S. 2 Nr. 1 StGB angesehen werden.

In Betracht kommt jedoch, das Auto als gefährliches Werkzeug i.S.v. § 113 II S. 2 Nr. 1 StGB einzuordnen. Dann müsste K zusätzlich das Auto „bei sich geführt" haben.

Der Wortlaut legt insoweit nahe, dass es sich hierbei um bewegliche Gegenstände handeln muss[260] und diese von einem Menschen ohne nennenswerten Aufwand bewegt werden können.

Dies ist auch bei einem Pkw der Fall. Ein „Bei-Sich-Führen“ setzt insbesondere nach dem Wortlaut nicht zwingend voraus, dass der Täter den Gegenstand in der Hand hält oder am Körper trägt. K hat damit § 113 II S. 2 Nr. 1 Alt. 2 StGB verwirklicht.

Nicht mit hinreichender Sicherheit kann festgestellt werden, dass K den P vorsätzlich in eine konkrete Todesgefahr gebracht hat, § 113 II S. 2 Nr. 2 StGB (a.A. vertretbar mit Verweis darauf, dass sich P „gerade noch“ retten konnte).

IV. Tätlicher Angriff auf Vollstreckungsbeamte, § 114 StGB

Überdies könnte K sich auch gem. § 114 StGB strafbar gemacht haben. Hierfür müsste er den Polizist P tätlich angegriffen haben. Ein tätlicher Angriff i.d.S. ist eine unmittelbar auf den Körper zielende gewaltsame Einwirkung. Zu einer körperlichen Verletzung muss es nicht kommen. Bei einem Zufahren mit einem Pkw auf eine stehende Person ist dies der Fall.

Außerdem griff K den P bei einer Diensthandlung tätlich an. Der objektive Tatbestand von § 114 I StGB ist damit verwirklicht.

hemmer-Methode: Beachten Sie, dass bei § 113 I StGB der Vollstreckungsbeamte gerade bei der Ausführung einer vollstreckbaren Diensthandlung betroffen sein muss. § 114 I StGB lässt es genügen, dass irgendeine Diensthandlung ausgeführt wird. Eine zur Verwirklichung von § 114 I StGB hinreichende Tatsituation liegt daher z.B. bei Ausführung des allgemeinen Streifendienstes bzw. bei der Entgegennahme einer Strafanzeige vor.

K handelte auch vorsätzlich, rechtswidrig und schuldhaft.

Gem. §§ 114 II, 113 II S. 2 Nr. 1 Alt. 2 StGB liegt auch bei § 114 StGB ein besonders schwerer Fall vor.

V. Ergebnis

K hat sich wegen eines besonders schweren Falles des tätlichen Angriffs auf Vollstreckungsbeamte strafbar gemacht, § 114 I, II S. 2 Nr. 1 Alt. 2 StGB. Der mitverwirklichte Widerstand gegen Vollstreckungsbeamte gem. § 113 StGB tritt dahinter zurück.

Auch § 240 StGB tritt hinter § 114 StGB zurück, da sich die Nötigung im tätlichen Angriff gegen den Vollstreckungsbeamten erschöpft. Insoweit ist § 114 StGB die speziellere Norm.

D. Zusammenfassung

Sound: Pervertierung eines Verkehrsvorganges bei § 315b StGB; Auto ist keine „Waffe“ i.S.v. § 113 II S. 2 Nr. 1 StGB

Im fließenden Straßenverkehr ist ein Verkehrsvorgang nur dann als pervertiert und damit als gefährlicher Eingriff in den Straßenverkehr anzusehen, wenn zu dem bewusst zweckwidrigen Einsatz des Fahrzeuges hinzukommt, dass es mit wenigstens bedingtem Schädigungsvorsatz missbraucht wird.

[260] Vgl. in diesem Kontext Fischer, § 244, Rn. 27.

E. Vertiefung

Zu den gefährlichen Eingriffen in den Straßenverkehr:

- Hemmer/Wüst, StrafR BT II, Rn. 327 ff.
- Hemmer/Wüst, Karteikarten StrafR BT II, Karte 109.

Zum Widerstand gegen Vollstreckungsbeamte:

- Ein Kraftfahrzeug ist keine „Waffe" im Sinne des § 113 II S. 2 Nr. 1 StGB. Subsumiert ein Gericht ein Kraftfahrzeug unter diesen Begriff, liegt darin ein Verstoß gegen das strafrechtliche Analogieverbot, Art. 103 II GG. Siehe dazu BVerfG, 2 BvR 2238/07 = Life&Law 02/2009, 102 ff.

Kapitel XIII: Straftaten im Amt

Fall 43: Der großzügige Bauherr

Sachverhalt:

Der Beamte Bertold hat Emil in ordnungsgemäßer Weise eine Baugenehmigung erteilt. Frieda, die Ehefrau des Emil, schlägt diesem sodann mit Erfolg vor, dem Bertold für seine Bemühungen 1.000 € zu zahlen. Bertold nimmt das Geld von Emil schließlich auch an.

Bearbeitervermerk:

Haben sich die Beteiligten nach dem StGB strafbar gemacht?

A. Einordnung

Der Fall bietet einen Einstieg in die Straftaten im Amt. Es wird dabei auch auf Teilnahmekonstellationen bei den §§ 331 ff. StGB eingegangen.

B. Gliederung

Strafbarkeit des B

I. Vorteilsannahme, § 331 I StGB

1. Objektiver Tatbestand (+)

a) Amtsträger oder ein für den öffentlichen Dienst besonders Verpflichteter (+)

b) Fordern, Versprechen-lassen oder Annehmen eines Vorteils für sich oder einen Dritten (+)

c) Für die Dienstausübung (Unrechtsvereinbarung (+)

2. Subjektiver Tatbestand (+)

3. Rechtswidrigkeit und Schuld (+)

II. Bestechlichkeit, § 332 I StGB

Objektiver Tatbestand (-)

III. Ergebnis:
§ 331 I StGB (+), § 332 I StGB (-)

Strafbarkeit des E

I. Vorteilsgewährung, § 333 I StGB

1. Objektiver Tatbestand (+)

2. Subjektiver Tatbestand (+)

3. Rechtswidrigkeit und Schuld (+)

II. Anstiftung zur Vorteilsannahme, §§ 331 I, 26 StGB

Objektiver Tatbestand (-)

III. Ergebnis:
§ 333 I StGB (+); §§ 331 I, 26 StGB (-)

Strafbarkeit der F

I. Anstiftung zur Vorteilsgewährung, §§ 333 I, 26 StGB

1. Objektiver Tatbestand (+)

2. Subjektiver Tatbestand (+)

3. Rechtswidrigkeit und Schuld (+)

II. Ergebnis:

§§ 331, 26 StGB (+)

C. Lösung

Strafbarkeit des B

I. Vorteilsannahme, § 331 I StGB

Indem B die 1.000 € von Emil (E) für die Baugenehmigung angenommen hat, könnte er sich gem. § 331 I StGB strafbar gemacht haben.

1. Objektiver Tatbestand

a) Amtsträger oder ein für den öffentlichen Dienst besonders Verpflichteter

Wer ein Amtsträger oder ein für den öffentlichen Dienst besonders Verpflichteter ist, wird in § 11 I Nr. 2 und 4 StGB legaldefiniert.

B ist Beamter und damit Amtsträger i.S.v. § 11 I Nr. 2 a) Alt. 1 StGB.[261]

hemmer-Methode: Die §§ 331, 332 StGB sind Sonderdelikte, die Täter müssen Amtsträger bzw. gleichgestellte Personen i.S.d. § 11 I Nr. 2 bis 4 StGB sein.

b) Fordern, Versprechenlassen oder Annehmen eines Vorteils für sich oder einen Dritten

Ein **Vorteil** i.S.d. §§ 331 ff. StGB ist jede Leistung materieller oder immaterieller Art, auf die der Amtsträger oder Dritte keinen Anspruch hat und die seine wirtschaftliche, rechtliche oder auch nur persönliche Lage objektiv verbessert.

Dabei genügt es, dass der Vorteil dem Begünstigten lediglich mittelbar zugutekommt.[262]

hemmer-Methode: Kleinere Zuwendungen (Kalender, Kugelschreiber, Flasche Wein etc.) fallen nicht unter den Vorteilsbegriff, da die durch die §§ 331 ff. StGB geschützten Rechtsgüter der Sachlichkeit der Amtsführung und des Vertrauens der Allgemeinheit in den Staat durch diese nicht beeinträchtigt werden können.

Man spricht hier auch von sozialadäquaten Zuwendungen.[263]

Die 1.000 € stellen eine Leistung materieller Art dar, welche die wirtschaftliche Lage des B verbessert.

Diesen Vorteil hat B auch angenommen.

c) Für die Dienstausübung (Unrechtsvereinbarung)

Bei der Dienstausübung muss es sich um eine Betätigung des Amtsträgers handeln, die zu seinen dienstlichen Obliegenheiten gehört und von ihm nur vermöge seines Amtes vorgenommen werden kann.[264]

hemmer-Methode: Die Dienstausübung ist abzugrenzen von Privathandlungen, die mit dem Aufgabenbereich des Amtsträgers in keinerlei Beziehung stehen.

261 Beamte i.S.v. § 11 I Nr. 2 a) Alt. 1 StGB sind nur Beamte im staatsrechtlichen Sinne; Rengier, BT II, § 59, Rn. 6.

262 Rengier, BT II, § 59, Rn. 8.

263 Joecks, § 331, Rn. 16 ff.

264 Schönke/Schröder, § 331, Rn. 13; der Unterschied zum Tatbestandsmerkmal der Diensthandlung bei den §§ 332, 334 StGB liegt darin, dass es auf eine hinreichende Konkretisierung der bereits vorgenommenen oder künftig vorzunehmenden Diensthandlung nicht mehr ankommt.

Privathandlungen können auch **bei Gelegenheit** der Dienstausübung vorgenommen werden, ohne dass sie dann zur Dienstausübung gerechnet werden.

Die Erteilung einer behördlichen Genehmigung wie der Baugenehmigung fällt in den Bereich der Dienstausübung.

Des Weiteren sollte der Vorteil gerade für die erteilte Baugenehmigung gewährt werden.

Damit liegt die für § 331 I StGB erforderliche Unrechtsvereinbarung vor.

Der Vorteil wurde für die Dienstausübung gewährt.

hemmer-Methode: Bei den einseitigen Tathandlungen des Forderns bzw. des Anbietens eines Vorteils reicht es für die Vollendung bereits aus, wenn dem Empfänger eine Willenserklärung zugegangen ist, die auf den Abschluss einer zweiseitigen Unrechtsvereinbarung gerichtet ist.

Der objektive Tatbestand ist damit vollendet.

2. Subjektiver Tatbestand

B hat vorsätzlich gehandelt.

3. Rechtswidrigkeit und Schuld

Rechtswidrigkeit und Schuld liegen vor. Insbesondere greift der **Rechtfertigungsgrund** des **§ 331 III StGB** nicht ein, da es an einer Genehmigung für die Vorteilsannahme fehlt.

II. Bestechlichkeit, § 332 I StGB

§ 332 I StGB setzt voraus, dass durch die Vornahme der Diensthandlung die Dienstpflichten des Amtsträgers verletzt werden.

Pflichtwidrig ist eine Diensthandlung[265] immer, wenn dem Täter durch Rechtssatz, Dienstvorschrift oder Anordnung die Vornahme, Unterlassung und/oder Art der Vornahme einer Diensthandlung vorgeschrieben ist und er hiervon abweicht.[266]

Dies war hier nicht der Fall, da die Baugenehmigung vorab ordnungsgemäß erteilt wurde.

III. Ergebnis

B hat sich gem. § 331 I StGB strafbar gemacht, nicht jedoch gem. § 332 I StGB.

Strafbarkeit des E

I. Vorteilsgewährung, § 333 I StGB

1. Objektiver Tatbestand

Der E hat dem Amtsträger B einen Vorteil für seine Dienstausübung gewährt.

Der objektive Tatbestand ist erfüllt.

2. Subjektiver Tatbestand

E handelte vorsätzlich.

3. Rechtswidrigkeit und Schuld

Rechtswidrigkeit und Schuld liegen vor.

265 Der Begriff der Dienstausübung ist weiter als der Begriff der Diensthandlung, da er die dienstliche Tätigkeit im Allgemeinen erfasst und keine konkretisierte Diensthandlung voraussetzt;
Rengier, BT II, § 60, Rn. 19.

266 Fischer, § 332, Rn. 7 ff.

II. Anstiftung zur Vorteilsnahme, §§ 331 I, 26 StGB

Indem E den B dazu gebracht hat die 1.000 € anzunehmen, könnte er ihn zu einer Vorteilsannahme angestiftet haben.

Eine Strafbarkeit des E wegen einer Anstiftung zur Vorteilsnahme scheidet trotz einer etwaigen Bestimmung des B zu dieser Tat durch E aus, weil die §§ 331 ff. StGB die Strafbarkeit des Vorteilsgebers und Vorteilsnehmers selbstständig und abschließend regeln. E kann sich daher nicht zusätzlich gem. der §§ 331, 26 StGB strafbar gemacht haben.

III. Ergebnis

E hat sich gem. § 333 I StGB strafbar gemacht.

Eine Strafbarkeit gem. § 334 I StGB scheidet bereits aufgrund der fehlenden Pflichtwidrigkeit der fraglichen Diensthandlung aus.

Strafbarkeit der F

I. Anstiftung zur Vorteilsgewährung, §§ 333 I, 26 StGB

1. Objektiver Tatbestand

Die F hat bei E den Tatentschluss hervorgerufen, dem B 1.000 € für die Erteilung der Baugenehmigung zuzuwenden, indem sie E einen entsprechenden Vorschlag machte.

Folglich hat die F den E zur Vornahme einer vorsätzlichen und rechtswidrigen Tat bestimmt.

Der objektive Tatbestand ist erfüllt.

hemmer-Methode: Bei der Teilnahme (Anstiftung und Beihilfe) außenstehender Dritter ist danach zu unterscheiden, in wessen Lager sie stehen. Steht der Dritte im Lager des Vorteilsgebers, kommt nur eine Strafbarkeit wegen Teilnahme (§§ 26, 27 StGB) an den §§ 333, 334 StGB in Betracht. Handelt der Dritte auf der Seite des Vorteilsnehmers, kommen für eine Strafbarkeit wegen Teilnahme nur die §§ 331, 332 StGB in Betracht, wobei § 28 I StGB Anwendung findet, da die Amtsträgerschaft ein besonderes persönliches Merkmal ist, das die Strafbarkeit des Haupttäters begründet (Amtsdelikte = Sonderdelikte).

2. Subjektiver Tatbestand

F handelte vorsätzlich. Insbesondere lag bei ihr der erforderliche doppelte Anstiftungsvorsatz vor.

3. Rechtswidrigkeit und Schuld

Rechtswidrigkeit und Schuld liegen vor.

II. Ergebnis für F

F hat sich gem. der §§ 333 I, 26 StGB strafbar gemacht.

D. Zusammenfassung

Sound: Vorteilsbegriff, Unrechtsvereinbarung, Amtsdelikte.

Auf der „Nehmerseite“ ist § 331 I StGB das Grunddelikt, welches die gesamte Dienstausübung erfasst. § 332 I StGB qualifiziert die Tat, soweit es um eine konkrete pflichtwidrige Diensthandlung geht.

Entsprechendes gilt für die „Geberseite“ hinsichtlich der §§ 333 StGB (= Grunddelikt) und § 334 StGB (= Qualifikation).

Dabei korrespondieren die Tathandlungen der §§ 331 I, 333 I StGB und §§ 332 I, 334 I StGB jeweils spiegelbildlich miteinander (Rengier, StrafR BT II, § 60 Rn. 3).

In der Falllösung sollten Sie sich daher bei der Prüfung der Tatbestände an die gesetzliche Reihenfolge halten.

E. Vertiefung

Zu den Amtsdelikten

- Hemmer/Wüst, StrafR BT II, Rn. 350 ff.
- Hemmer/Wüst, Karteikarten StrafR BT II, Karte 112.

Aus der Rechtsprechung zu den Bestechungsdelikten

- Unter einer sonstigen Stelle gemäß § 11 I Nr. 2c StGB ist eine behördenähnliche Institution zu verstehen, die selbst zwar keine Behörde im verwaltungsrechtlichen Sinn, aber rechtlich befugt ist, bei der Ausführung von Gesetzen und bei der Erfüllung von öffentlichen Aufgaben mitzuwirken. Zu diesen öffentlichen Aufgaben gehört auch die durch die öffentlich-rechtlichen Rundfunkanstalten sichergestellte Grundversorgung der Bevölkerung mit Rundfunkprogrammen als Bereich der staatlichen Daseinsvorsorge, vgl. BGH, Beschluss vom 27.11.2009 – 2 StR 104/09 = Life&Law 06/2010, 384 ff.

  Einwerben von Wahlkampfspenden: § 331 I StGB ist in den Fällen des Einwerbens von Wahlkampfspenden verfassungskonform restriktiv auszulegen. Eine Strafbarkeit scheidet demzufolge aus, wenn die vom Amtsträger erstrebte Wahlkampfunterstützung allein dazu dienen soll, nach erfolgreicher Wiederwahl das Wahlamt in Übereinstimmung mit den allgemeinen wirtschaftlichen oder politischen Vorstellungen des Vorteilsgebers auszuüben. Dies ergibt sich bereits aus der Wertung des Parteiengesetzes. Nach § 25 I S. 1 ParteiG sind Parteien berechtigt, Spenden anzunehmen. Entsprechend haben Bürger auch das Recht, durch Wahlkampfspenden an der politischen Willensbildung teilzunehmen, vgl. BGH, NJW 2007, 3446 ff. = Life&Law 01/2008, 37 ff.

- Kommunale Mandatsträger sind keine Amtsträger, es sei denn sie werden mit konkreten Verwaltungsaufgaben betraut, vgl. BGH, NStZ 2006, 389 ff. = Life&Law 11/2006, 762 ff.

- Zum „Vorteil“ i.S.e. Unrechtsvereinbarung BGH, NJW 2005, 3011 f. = Life&Law 01/2006, 45 ff.: Die Vereinbarung der Begehung einer Ordnungswidrigkeit, die „einvernehmlich“ zur Verhängung eines Bußgeldes führt, ist grundsätzlich kein Vorteil im Sinne der Bestechungstatbestände.

Fall 44: Spende für den Fußballverein

Sachverhalt:

Gegen Domian läuft ein Ermittlungsverfahren wegen Raubes. Domian bietet der ermittelnden Staatsanwältin Sabine 2.000 € für die Einstellung des Verfahrens aus tatsächlichen Gründen an. Sabine soll das Geld dem finanziell angeschlagenen Fußballverein ihres Mannes zukommen lassen. Obwohl die Voraussetzungen für die Anklageerhebung objektiv vorlagen und S dies weiß, lässt sie sich darauf ein.

Bearbeitervermerk:

Hat sich Sabine (S) gem. der §§ 331 ff. StGB strafbar gemacht?

A. Einordnung

Die Schwerpunkte des Falles liegen in der Erörterung des Vorteilsbegriffs und dem der Rechtsbeugung.

B. Gliederung

Strafbarkeit der S

I. Bestechlichkeit, § 332 I StGB

1. Objektiver Tatbestand (+)

a) Amtsträger oder für den öffentlichen Dienst besonders Verpflichteter i.S.v. § 11 I Nr. 2 und 4 StGB (+)

b) Fordern, Versprechenlassen oder Annehmen eines Vorteils für sich oder einen Dritten (+)
(P) Drittvorteil

c) Als Gegenleistung für eine künftige oder schon vorgenommene Diensthandlung (+)

d) Pflichtwidrige Diensthandlung (+)

2. Subjektiver Tatbestand (+)

3. Rechtswidrigkeit und Schuld (+)

II. Rechtsbeugung, § 339 StGB

1. Objektiver Tatbestand (+)

a) Entscheidung eines Amtsträgers in einer Rechtssache (+)

b) Tathandlung: Rechtsbeugung (+)

2. Subjektiver Tatbestand (+)

3. Rechtswidrigkeit und Schuld (+)

III. Ergebnis:
§ 332 I StGB (+); § 339 StGB (+)

C. Lösung

Strafbarkeit der S

I. Bestechlichkeit, § 332 I StGB

S könnte sich wegen Bestechlichkeit strafbar gemacht haben, indem sie das Verfahren gegen Domian (D) eingestellt hat und sich dafür einen Vorteil für den Fußballverein ihres Mannes versprechen ließ.

1. Objektiver Tatbestand

a) Amtsträger oder für den öffentlichen Dienst besonders Verpflichteter i.S.v. § 11 I Nr. 2 und 4 StGB

Die S ist Staatsanwältin und folglich Beamtin.[267]

Damit ist S eine Amtsträgerin i.S.v. § 11 I Nr. 2 a) Alt. 1 StGB.

[267] Vgl. §§ 141 ff. GVG.

b) Fordern, Versprechenlassen oder Annehmen eines Vorteils für sich oder einen Dritten

Die S hat sich mit der Zahlung von 2.000 € einen Vorteil versprechen lassen. Der Umstand, dass das Geld letztendlich der Unterstützung des Fußballvereins ihres Mannes dienen sollte ist grundsätzlich unschädlich, da der Wortlaut des § 332 I StGB auch Vorteile für Dritte mitumfasst.

Trotzdem wird teilweise vertreten, dass der Begriff des Drittvorteils insoweit einschränkend auszulegen ist, dass der Amtsträger zumindest einen mittelbaren Vorteil durch die Leistung erlangen muss.[268]

Bei Geschenken an einen Angehörigen des Amtsträgers bedeutet dies, dass es erforderlich für die Annahme eines mittelbaren Vorteils ist, dass der Vorteil wirtschaftlich auch beim Amtsträger zu Buche schlägt.

Die Rettung eines Vereins (bzw. sonstiger Vereinigungen) und damit die Zugehörigkeit des Angehörigen zu diesem stellen für sich genommen noch keinen wirtschaftlichen Wert für den Amtsträger dar. Im Einzelfall müssen hier noch besondere Umstände hinzukommen, um einen solchen mittelbaren Vorteil zu begründen. Diese liegen im Fall nicht vor.

Demnach wäre hier eine Streitentscheidung grundsätzlich erforderlich. Allerdings ist zu beachten, dass vorliegend zunächst S das Geld erhalten und dann das Geld noch an den Verein weiterleiten sollte. Folglich sollte S die Dispositionsbefugnis über das Geld erlangen. Damit hätte sie das Geld abredewidrig eigennützig verwenden oder gegenüber dem Verein als großzügige Spenderin auftreten können.

Dieser „Weiterleitungsvorteil", welcher sich aus der Dispositionsbefugnis ergibt, stellt zumindest einen mittelbaren Vorteil dar. Somit liegt auch bei einer einschränkenden Auslegung ein Drittvorteil i.S.v. § 332 I StGB vor.

Auf eine Entscheidung des Streites kommt es daher nicht an.

hemmer-Methode: Sollte es in einem Falle einmal auf eine Entscheidung des Streites ankommen, sollten Sie auf den Wortlaut verweisen und damit argumentieren, dass die von den §§ 331 ff. StGB geschützten Rechtsgüter (Vertrauen der Öffentlichkeit in den Staat und die Sachlichkeit der Amtsführung) durch die einschränkende Auslegung nicht hinreichend geschützt werden, zumal sie bereits durch die Vorteilsgewährung an sich beeinträchtigt sind (teleologische Auslegung).
Bsp.: Baugenehmigung wird nur erteilt, weil der Lieblingsfußballverein des Amtsträgers eine großzügige Spende erhält.

c) Als Gegenleistung für eine künftige oder schon vorgenommene Diensthandlung

Der Vorteil sollte gerade auch für die Diensthandlung gewährt werden.

d) Pflichtwidrige Diensthandlung

Gemäß § 170 I StPO hätte S Anklage erheben müssen. Da sie stattdessen das Ermittlungsverfahren eingestellt hat, liegt eine pflichtwidrige Diensthandlung vor.

Der objektive Tatbestand ist erfüllt.

2. Subjektiver Tatbestand

S handelte auch vorsätzlich.

[268] Korte, NStZ 1997, 515.

3. Rechtswidrigkeit und Schuld

Rechtswidrigkeit und Schuld liegen vor.

II. Rechtsbeugung, § 339 StGB

1. Objektiver Tatbestand

a) Als Staatsanwältin ist die S Amtsträgerin, siehe oben, und damit taugliche Täterin des § 339 StGB.

S müsste weiter bei der Leitung oder Entscheidung einer Rechtssache tätig geworden sein.

Sie wird hier im Ermittlungsverfahren gem. der §§ 151 ff. StPO tätig. Allerdings stellt nicht jede Entscheidung der Staatsanwaltschaft im Ermittlungsverfahren eine „Entscheidung einer Rechtssache" i.S.d. § 339 StGB dar.

In einer Rechtssache entscheidet, wer wie ein Richter in einem rechtlich vollständig geregelten Verfahren zu entscheiden hat und dabei einen gewissen Grad sachlicher Unabhängigkeit genießt.[269]

Dies ist für die Staatsanwältin S vor allem in Entscheidungen über die Einstellung des Verfahrens nach § 153 StPO oder § 170 II StPO der Fall. Auch bei einer öffentlichen Anklage wird das Ermittlungsverfahren durch eine – von einer gerichtlichen Entscheidung unabhängigen – Abschlussverfügung seinem Ende zugeführt und in das gerichtliche Verfahren (§§ 199 ff. StPO) übergeleitet. Der Prüfungsmaßstab ist jeweils derselbe (§§ 170 I, 203 StPO). Dabei kommt der Anklage eine entscheidende Bedeutung zu.[270]

b) S müsste das Recht zugunsten oder zum Nachteil einer Partei[271] gebeugt haben. Dabei ist fraglich, wann man bei unrichtiger Anwendung von geltendem Recht von Rechtsbeugung sprechen kann.

Nach Auffassung des BGH stellt nicht jede unrichtige Rechtsanwendung eine Beugung des Rechts dar.

Nur der Rechtsbruch als elementarer Verstoß gegen die Rechtspflege soll unter Strafe gestellt werden. Rechtsbeugung begehe daher nur der Amtsträger, der sich bewusst in schwerwiegender Weise von Recht und Gesetz entfernt.[272]

Ein solcher bewusster und schwerwiegender Gesetzesverstoß kann vorliegend angenommen werden. Dieser erfolgte auch zugunsten einer Partei.

Zum selben Ergebnis kommt die in der Literatur vertretene Gegenansicht[273], welche bereits die Unvertretbarkeit von Entscheidungen genügen lässt.

hemmer-Methode: Beachten Sie hierbei eine Besonderheit beim Verstoß gegen Verfahrensvorschriften: Hier können Verstöße für das Ergebnis oft indifferent sein (z.B. bei Zuständigkeitsvorschriften). Erforderlich ist deshalb, dass durch die Verfahrensverletzung die konkrete Gefahr einer falschen Entscheidung begründet wurde, ohne dass allerdings ein Vor- oder Nachteil eingetreten sein muss.[274]

---

269 BGH, NJW 1994, 3238 = **juris**byhemmer.

270 BGH, NJW 1995, 3325 = **juris**byhemmer.

271 „Partei" ist hier nicht im technischen Sinne zu verstehen; gemeint ist jeder am Verfahren Beteiligte; Schönke/Schröder, § 339, Rn. 11.

272 BGH, NJW 1995, 64 = **juris**byhemmer; NJW 1995, 3325.

273 Seebode, JR 1994, 1; Spendel, NJW 1996, 809.

274 BGH, Life&Law 11/2001, 785; NStZ-RR 2001, 243 = **juris**byhemmer.

Der objektive Tatbestand des § 339 StGB ist damit erfüllt.

2. Subjektiver Tatbestand

S hat vorsätzlich gehandelt.

3. Rechtswidrigkeit und Schuld

Rechtswidrigkeit und Schuld liegen vor.

hemmer-Methode: § 339 StGB entfaltet teilweise eine Sperrwirkung hinsichtlich sonstiger Strafvorwürfe. Hat ein Richter einen Angeklagten zur Freiheitsstrafe verurteilt, kann ihm der Vorwurf der Freiheitsberaubung nur gemacht werden, wenn ihm eine Rechtsbeugung i.S.v. § 339 StGB nachgewiesen wird.

III. Ergebnis

S hat sich gem. der §§ 332 I, 339, 52 I StGB strafbar gemacht.

hemmer-Methode: Im Übrigen würde eine Idealkonkurrenz (§ 52 I StGB) mit einer Strafvereitelung im Amt, § 258a StGB, bestehen.

D. Zusammenfassung

Sound: Drittvorteil, Weiterleitungsvorteil, Rechtsbeugung.

Ein Drittvorteil i.S.d. §§ 331 ff. StGB liegt auch dann vor, wenn der Täter hieraus keinen mittelbaren eigenen Vorteil erlangt (str.). Zumindest stellt ein aus der Dispositionsbefugnis über einen Vermögenswert entstehender Weiterleitungsvorteil einen hinreichenden mittelbaren Vorteil dar.

Eine Rechtsbeugung liegt vor, wenn sich ein Amtsträger bewusst in schwerwiegender Weise von Recht und Gesetz entfernt (BGH, NJW 1995, 64; NJW 1995, 3325).

E. Vertiefung

Zur Rechtsbeugung

- Hemmer/Wüst, StrafR BT II, Rn. 355.
- Hemmer/Wüst, Karteikarten StrafR BT II, Karte 113.

Aus der Rechtsprechung zur Rechtsbeugung

- § 339 StGB erfasst nur Rechtsbrüche, bei denen sich der Richter oder Amtsträger bei der Leitung oder Entscheidung einer Rechtssache bewusst in schwerwiegender Weise zugunsten oder zum Nachteil einer Partei von Recht und Gesetz entfernt und sein Handeln als Organ des Staates statt an Recht und Gesetz an eigenen Maßstäben ausrichtet, vgl. BGH, Urteil vom 21.01.2021 – 4 StR 83/20.

Die Zahlen beziehen sich auf die Nummern der Fälle.

A

B

D

E

F

G

hemmer/wüstVerlagsgesellschaftmbH
Mergentheimer Str. 44 | 97082 Würzburg
T +49 931 797 82-57 | F +49 931 797 82-40
verlag@hemmer.de | hemmer-shop.de

202 PRODUKTLISTE - PRI

ISBN 978-3-	Bestell-Nr.	Titel	Band-Nr.	Auflage
Grundwissen für Anfangssemester				
-86193-888-0	10100	BGB-AT - Theorieband zu „Die 76 wichtigsten Fälle - BGB-AT“	GW10	10. Aufl. 20
-86193-782-1	10400	SchuldR-AT - Theorieband zu „Die 55 wichtigsten Fälle - SchuldR-AT“	GW11	08. Aufl. 18
-86193-775-3	10500	SchuldR-BT I - Theorieband zu „Die 51 wichtigsten Fälle - SchuldR-BT“	GW12	08. Aufl. 18
-86193-694-7	10550	SchuldR-BT II - Theorieband zu „Die 51 wichtigsten Fälle - SchuldR-BT“	GW13	07. Aufl. 18
-86193-598-8	10200	SachenR I - Theorieband zu „Die 50 wichtigsten Fälle - SachenR I“	GW14	07. Aufl. 17
-86193-833-0	10300	SachenR II - Theorieband zu „Die 43 wichtigsten Fälle - SachenR II“	GW15	07. Aufl. 19
-86193-993-1	10700	StrafR-AT - Theorieband zu „Die 44 wichtigsten Fälle - StrafR-AT“	GW20	09. Aufl. 21
-86193-594-0	10800	StrafR-BT - Theorieband zu „Die 44 wichtigsten Fälle - StrafR-BT“	GW21	06. Aufl. 17
-86193-843-9	10600	StaatsR - Theorieband zu „Die 32 wichtigsten Fälle - StaatsR“	GW30	06. Aufl. 19
-86193-928-3	10900	VerwaltungsR - Theorieband zu „Die 44 wichtigsten Fälle VerwaltungsR“	GW31	08. Aufl. 20
Die wichtigsten Fälle - vom Fall zum Wissen				
-86193-904-7	22400	76 Fälle - BGB AT	DF1	11. Aufl. 20
-86193-997-9	22300	55 Fälle - SchuldR AT	DF2	12. Aufl. 21
-86193-994-8	22200	51 Fälle - SchuldR BT	DF3	12. Aufl. 21
-86193-808-8	21500	42 Fälle - GoA/BereicherungsR	DF4	10. Aufl. 19
-86193-889-7	22000	45 Fälle - DeliktsR	DF5	09. Aufl. 20
-96838-001-8	21700	44 Fälle - VerwaltungsR	DF6	11. Aufl. 21
-86193-975-7	20600	30 Fälle - VerwaltungsR BT Bayern	DF25	06. Aufl. 20
-86193-946-7	20800	32 Fälle - StaatsR	DF7	12. Aufl. 20
-86193-949-8	20900	34 Fälle - StrafR AT	DF8	12. Aufl. 20
-86193-825-5	21800	44 Fälle - StrafR BT I - Vermögensdelikte	DF9	11. Aufl. 19
-86193-865-1	21900	44 Fälle - StrafR BT II - Nichtvermögensdelikte	DF10	10. Aufl. 19
-86193-939-9	22100	50 Fälle - SachenR I	DF11	10. Aufl. 20
-86193-945-0	21600	43 Fälle - SachenR II - ImmobiliarsachenR	DF12	11. Aufl. 20
-96838-002-5	21400	40 Fälle - ZPO I - Erkenntnisverfahren	DF13	10. Aufl. 21
-86193-882-8	20400	25 Fälle - ZPO II - Zwangsvollstreckungsverfahren	DF14	09. Aufl. 20
-86193-919-1	21000	35 Fälle - HandelsR	DF15	09. Aufl. 20
-86193-984-9	21200	36 Fälle - ErbR	DF16	09. Aufl. 21
-86193-980-1	20500	26 Fälle - FamilienR	DF17	10. Aufl. 21
-86193-923-8	20700	32 Fälle - GesellschaftsR	DF18	08. Aufl. 20
-86193-968-9	21300	39 Fälle - ArbeitsR	DF19	09. Aufl. 20
-86193-971-9	21100	35 Fälle - StrafprozessR	DF20	08. Aufl. 20
-86193-701-2	20300	23 Fälle - EuropaR	DF21	06. Aufl. 18
-86193-880-4	20200	10 Fälle - Musterklausuren Examen ZivilR	DF22	09. Aufl. 20
-86193-894-1	20100	10 Fälle - Musterklausuren Examen StrafR	DF23	07. Aufl. 20
-86193-845-3	20000	8 Fälle - Musterklausuren Examen SteuerR	DF24	10. Aufl. 19
Die Basics - das Grundwerk für Studium und Examen				
-86193-776-0	11400	ZivilR I - BGB AT und vertragliche Schuldverhältnisse	BI/1	11. Aufl. 18
-86193-674-9	11420	ZivilR II - SachenR/gesetzliche Schuldverhältnisse	BI/2	09. Aufl. 18
-86193-914-6	11430	ZivilR III - FamilienR/ErbR	BI/3	10. Aufl. 20
-86193-934-4	11440	ZivilR IV - ZivilprozessR	BI/4	10. Aufl. 20
-86193-981-8	11450	ZivilR V - Handels- und GesellschaftsR	BI/5	10. Aufl. 21
-86193-877-4	11460	ZivilR VI - ArbeitsR	BI/6	07. Aufl. 19
-86193-930-6	11300	StrafR	BII	08. Aufl. 20
-86193-902-3	11100	Öffentliches Recht I - VerfassungsR/StaatshaftungsR	BIII/1	08. Aufl. 20
-86193-857-6	11120	Öffentliches Recht II - VerwaltungsR	BIII/2	08. Aufl. 19
-86193-733-3	11200	SteuerR	BIV	10. Aufl. 18
-86193-846-0	11000	EuropaR	BV	10. Aufl. 19
Hauptskripte Zivilrecht - klausurorientiertes Prüfungswissen				
-96838-014-8	12400	BGB-AT I - Entstehen des Primäranspruchs	1	16. Aufl. 21
-86193-960-3	12420	BGB-AT II - Scheitern des Primäranspruchs	2	16. Aufl. 20
-86193-952-8	12430	BGB-AT III - Erlöschen des Primäranspruchs	3	15. Aufl. 20
-86193-818-7	14100	SchadensersatzR I	4	09. Aufl. 19
-86193-905-4	14120	SchadensersatzR II	5	08. Aufl. 20
-86193-867-5	14130	SchadensersatzR III - (§§ 249 ff.)	6	13. Aufl. 19

hemmer/wüstVerlagsgesellschaftmbH
Mergentheimer Str. 44 | 97082 Würzburg
T +49 931 797 82-57 | F +49 931 797 82-40
verlag@hemmer.de | hemmer-shop.de

2021 PRODUKTLISTE - PRINT

978-3-	Bestell-Nr.	Titel	Band-Nr.	Auflage	Preis
tskripte Zivilrecht - Fortsetzung					
3-841-5	14700	VerbraucherschutzR	7	05. Aufl. 19	19,90 €
3-986-3	14200	SchuldR AT	51	13. Aufl. 21	19,90 €
3-881-1	14210	SchuldR BT I	52	11. Aufl. 20	19,90 €
3-004-9	14220	SchuldR BT II	53	12. Aufl. 21	19,90 €
3-942-9	12300	BereicherungsR	8	17. Aufl. 20	19,90 €
3-011-7	12500	DeliktsR I	9	14. Aufl. 21	19,90 €
3-581-0	12520	DeliktsR II	10	10. Aufl. 17	19,90 €
3-863-7	14000	SachenR I	11	15. Aufl. 19	19,90 €
3-965-8	14020	SachenR II	12	13. Aufl. 20	19,90 €
3-909-2	14030	SachenR III	12A	14. Aufl. 20	19,90 €
3-957-3	13600	KreditsicherungsR	13	14. Aufl. 20	19,90 €
3-823-1	12900	FamilienR	14	14. Aufl. 19	19,90 €
3-788-3	12700	ErbR	15	14. Aufl. 18	19,90 €
3-929-0	14900	ZivilprozessR I	16	14. Aufl. 20	19,90 €
3-979-5	14920	ZivilprozessR II	17	13. Aufl. 21	19,90 €
3-922-1	12100	ArbeitsR	18	17. Aufl. 20	19,90 €
3-908-5	13100	HandelsR	19A	12. Aufl. 20	19,90 €
3-883-5	13000	GesellschaftsR	19B	15. Aufl. 20	19,90 €
3-856-9	13200	Herausgabeansprüche	31	08. Aufl. 19	19,90 €
3-871-2	13990	Rückgriffsansprüche	32	08. Aufl. 19	19,90 €
tskripte Strafrecht - klausurorientiertes Prüfungswissen					
3-006-3	14500	StrafR AT I	20	15. Aufl. 21	19,90 €
3-938-2	14520	StrafR AT II	21	14. Aufl. 20	19,90 €
3-967-2	14600	StrafR BT I	22	14. Aufl. 20	19,90 €
3-711-1	14620	StrafR BT II	23	13. Aufl. 18	19,90 €
3-797-5	14450	Strafprozessordnung	30	13. Aufl. 20	19,90 €
tskripte Öffentliches Recht - klausurorientiertes Prüfungswissen					
3-974-0	14800	VerwaltungsR I	24	15. Aufl. 20	19,90 €
3-900-9	14820	VerwaltungsR II	25	14. Aufl. 20	19,90 €
3-916-0	14830	VerwaltungsR III	26	14. Aufl. 20	19,90 €
3-874-3	14400	StaatsR I	27	13. Aufl. 20	19,90 €
3-791-3	14420	StaatsR II	28	10. Aufl. 18	19,90 €
3-013-1	12800	EuropaR	29	14. Aufl. 21	19,90 €
3-729-6	14300	StaatshaftungsR	40	05. Aufl. 18	19,90 €
3-951-1	12210	BauR Bayern	33 (01)	13. Aufl. 20	19,90 €
3-505-6	12230	BauR Nordrhein-Westfalen	33 (02)	09. Aufl. 16	19,90 €
3-897-2	12200	BauR Baden-Württemberg	33 (03)	06. Aufl. 20	19,90 €
3-331-1	12220	BauR Hessen	33 (04)	02. Aufl. 14	19,90 €
4-847-0	12240	BauR Saarland	33 (06)	01. Aufl. 08	19,90 €
3-736-4	13810	PolizeiR Bayern	34 (01)	11. Aufl. 18	19,90 €
3-698-5	13830	Polizei- und OrdnungsR Nordrhein-Westfalen	34 (02)	06. Aufl. 18	19,90 €
3-824-8	13800	PolizeiR Baden-Württemberg	34 (03)	05. Aufl. 19	19,90 €
3-417-2	13820	Polizei- und OrdnungsR Hessen	34 (04)	02. Aufl. 15	19,90 €
3-936-8	13840	Polizei- und OrdnungsR Rheinland-Pfalz	34 (05)	02. Aufl. 20	19,90 €
3-995-5	13550	KommunalR Bayern	35 (01)	12. Aufl. 21	19,90 €
3-076-1	13570	KommunalR Nordrhein-Westfalen	35 (02)	08. Aufl. 11	19,90 €
3-978-8	13500	KommunalR Baden-Württemberg	35 (03)	06. Aufl. 20	19,90 €
tskripte Schwerpunkt					
3-801-9	13700	Kriminologie	P1	08. Aufl. 19	21,90 €
3-746-3	14850	VölkerR	P2	09. Aufl. 18	21,90 €
3-925-2	13400	KapitalgesellschaftsR	P3	06. Aufl. 20	21,90 €
3-243-7	13900	Rechtsgeschichte I - Deutsche Rechts- und Verfassungsgeschichte	P7	03. Aufl. 13	21,90 €
3-119-5	13950	Rechtsgeschichte II - Römische Rechtsgeschichte	P8	02. Aufl. 12	21,90 €
3-795-1	13980	Einführung in die Rechtsphilosophie und Rechtssoziologie	P11	03. Aufl. 19	21,90 €
3-183-6	13300	InsolvenzR	P12	03. Aufl. 12	21,90 €

hemmer/wüstVerlagsgesellschaftmbH
Mergentheimer Str. 44 | 97082 Würzburg
T +49 931 797 82-57 | F +49 931 797 82-40
verlag@hemmer.de | hemmer-shop.de

202 PRODUKTLISTE - PRI

ISBN 978-3-	Bestell-Nr.	Titel	Band-Nr.	Auflage
Hauptskripte Steuerrecht				
-86193-528-5	12000	Abgabenordnung	42	09. Aufl. 16
-86193-760-9	12600	EinkommensteuerR	43	09. Aufl. 18
Defintionen				
-86193-855-2	34000	Definitionen StrafR - schnell gemerkt	D1	05. Aufl. 19
Skripte für WiWi's, BWLer & Steuerberater				
-86193-430-1	15000	PrivatR f. BWL'er, WiWi's & Steuerberater	W1	08. Aufl. 15
-86193-792-0	13750	Öffentliches Recht f. BWL'er, WiWi's & Steuerberater	W2	05. Aufl. 19
-86193-472-1	22350	74 wicht. Fälle BGB AT, SchuldR AT/BT	WF1	05. Aufl. 16
-86193-247-5	21950	44 wicht. Fälle GoA, BerR, GesellschaftsR, HandelsR, SachenR	WF2	02. Aufl. 13
Basics Karteikarten ZivilR, StrafR, Ö-Recht				
-86193-899-6	30200	Basics ZivilR	BK1	07. Aufl. 20
-86193-441-7	30100	Basics StrafR	BK2	04. Aufl. 15
-86193-917-7	30000	Basics Öffentliches Recht	BK3	05. Aufl. 20
Hauptkarteikarten Zivilrecht				
-86193-840-8	31200	BGB-AT I	KK1	11. Aufl. 19
-86193-820-0	31220	BGB-AT II	KK2	09. Aufl. 19
-86193-853-8	32100	SchuldR AT I	KK3	11. Aufl. 19
-86193-869-9	32120	SchuldR AT II	KK4	09. Aufl. 19
-86193-807-1	32200	SchuldR BT I (Kauf- und WerkvertragsR)	KK5	09. Aufl. 19
-86193-852-1	32220	Schuldrecht BT II	KK6	08. Aufl. 19
-86193-895-8	31000	Arbeitsrecht	KK7	06. Aufl. 20
-86193-854-5	31100	BereicherungsR	KK8	08. Aufl. 19
-86193-862-0	31300	DeliktsR	KK9	08. Aufl. 19
-86193-755-5	31900	SachenR I	KK11	10. Aufl. 18
-86193-816-3	31920	SachenR II	KK12	09. Aufl. 19
-86193-495-0	31800	KreditsicherungsR	KK13	04. Aufl. 16
-86193-336-6	31500	FamilienR	KK14	04. Aufl. 14
-86193-699-2	31400	ErbR	KK15	05. Aufl. 18
-86193-566-7	32800	ZPO I	KK16	07. Aufl. 17
-96838-007-0	32820	ZPO II	KK17	07. Aufl. 21
-86193-358-8	31700	HandelsR	KK18	05. Aufl. 14
-86193-383-0	31600	GesellschaftsR	KK19	06. Aufl. 15
Hauptkarteikarten Strafrecht				
-86193-817-0	32500	StrafR AT I	KK20	10. Aufl. 19
-86193-983-2	32520	StrafR AT II	KK21	10. Aufl. 21
-86193-822-4	32600	StrafR BT I	KK22	10. Aufl. 18
-86193-696-1	32620	StrafR BT II	KK23	09. Aufl. 18
-86193-789-0	32400	Strafprozessordnung	KK24	07. Aufl. 17
Hauptkarteikarten Öffentliches Recht				
-86193-870-5	32700	VerwaltungsR I	KK25	10. Aufl. 19
-86193-758-6	32720	VerwaltungsR II	KK26	07. Aufl. 18
-86193-893-4	32730	VerwaltungsR III	KK27	07. Aufl. 20
-86193-839-2	32300	Staats- und VerfassungsR	KK28	11. Aufl. 19
-86193-470-7	31450	EuropaR	KK29	04. Aufl. 16
Überblickskarteikarten - über Prüfungsschemata zum Wissen				
-86193-953-5	33000	BGB im Überblick I	ÜK I	15. Aufl. 20
-86193-838-5	33100	BGB im Überblick II (Nebengebiete)	ÜK II	09. Aufl. 19
-86193-958-0	33200	StrafR im Überblick	ÜK III	12. Aufl. 20
-86193-954-2	33300	Öffentliches Recht im Überblick	ÜK IV	12. Aufl. 20
-86193-903-0	33400	Öffentliches Recht im Überblick II - Bayern	ÜK V	10. Aufl. 20
-86193-468-4	33500	Öffentliches Recht im Überblick II - NRW	ÜK VI	03. Aufl. 16
-86193-706-7	33600	EuropaR	ÜK VII	06. Aufl. 18

)ie wichtigsten Fälle

ALLSAMMLUNG

)IE 35 WICHTIGSTEN FÄLLE STRAFPROZESSRECHT

Bei strafprozessualen Fragen in der Ausbildung geht es häufig um immer wiederkehrende „Klassiker". Diese finden Sie in der vorliegenden Fallsammlung. Erforderlich ist auch ein Grundverständnis für die Systematik der StPO. Auch unbekannte Aufgabenstellungen werden durch das Training mit der Fallsammlung gut lösbar. Sie trainieren anwendungsspezifisch die Probleme der StPO. Die Lösungen sind didaktisch aufbereitet. Die Schwerpunktbildung entspricht unserer seit 1976 gesammelten Erfahrung mit der juristischen Ausbildung. Die ausgewählten Fälle stellen wichtige Muster dar, um Auslegungstechnik und Argumentationsvermögen zu schulen. Gehen Sie mit dem sicheren Gefühl in Ihre Prüfung, sich richtig vorbereitet zu haben.

- **Die Maximen des Strafverfahrens**
- **Der Gang des Verfahrens**
  - **- Ermittlungsverfahren**
  - **- Zwischenverfahren**
  - **- Hauptverfahren**
- **Rechtsmittel**

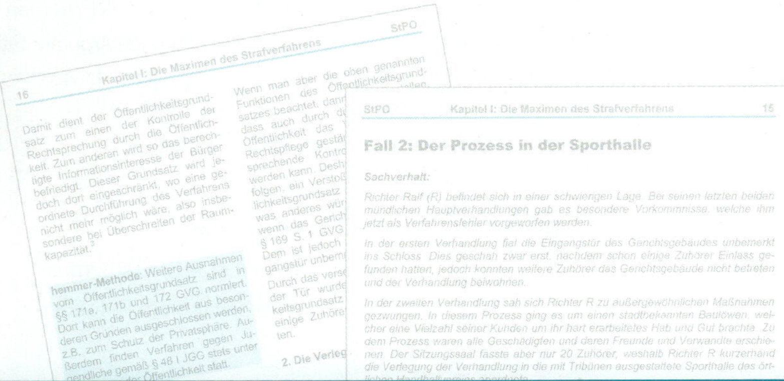

16 Kapitel I: Die Maximen des Strafverfahrens StPO

Damit dient der Öffentlichkeitsgrundsatz zum einen der Kontrolle der Rechtsprechung durch die Öffentlichkeit. Zum anderen wird so das berechtigte Informationsinteresse der Bürger befriedigt. Dieser Grundsatz wird jedoch dort eingeschränkt, wo eine geordnete Durchführung des Verfahrens nicht mehr möglich wäre, also insbesondere bei Überschreiten der Raumkapazität.[3]

hemmer-Methode: Weitere Ausnahmen vom Öffentlichkeitsgrundsatz sind in §§ 171a, 171b und 172 GVG normiert. Dort kann die Öffentlichkeit aus besonderen Gründen ausgeschlossen werden, z.B. zum Schutz der Privatsphäre. Außerdem finden Verfahren gegen Jugendliche gemäß § 48 I JGG stets unter ... der Öffentlichkeit statt.

StPO Kapitel I: Die Maximen des Strafverfahrens 15

Fall 2: Der Prozess in der Sporthalle

Sachverhalt:

Richter Ralf (R) befindet sich in einer schwierigen Lage. Bei seinen letzten beiden mündlichen Hauptverhandlungen gab es besondere Vorkommnisse, welche ihm jetzt als Verfahrensfehler vorgeworfen werden.

In der ersten Verhandlung fiel die Eingangstür des Gerichtsgebäudes unbemerkt ins Schloss. Dies geschah zwar erst, nachdem schon einige Zuhörer Einlass gefunden hatten, jedoch konnten weitere Zuhörer das Gerichtsgebäude nicht betreten und der Verhandlung beiwohnen.

In der zweiten Verhandlung sah sich Richter R zu außergewöhnlichen Maßnahmen gezwungen. In diesem Prozess ging es um einen stadtbekannten Baulöwen, welcher eine Vielzahl seiner Kunden um ihr hart erarbeitetes Hab und Gut brachte. Zu dem Prozess waren alle Geschädigten und deren Freunde und Verwandte erschienen. Der Sitzungssaal fasste aber nur 20 Zuhörer, weshalb Richter R kurzerhand die Verlegung der Verhandlung in die mit Tribünen ausgestattete Sporthalle des örtlichen Handballvereins anordnete.

)as Erfolgsprogramm -
hr Training für Klausur und Hausarbeit